Gronau
LUTHER

Über den Autor:
Dietrich Gronau, geboren 1943, studierte Germanistik, Japanologie und Theaterwissenschaften. Er lebt als freier Schriftsteller in Berlin und hat sich als Autor von Biographien unter anderem über Heinrich Heine, Max Liebermann und Kemal Atatürk einen Namen gemacht.

Dietrich Gronau

LUTHER

Revolutionär des Glaubens

FOCUS
EDITION

Diederichs

FOCUS-Edition
Biographien

Bibliografische Information der Deutschen Bibliothek

Die Deutsche Bibliothek verzeichnet diese Publikation
in der Deutschen Nationalbibliografie; detaillierte bibliografische
Daten sind im Internet unter http://dnb.ddb.de abrufbar.

Umschlaggestaltung: ZERO Werbeagentur München
unter Verwendung einer Abbildung von The Bridgeman Art Library
Satz: EDV-Fotosatz Huber / Verlagsservice G. Pfeifer, Germering
Druck und Bindung: GGP Media GmbH, Pößneck
Printed in Germany 2006

ISBN-10: 3-7205-2861-8
ISBN-13: 978-3-7205-2861-0

Er hat gesagt: Ich kann den
Tempel Gottes abbrechen und
in drei Tagen ihn bauen.

(Matthäus 26,61)

Inhalt

Luther erinnert sich

Anfang des Jahres 1545 arbeitete Martin Luther an einer Vorrede zum ersten Band seiner lateinischen Schriften. Seine Gesundheit war nicht mehr die stabilste, so daß er zu den seltener gewordenen Predigten, die er in der Stadtkirche zu Wittenberg hielt, mit dem zum eigenen Besitz gehörenden Pferd und Wagen fuhr. Seine geistigen Kräfte hatten dagegen in nichts nachgelassen; sie verströmten sich allerdings weniger als früher in Texten, die für ein breites Publikum bestimmt waren, dafür um so intensiver in einer vielschichtigen Korrespondenz und in den ihm zur Gewohnheit gewordenen häuslichen Tischreden. Beißende Polemik, Sarkasmus und Lust an starken Worten und grellen Bildern, wie in dem 1545, ein Jahr vor seinem Tod, veröffentlichten Pamphlet »Wider das Papsttum, vom Teufel gestiftet«, kennzeichneten auch weiterhin seinen Stil. Über dessen Unverwechselbarkeit schrieb er, nicht ohne Stolz und Eitelkeit des Künstlers, in einem Brief vom 6. November 1542 an seinen alten Jugendfreund Justus Jonas: »Ihr wisset, daß der Spottzettel vom Heiligtum des Kardinals mein ist [Luther hatte sich bereits Jahre zuvor über das emsige Reliquiensammeln des Kardinals und Erzbischofs von Mainz, Albrecht von Brandenburg, lustig gemacht]. Solchs wissen die Drucker, die Universität, die Stadt, daß es gar unverborgen, und nicht heimlich ist. So wirds die Braut zu Mainz [Luther nannte damals in einer Predigt den Erzbischof von Mainz »die höllische Braut«] selbs wohl wissen. Denn ich habs also gemacht, daß ich habe wollen gemerkt sein. Und wer es lieset und jemals meine Feder und Gedanken gesehen, muß sagen, das ist der Luther.«[1]

Luthers persönliche Mitteilungen enthielten jedoch seit den dreißiger Jahren zunehmend klagende Töne, die ein allgemeines Unbehagen ausdrückten. Ursache für diese in immer kürzeren Abständen sich einstellende düstere Gemütsverfassung war nur zum geringsten Teil der geschwächte Körper, dessen Hinfälligkeiten damals, als die schwarze Pest noch wütete und die medizinische Versorgung über Klistier und Aderlaß kaum hinausging, stoischer als heute hingenommen wurden. Auch die Sorge um sein Seelenheil, um das er als junger Mönch bis an die Grenzen physischer und psychischer Selbstzerstörung gerungen hatte, bildete für Luthers Mißstimmungen nicht den entscheidenden Anlaß. Dem Tod war er in seinem Leben mehr als einmal nahe gewesen, und wie mit Gott umzugehen sei, hatte er jahrzehntelang drohend und eindringlich der Christenheit dargelegt.

Seine bis zu plötzlichem Verstummen bei Tisch und bis zu gereizten Ausfällen gegen vermeintliche und echte Feinde seines reformatorischen Lebenswerks reichenden Verstimmtheiten verrieten zwei in der Tat zur Verzweiflung treibende Erkenntnisse. Die eine betraf den Fehllauf oder die Entgleisung der Reformation. Der aus persönlicher Glaubensnot gewonnene Impuls zur Neuordnung der Beziehungen zwischen den christlichen Gläubigen, der Kirche und Gott war wie ein Funke in das machtpolitische Pulverfaß des damaligen Europas gefallen und hatte eine den ganzen Kontinent erschütternde Explosion ausgelöst. Was als religiös-theologische Bewegung zum Wohle der Seele begann, wandelte sich unter Beibehaltung der gleichen frommen Argumente zu einem Kampf weltlicher und geistlicher Fürsten um territoriale Unabhängigkeit und Mehrung von Besitz und Untertanen.

Die andere Erkenntnis, die aus der ersten folgte, war für Luther ebenso bitter, da ebenfalls unumstößlich. Seine Person, die 1521 auf dem Reichstag zu Worms vor aller Welt die Doppelstatur eines Apostels und eines Freiheitshelden angenommen hatte, war unter den herausgereizten Aktivitäten des Papstes, des Kaisers und der deutschen Landesherren, die alle an der in neuen Fluß geratenen Umverteilung Europas mitwirkten, auf das respektable, aber geringere Maß eines begnadeten Predigers und eines erfahrenen Ratgebers gesunken. Bereits seit langem brauchte man ihn, der die Lawine losgetreten hatte, nicht mehr. Man schmückte sich gern mit einem guten seelsorgerlichen Wort oder einer herzhaft formulierten Feindparole von ihm, Entscheidungen aber behielt man sich im wesentlichen vor, auch und vor allem in Angelegenheiten der Landeskirchen, die den jeweiligen protestantischen Fürsten unterstanden. Der Revolutionär des Glaubens, der Luther vor seinem Auftritt auf der Bühne der Welt in Worms war, verlor als Verwalter seiner Visionen an Einfluß und Dringlichkeit, denn diejenigen, die das Gesetz des Handelns auf ihrer Seite hatten, beuteten diese gleichen Visionen für ihre eigenen Zwecke aus.

Hatte ihn der Teufel geritten, als er in seiner Lust an griffigen Sprachformeln 1520 einen Erläuterungstext mit dem fatalen Titel »Von der Freiheit eines Christenmenschen« versah? Welche Mühe hatte es ihn gekostet, das Mißverständnis, auf das diese Formel stieß, auszuräumen. Aber niemand wollte sich auf Nuancierungen, auf die es hier bei der Unterscheidung zwischen Freiheit im Glauben und Freiheit in Staat und Gesellschaft ankam, wirklich einlassen. Das Wort war heraus, in

Latein und Deutsch veröffentlicht, und es blieb in aller Munde. Mehr noch, es öffnete allen, die ihre Interessen eher in der hiesigen als in der jenseitigen Welt vertreten sahen, Tür und Tor. Jeder glaubte sich durch ihn, den Urheber dieser wahrhaft teuflischen Formel, ermächtigt, zu tun und zu lassen, was ihm beliebte.

Christen nannten sie sich alle, die da im Namen der Freiheit des Christenmenschen schlugen und erschlugen. Aber, Herr im Himmel, er, Luther, hatte doch deutlich genug gemacht, daß die Freiheit, die er meinte und für die er sich mit Papst und Kaiser angelegt hatte, ein Geschenk der Gnade sei, das einzig und allein dem Gläubigen in dem vertikalen Bezirk zwischen »dem inneren Menschen« und der göttlichen Verheißung zuteil wird. Was scherte ihn das Chaos dieser Welt, unter dem auch er, seine Frau Katharina und seine Kinder litten? Es würde erst am Jüngsten Tag aufgelöst, nicht aber durch Aufstände der Bauern wie in den Jahren 1524 und 1525 und nicht durch unmenschliche Regimente der Fürsten. Allen galt doch gleichermaßen seine Mahnung: Christ sein heißt, »dienstbar dem anderen« sein.

Zwei edle Weggefährten hatte er durch dieses mit heißer Feder schnell und ehrlich hingeworfene Wort von der Freiheit eines Christenmenschen verloren. Thomas Müntzer, den er liebte, der sich aber der wahren Frömmigkeit nicht beugen wollte, denn er glaubte, ein Paradies auf Erden errichten zu können. Sein Leib wurde übereilt zerstört. Wie über hundert Jahre vorher der von Jan Hus, während des so irrtümlich verlaufenden Konzils von Konstanz. Beide hätte man immer wieder belehren sollen, vielleicht auch retten können.

Theoretisch umfassender und daher weitreichender und gefährlicher war das Wirken des Erasmus von Rotterdam. Welche anfängliche Nähe zu diesem gebildeten und feinsinnigen Humanisten. Doch wie fern rückte er Luther, als er den gelehrten Herren an den Universitäten, den mit den italienischen Verhältnissen liebäugelnden Fürsten und sogar den an Aristoteles und Augustinus geschulten Klosteroberen einflüsterte, daß unter der »Freiheit eines Christenmenschen« die Vervollkommnung des Menschen bis zu seiner Gottähnlichkeit zu verstehen sei. Natürlich bestatteten die eidgenössischen Reformierten ihn 1536 im Baseler Münster, sie, die Verdreher der Abendmahlslehre, allen voran Huldrych Zwingli aus Zürich, dem er niemals freiwillig 1529 in Marburg begegnet wäre. Warum hatten sie alle nicht den Pakt mit dem liebenden Gott geschlossen und sich seiner Gnade anvertraut?

Alles, was den Lauf der Reformation noch beeinflussen konnte, war ihm entglitten, und alle bedeutenden Männer des Widerstands gegen die alte Kirche waren ihre eigenen Wege gegangen. Jetzt umgaben ihn nur noch eifrige Anhänger, zweitrangige, wenn auch im rechten Glauben verankerte Männer wie Philipp Melanchthon, sein erster Sachwalter, Justus Jonas, Johann Bugenhagen, Hauptpfarrer der Stadtkirche in Wittenberg, den es 1541 in ein Pfarramt nach Halle verschlug, und Georg Spalatin, der kurfürstlich-sächsische Diplomat. Diese Getreuen stützten ihn und seine Lehren in aller Ergebenheit, was in ihm den elenden Verdacht der Lauheit oder der Nachgiebigkeit aufkommen ließ, einen Verdacht, den er ebenso unausgesprochen den protestantischen Fürsten gegenüber hegte. Der sächsische Kurfürst Friedrich der Weise zum Beispiel, der ihn 1521 auf der Wartburg versteckte, demonstrierte durch diesen Coup seine Hoheitsrechte vor Rom und Reich, bekannte sich aber niemals zu der neuen Gläubigkeit seines eingefangenen Gastes. Oder Herzog Albrecht in Preußen, der sich als Hochmeister des Deutschordens der Reformation anschloß, um auf diesem konfessionellen Umweg 1525 einen Vertrag mit dem polnischen König Sigismund I. zu annullieren und in Preußen die Herrschaft anzutreten. Wem von diesen Anhängern und Nutznießern war denn wirklich zu trauen? Wer wußte noch von den einsamen Stunden, in denen er im Augustinerkloster in Erfurt und in Wittenberg um den rechten Glauben flehte? Nicht den Papst, nicht den Kaiser, nicht den Zwingli oder irgendwen hatte er angreifen wollen. Sie sollten nur vom Glauben lassen, wenn sie ihn nur auf der Zunge und nicht in der Seele trugen.

Zu seiner inneren Verfassung von Ohnmacht, Trotz und Zorn, die den alten Luther im Wüten gegen seine erklärten Erzfeinde, den Papst, die Türken und die Juden, oft weit über das Ziel der Verteidigung seiner Lehre hinausschießen ließ, kam die geographische Enge zermürbend hinzu. Zwar bewohnte er seit seiner Heirat mit Katharina von Bora im Jahr 1525 das stattliche Hauptgebäude des von den Augustinern verlassenen Klosters, aber einem unruhigen und aktiven Mann wie ihm konnte dieser durchaus komfortable Rahmen kein Ausgleich für die Eingeschlossenheit in Wittenberg und den kursächsischen Territorien sein. Seit 1521, als Papst Leo X. ihn gebannt und Kaiser Karl V. die Reichsacht über ihn verhängt hatte, lebte er von der Gnade und dem Schutz seines Landesherren. Jedes Überschreiten der kursächsischen Grenzen, die Orte wie Belzig nördlich von Wittenberg, Coburg im Süden und Eisenach im Westen umschlossen, war für Luther, wie auch für seine ebenfalls von der Reichsacht betroffenen Anhänger, mit dem Risiko verbunden, denunziert und als strafwürdiger Ketzer an Gerichtsbehörden ausgeliefert zu werden. Mit der Ausbreitung der

Reformation erweiterte sich auch die protestantische Geographie, dennoch blieb die Reisebeschränkung für Luther bestehen. Sie traf ihn besonders empfindlich, als er bei der Verlesung der ersten öffentlichen Bekenntnisschrift der Evangelischen auf dem Augsburger Reichstag von 1530 als Gebannter auf ein persönliches Erscheinen verzichten mußte. Um so grimmiger verfolgte er von der Veste Coburg aus den verbalen und protokollarischen Ablauf dieses wichtigen Ereignisses.

Mit gesteigertem Verdruß reagierte Luther vor allem auf sein Festsitzen in Wittenberg seit mehr als einem Vierteljahrhundert, erst als Mönch und dann als Ehemann und Familienvater. Gab es inzwischen zu viele Humanisten an der Universität, die ihre eigene Anhängerschaft um sich scharten und die fromme Sittlichkeit durch Selbstüberhebung verdarben? Hatte die aufblühende Handelsstadt, in der sich die Residenz des Kurfürsten befand, die Universität einen enormen Zulauf verzeichnete und Lucas Cranach, dieser Hofmaler und Unternehmer in einer Person, sogar den König von Dänemark in seinem Porträtstudio empfing, hatte Wittenberg einen Hang zu Oberflächlichkeit und Lotterei entwickelt, war ein »Sodoma« geworden? Oder waren es die immer gleichen Gesichter und ermüdenden Bestätigungen seiner Getreuen, die ihn langweilten? Während einer Reise, die ihn nach Lobnitz und Leipzig führte, schrieb er am 28. Juli 1545 aus Zeitz an seine Frau: »Ich wollts gerne so machen, daß ich nicht dürft [brauchte] wieder gen Wittenberg kommen. Mein Herz ist erkaltet, daß ich nicht mehr da bin, wollt auch, daß du verkauftest Garten und Hufe [Feldstück], Haus und Hof ... Nur weg aus dieser Sodoma. Ich habe auf dem Lande mehr gehört, denn ich zu Wittenberg erfahren, darum ich der Stadt müde bin, und nicht wieder kommen will, da mir Gott zu helfe.«[2]

Trotz mancher Gebrechlichkeit ergriff Luther jede Möglichkeit zu einer Flucht aus Wittenberg, sei es, um Zwistigkeiten zwischen Angehörigen des Landadels zu schlichten, sei es, um einem neuen Prediger auf die Sprünge zu helfen. Zwischendurch mußten Gäste im eigenen Haus empfangen werden, und gelegentlich gab es erfrischende Abwechslung bei Arbeiten im Kräuter- und Gemüsegarten jenseits des Elstertors. Dort schweifte der Blick schon einmal sehnsuchtsvoll über die Elbanger und die angrenzenden Felder und Heideflächen, hinter deren Horizont die großen Reichsstädte lagen. Oder Straßburg mit dem tüchtigen Mitstreiter Martin Bucer, Münster, wo sich die Sekte der Wiedertäufer ausgetobt hatte, Brüssel, wo sich der Kaiser in seine Kutsche setzen konnte, um auf der »Spanischen Straße« durch Lothringen, Burgund, Savoyen, die Lombardei und Tirol, ausschließlich über habsburgische Lande, nach Wien zu gelangen. Und noch viel weiter Madrid, wo bereits vor der Veröffentlichung der 95 Thesen 1517 die Illuminaten reformatorische Gedanken verbreiteten, und Rom, wo man dem Antichrist mit der Tiara auf dem Haupt begegnete.

Wie lange lag der Aufenthalt auf der Veste Coburg zurück? Fünfzehn Jahre, die wie im Fluge vergangen waren. Sollte man nicht noch einmal die Welt daran erinnern, wie alles anfing? Worum es bei den Streitigkeiten und blutigen Auseinandersetzungen überhaupt und im Kern ging? Hatte er irgendwann aufgehört, gegen die Mißverständnisse und Mißbräuche seiner Glaubenserfahrung zu kämpfen? War es ein frommer Selbstbetrug, eine nachträgliche Rechtfertigung, nachdem die politisierenden »Protestanten« die theologischen Reformer längst beiseite gedrängt hatten, als er für das neue Portal, das Katharina ihm zur Freude 1540 für ihr Haus anfertigen ließ, die Inschrift wählte: »Durch Stillesein und Hoffen würdet ihr stark sein«?

Zwingli war 1531 in der Schlacht gegen die altgläubigen Eidgenossen bei Kappel im Kanton Zürich gefallen. Er selber aber predigte in Wittenberg Stillehalten, obwohl die Welt seinetwegen in Aufruhr geraten war. Vielleicht hatte das Klosterleben ihn dieser Welt des Handelns allzusehr entfremdet. Das Reich Gottes war ihm auch nach dem Klosteraustritt 1524 näher geblieben als das Reich der großen Herren, ein Reich, in dem es immer nur schlechter zugehen konnte, denn der Teufel schlief weniger als je zuvor. Als die Kurfürstin Elisabeth von Brandenburg, die ihn 1539 zu einem seelsorgerlichen Gespräch und einem Abendessen nach Lichtenberg eingeladen hatte, der Hoffnung Ausdruck gab, sein Leben möge noch vierzig Jahre währen, war seine Antwort mit Inbrunst herausgekommen: »Das sei ferne! Selbst wenn mir Gott ein Paradies anböte, damit ich noch vierzig Jahre in diesem Leben bleiben sollte, ich wollte es nicht. Ich wollte lieber einen Henker mieten, der mir den Kopf abschlüge. So böse ist jetzt die Welt. Eitel Teufel werden jetzt die Menschen, daß sich einer nichts Besseres wünschen kann als nur ein seliges Stündlein und davon.«[3]

Aber niemand sollte nach seinem Tod behaupten können, er habe sich davongeschlichen, als sei er seines Glaubens nicht mehr sicher und nicht mehr in der Lage gewesen, ihn zu verteidigen. Bereits ab 1531 hatte er es geduldet, daß seine Tischgäste sich Aufzeichnungen machten, damit sie nicht vergaßen, was er als neuer Christ ihnen zu bedenken gab. Im Februar desselben Jahres hatten die Evangelischen unter Führung Kursachsens und Hessens in Schmalkalden ein Schutzbündnis geschlossen, dem er zwei Monate später seine den Widerstand bestätigende Schrift »Warnung an seine lieben Deutschen« folgen ließ. Aber diese Schrift war ebenso Anlaß für Ärgernisse geworden wie sein Text »Von der Freiheit eines Christenmenschen«, denn einige hielten ihn für einen Widersprüchigen, weil er den Herren zugestand, was er den Bauern einst verweigerte: Aufbegehren aus Gehorsam gegen Gott. Wobei die Frage hinzukam, ob mehr Herren oder mehr Bauern handfeste Ziele hinter frommer Gesinnung versteckten.

Während der Unterhaltungen bei Tisch konnte Luther sich freier und spontaner äußern, ohne wie bei seinen gedruckten Texten fürchten zu müssen, nur immer falsch verstanden zu werden. Das anschauliche Detail, etwa eine häusliche Begebenheit oder ein gerade gelesener Bibeltext, ließ sich leichter ins Allgemeine wenden und bot seiner Begabung der unmittelbaren Ansprache unverfänglichere Möglichkeiten, vom rechten Glauben zu zeugen. Theoretische Systeme oder Dogmen, wie sie den Papst umstellten, widerstrebten ihm und seiner Vorstellung von einer lebendigen Gemeinde. Auch die Politik der großen Herren war ihm zutiefst ein Greuel. In der Wiedergabe von Veit Dietrich, der bis 1534 die Aufsicht über die jungen Studenten in Luthers Haus führte, gestand der Hausherr seine Schwäche in Hinsicht auf das Große und Ganze: »Kleine und unwesentliche Dinge können mich sehr beunruhigen, große aber nicht; ich denke dann: Das geht über deine Kraft, du kannst es nicht halten, darum so laß es gehen! Umgekehrt macht es Philippus [Melanchthon]. Durch die Angelegenheiten seines eigenen Lebens, wie ich, wird er nicht beunruhigt, dafür beunruhigen ihn jene gewaltigen Fragen des Staats und der Religion. Mich drücken immer nur meine kleinen Sorgen nieder. So verschieden sind unsere Anlagen.«[4]

Die Tischgäste, mit denen sich Luther während der täglichen Hauptmahlzeit unterhielt und denen er mitunter nachdrücklich in die Protokollnotizen hineindiktierte, waren meist zahlende Logiergäste seines Hauses, junge oder ältere Studierende, gelegentlich Zufluchtsuchende, die er und seine Frau solange wie nötig durchfütterten, oder, nicht eben selten, Durchreisende, die dem zum Scherz gewordenen Rat folgten: Kein Reisender hat Rom ohne den Papst und Wittenberg ohne den Luther wirklich gesehen. Man sprach und schrieb in Deutsch und Lateinisch, wie es das Thema gerade eingab. Einige fixierten erst viel später ihre Erinnerungen, so daß ihre eigenen Ansichten mit denen Luthers verschmolzen. Da jedoch keine dieser Niederschriften Luther unter die Augen geriet, blieb es ihm erspart, sich auch noch über die Mißverständnisse, die seine gesprochenen Texte hervorriefen, ärgern zu müssen. Denn die »Schwärmer« oder ungebildeten Eiferer unter seinen Anhängern, die sich durch mystische Gefühle oder private Empfindungen näher bei Gott glaubten als durch ordentliches oder fortgesetztes Studieren der Bibel, brachten ihn nicht weniger in Harnisch als seine prinzipiellen Gegner.

Was alles hatte er seinen Gästen seit 1531, als einige eifrig anfingen mitzuschreiben, von sich und seinem Kampf um den rechten Glauben erzählt? Sollte er nicht jetzt, zu Beginn des Jahres 1545, noch einmal aus eigener Sicht die wichtigsten Stationen seines Lebens zusammenfassen? Vielleicht würde es manchen Leser wundern, wenn er dem Druck seiner lateinischen Schriften eine biographische Skizze voranstellte. Aber wie oft würde er noch Gelegenheit bekommen, ein aus Freunden und Feinden bestehendes großes Publikum zu erreichen? Seine alten Schriften, deren Lateinisch nicht einmal den sprachlichen Reiz seiner deutschen Texte hatte, mochten ohnehin nur Theologen erbauen und belehren. Den meisten seiner Leser könnte er dagegen ein letztes Mal als revolutionärer Luther entgegentreten, sie aufschrecken aus ihren falschen Glaubensgewißheiten oder ihrer bequemen Siegerlaune. Sie sollten wissen, daß er zu seinen Entscheidungen von damals auch am Ende seines Lebens stand. So würden auch sie ihren Gewinn aus der Lektüre ziehen, in Dankbarkeit die einen, die eine Bestärkung ihres evangelischen Glaubens fanden, in Betroffenheit die anderen, die den alten Ketzer bereits für überwunden hielten.

Der Absatz, auf den es Luther bei seiner auf wenige Seiten hingeworfenen biographischen Skizze vor allem ankam, beschreibt sein entscheidendes Glaubenserlebnis aus dem Frühjahr 1513, das einer Erleuchtung, einer Vision gleichkam. Sie gilt auch bei heutigen Lutheranern als das kostbarste Erinnerungsfragment des Reformators, »in der Geschichte der Kirche den großen Bekenntnisblättern zuzurechnen, auf denen große Christen die Stunde ihrer Gottesbegegnung aufgezeichnet haben«.[5] In der Einleitung bittet Luther »den freundlichen Leser« um Verständnis, daß er als junger Mönch den Papst verteidigt habe, und er fügt hinzu: »Ich aber betrieb die Sache mit Ernst; denn ich hatte furchtbare Angst vor dem jüngsten Tag und begehrte doch von Herzens Grund selig zu werden.«[6] Dann, mitten in seinem chronologischen Bericht, den er 1517 mit dem Ablaßhandel beginnen und mit dem Reichstag zu Worms 1521 enden läßt, versetzt er den Leser in das Frühjahr 1513, in die Geburtsstunde der Reformation, auch als Luthers »Turmerlebnis« bekannt, denn zu jener Zeit befand sich seine Studierstube in dem angebauten Turm des Augustinerklosters, seines späteren

Wohnhauses, in Wittenberg (diese Zeit- und Ortsbestimmung, die im Originaltext nicht existiert, wurde durch Lutherforscher vorgenommen). In lateinischer Sprache (das folgende Zitat stammt aus einer älteren Übersetzung) erklärt Luther mit der hier notwendigen theologischen Genauigkeit seine Wandlung vom leidenden zum fröhlichen Christen:

»Es war gewiß wunderbar, wie ich von einem hitzigen Eifer ergriffen gewesen war, Paulus im Briefe an die Römer kennenzulernen; aber im Wege war mir bis dahin nicht die Kälte meines Herzens gestanden, sondern ein allereinziges Wort im ersten Kapitel: ›Die Gerechtigkeit Gottes wird im Evangelium offenbar.‹ Ich haßte dieses Wort ›Gerechtigkeit Gottes‹; denn durch den Brauch und die Übung aller Doktoren war ich gelehrt worden, es philosophisch zu verstehen, von der sogenannten ›formalen‹ oder ›aktiven‹ Gerechtigkeit, durch die Gott gerecht ist und die Sünder und Ungerechten straft.

Ich aber konnte den gerechten, den Sünder strafenden Gott nicht lieben, haßte ihn vielmehr; denn obwohl ich als untadeliger Mönch lebte, fühlte ich mich vor Gott als Sünder und gar unruhig in meinem Gewissen und getraute mich nicht zu hoffen, daß ich durch meine Genugtuung versöhnt sei. Ich war voll Unmuts gegen Gott, wenn nicht in heimlicher Lästerung, so doch mit mächtigem Murren und sprach: Soll es denn nicht genug sein, daß die elenden, durch die Erbsünde ewiglich verdammten Sünder mit allerlei Unheil bedrückt sind durch das Gesetz des Dekalogs [der Zehn Gebote]? Muß denn Gott noch durch das Evangelium Leid an Leid fügen und uns auch durch das Evangelium mit seiner Gerechtigkeit und seinem Grimm bedrohen? So raste ich vor Wut in meinem verwirrten Gewissen, pochte aber dennoch ungestüm an dieser Stelle bei Paulus an, voll glühenden Durstes zu erfahren, was St. Paulus wollte.

Da erbarmte sich Gott meiner. Unablässig sann ich Tag und Nacht, bis ich auf den Zusammenhang der Worte merkte, nämlich: ›Die Gerechtigkeit Gottes wird im Evangelium offenbar, wie geschrieben steht: Der Gerechte lebt seines Glaubens.‹ Da fing ich an, die Gerechtigkeit Gottes als eine solche Gerechtigkeit zu begreifen, durch die ›der Gerechte als durch Gottes Geschenk lebt‹, d.h. also ›aus Glauben‹, und merkte, daß dies so zu verstehen sei: ›durch das Evangelium wird die Gerechtigkeit Gottes offenbar‹, nämlich die sogenannte ›passive‹, d.h. die, durch die uns Gott aus Gnaden und Barmherzigkeit rechtfertigt durch den Glauben, wie geschrieben steht: ›Der Gerechte lebt seines Glaubens.‹ Nun fühlte ich mich ganz und gar neugeboren: Die Tore hatten sich mir aufgetan; ich war in das Paradies selber eingegangen. Da zeigte mir sogleich auch die ganze Heilige Schrift ein anderes Gesicht. Von daher durchlief ich die Schriften, wie ich sie im Gedächtnis hatte, und fand auch an anderen Stellen den gleichen Sinn, z.B. ›Werk Gottes‹ bedeutet: das Werk, das Gott wirkt, ›Kraft Gottes‹: die Kraft, damit er uns kräftig macht, ›Weisheit Gottes‹: die Weisheit, durch die er uns weise macht. Ebenso ist es mit: ›Stärke Gottes‹, ›Heil Gottes‹, ›Herrlichkeit Gottes‹.

Wie ich zuvor das Wort ›Gerechtigkeit Gottes‹ mit allem Haß haßte, so erhob ich nun mit heißer Liebe das gleiche Wort als süß und lieblich über andere. So wurde mir diese Stelle bei Paulus eine rechte Pforte zum Paradies.«[7]

Die aus dem Paulusbrief an die Römer gewonnene Erkenntnis Luthers, daß Gott den an ihn Glaubenden nicht fordert oder gar überfordert, sondern ihn mit Kraft, Weisheit, Heil und Herrlichkeit erfüllt, machte die damals sogenannten »guten Werke«, durch die Gottes Gnade je nach Volumen des »guten Werks« (z.B. eine Totenmesse lesen lassen, eine Kapelle stiften) für eine bestimmte Zeit erbettelt, erkauft, erworben werden konnte, mit einem Schlag überflüssig. An die Stelle des im Lauf der Jahrhunderte aus Not und Tod entstandenen Handelsvertrags – »gute Werke« für entsprechend viel göttliche Gnade –, der auch ohne wahren Glauben erfüllbar war, setzte Luther den Dienst an dem anderen, der zu den neuen guten Werken des in seiner Seele Gläubigen und nur dadurch die Gnade Gottes Empfangenden wurde. Nicht mehr und nicht weniger enthielt der Kern von Luthers publizistischem Feldzug gegen den Papst, der sich und seiner die »guten Werke« registrierenden Kirche die Gnadenvermittlung zu Gott vorbehielt.

Daß es zwischen Luther und den Vertretern der römischen Kirche, die nicht zum erstenmal von frommer Seite zu Reformen ermahnt wurden, zu keinem theologisch-religiösen Kompromiß kommen konnte, lag im wesentlichen an der Neuordnung, die sich im 16. Jahrhundert in Europa vollzog. Für den in das Gerangel der Dynastien verstrickten Kirchenstaat bedeutete jedes öffentliche Nachgeben in Glaubensfragen den Verlust von Autorität und damit von Einflußnahme auf das politische Geschehen. Für Luther, der noch nach der Bekanntgabe seiner 95 Thesen eine öffentliche Konfrontation hinauszögerte und im internen Kreis eine gewisse Nachgiebigkeit zeigte, wirkten sich die dynamischen Machtverschiebungen der Zeit ebenso verhängnisvoll aus. Seine aus tiefer Gläubigkeit gewonnene Gnadensicht, die ihm die durch Besitz und Dogmen verkrustete alte Kirche suspekt erscheinen ließ, wurde von deutschen Landesherren als Vorwand benutzt, sich der politischen Macht der Päpste zu entziehen. Luther, der Revolutionär des Glaubens, der alle Christen zur »Pforte des Paradieses« führen wollte, wurde in Deutschland zur Symbolfigur des Kampfes gegen die römische Herrschaft. Der Stifter des neuen Glaubens wurde zum Anstifter weltlicher Händel degradiert.

Der seinen Glauben bekennende und bezeugende Luther hat den national und nationalistisch eingefärbten Luther und den andere Kirchenordnungen und Sekten radikal ablehnenden Luther überlebt. Die Reformationsgeschichte drängte zwar ihren Urheber in den Hintergrund der Aktionsbühne. Dort, hinter den Kulissen, wirkte der Reformator jedoch unbeirrbar und stetig fort, um den neuen, auf Gottes Gnadengeschenk begründeten Glauben allen, die des Glaubens bedurften, schreibend, predigend und redend zu vermitteln. Daß er immer wieder der Versuchung erlag, sich nach vorn zu spielen, indem er durch scharfe Verbalattacken seine Erzfeinde vor ein imaginäres Gottestribunal zerrte, verringert trotz deutlich hervortretender Schwächen wie Eitelkeit, Maßlosigkeit und Starrsinn nicht die moralische Vorbildlichkeit seines alltäglich praktizierten Bekennertums.

Luthers spektakuläre öffentliche Rolle, die durch die zugespitzten Machtverhältnisse zwischen römisch-europäischer Papstkirche, spanisch-habsburgischem Kaiserreich und deutschen Landesfürsten möglich wurde, endete – je nach Einschätzung, wann die Wandlung des Reformators vom Revolutionär zum sich anpassenden Verwalter des neuen Glaubens einsetzte – mit der Veröffentlichung der 95 Thesen 1517, mit dem Auftritt vor Karl V. 1521 oder mit der Verurteilung der Bauernaufstände 1525. Wenn man jedoch Luthers weniger öffentliches Wirken betrachtet, das durch unzählige Briefe, Tischreden und Berichte von Zeitzeugen dokumentiert ist, bildete sein Leben eine gleichbleibende Abfolge von Glaubensbekundungen, in Hingabe an den alten Glauben, dem er als Mönch diente, und, nach einer Phase des Zweifelns, in Hingabe an den neuen Glauben, der sich ihm durch die Erkenntnis von Gottes Gnade offenbart hatte und den er bis zu seinem Tod unablässig verteidigte.

Die Glaubensgewißheit, für die Luther lebte und in der er starb, trug schon immer den Keim der Aussöhnung mit der alten Kirche in sich. Die Unterschiede in der Ausübung des Gottesdienstes zwischen den christlichen Gemeinden erscheinen heute eher als liebgewordene Traditionen denn als gewollte Abgrenzungen. Das gleiche gilt für die Kirchenordnungen, deren uralte Wurzeln niemand auch nur verletzen und schon gar nicht herausreißen möchte, um nicht den dünn gewordenen Blätterbestand darüber zu gefährden. Die sensibelsten Punkte – wie Gestaltung und Auffassung des Abendmahls, die pauschale oder Einzelbeichte mit dazugehöriger Absolution, das Zölibat und die Integration von Frauen und Laien in alle liturgischen Aufgaben – stellen für aufrichtige Gläubige, die die ökologischen Katastrophen, die Überbevölkerung der Erde und die fortgeschrittene Entmystifizierung von Mensch und Natur wahrnehmen, keine unüberwindlichen Hindernisse mehr dar. Der gemeinsame Nenner ist die Bibel, nicht nur für Christen, die das Neue Testament verbindet, sondern auch für die Juden und Muslime, die in den älteren Texten Zuspruch und Gewißheit über den einen Gott finden.

Papst Johannes Paul II. schrieb 1995 in seiner Enzyklika »Ut unum sint« (Das sie eins seien) zum Thema Ökumene: »Die interkonfessionellen Dialoge auf theologischer Ebene haben positive und greifbare Ergebnisse gebracht: das ermutigt zum Weitermachen. Doch außer den Divergenzen in den Lehrmeinungen, die gelöst werden müssen, können die Christen die Last uralter, aus der Vergangenheit ererbter Verständnislosigkeit, gegenseitiger Mißverständnisse und Vorurteile nicht verringern. Erschwert wird diese Situation nicht selten durch Unbeweglichkeit, Gleichgültigkeit und eine unzureichende Kenntnis voneinander. Das Engagement für die Ökumene muß sich daher auf die Umkehr der Herzen und auf das Gebet stützen, was auch zur notwendigen Läuterung der geschichtlichen Erinnerungen führen wird.«[8]

Die Suche nach Verständigung mit den anderen Christen, der das umfangreiche und umständliche Sendschreiben des Papstes gewidmet ist, wurde von ermutigenderen Vorstößen auf Gemeindeebene begleitet. In Österreich unterzeichneten mehr als eine halbe Million Katholiken einen Aufruf zu Reformen ihrer Kirche, den unter anderen der Bund der Deutschen Katholischen Jugend begrüßte.[9] Hier also der Abbau von Schranken, der nicht nur die katholische Kirchenführung und ihre Gemeinde, sondern auch die unterschiedlichen Konfessionen einander näherbringen kann, und im katholischen Marienwallfahrtsort Altötting die von evangelischer Seite gewünschte Teilnahme an altkirchlichen Gebräuchen: Unter Protestanten gebe es, so der evangelische Regionalbischof, Kreisdekan Martin Bogdahn, ein verstärktes Interesse an Wallfahrten und anderen traditionell katholischen Frömmigkeitsäußerungen.[10]

Die Gläubigkeit, die Luther und andere Reformatoren gegen die alte Kirche rebellieren ließ, kann heute wesentlich dazu beitragen, die gespaltene Kirche wieder zusammenzufügen. In einer Zeit, in der alle Kirchen gleichermaßen durch Gleichgültigkeit und Atheismus, durch Bürokratisierung und Aktivismus innerlich und äußerlich von Auszehrung bedroht sind, ist tiefer und wahrer Glaube die entscheidende Kraft, um konfessionelle Unterschiede abzubauen und gemeinsam Glaube, Liebe und Hoffnung auszustrahlen. Wenn die gläubige Seele sich ängstigt, steht sie ohnehin allein vor Gott und wird ihre Zweifel ihm gegenüber allein überwinden müssen, ob sie nun die ersten Stufen des Glaubens durch Gnadenvermittlung des Papstes, des Nachfolgers von Petrus, oder durch Gnadenzusage Luthers, des Schülers von Paulus, erklommen hat.

Glaubenszeugen wie Martin Luther, Franz von Assisi, Katharina von Siena, Jan Hus, Bernhard von Clairvaux, John Wyclif oder Aurelius Augustinus und Thomas von Aquin, die aus der fernen Vergangenheit bis in die Gegenwart aufragen, sind heute Helfer und Mahner für alle Christen. Von ihnen steht uns der Wittenberger Reformator zeitlich am nächsten. Dem ausgehenden Mittelalter, dem Gott und Teufel und ein mechanisches Weltbild das Gepräge gaben, ebenso verhaftet wie der beginnenden Neuzeit, in der Innen- und Außenwelt des Menschen zum zweitenmal seit der Antike entdeckt wurden und sich erweiterten, erleichtern uns Luthers »moderne« Sprache, seine anschaulichen Vergleiche und bildhaften Gedanken, in denen wir vieles heute noch Vertraute finden, den Zugang zu seiner Glaubenszeugenschaft. Nur diese im kleinen wie im großen gelebte Glaubensintensität, die letztlich Papst und Kaiser zu unliebsamen und ungewollten Entscheidungen veranlaßte – u.a. zu der Einberufung eines Konzils 1545 nach Trient (mit Zwischenstation in Bologna) und zur Einigung der Reichsstände auf einen Religionsausgleich 1555 in Augsburg –, kann uns Luther wieder als religiös-ethisches Vorbild zurückbringen. Dem einzelnen, der mit seinem Leben und mit Gott hadert, zum Trost und zur Stärkung, aber auch der ökumenischen Bewegung, die nichts mehr benötigt als undogmatische und untheologische Bekenntnisse zu den von Gott ausgesandten Zeichen seiner Existenz.

Die Entstellung oder Verfälschung von Luthers Leben und Werk durch deutsch-nationale Interessen hat ein pseudochristliches und stellenweise geradezu antichristliches Zerrbild entstehen lassen, das sich bereits zu Luthers Lebzeiten abzuzeichnen begann und während der Herrschaft der Nationalsozialisten zu einer fast tödlich wirkenden Karikatur des Glaubensrevolutionärs von 1513 wurde. In der renommierten »Allgemeinen Evangelisch-Lutherischen Kirchenzeitung« stellte Hans Preuß, Lutherforscher aus Erlangen, in der Nummer vom 27. Oktober 1933 fest: »Man hat gesagt, das deutsche Volk habe dreimal geliebt: Karl den Großen, Luther und Friedrich den Großen. Wir dürfen nun getrost unseren Volkskanzler hinzufügen. Und das ist wohl die lieblichste Parallele zwischen Martin Luther und Adolf Hitler.« Dieser deutsch-national vereinnahmte Luther, dessen reformatorischer Einfluß auf nordeuropäische Länder beschränkt blieb – der Calvinismus fand eine sehr viel weitere Verbreitung –, kann nur durch Luther selbst zurückverwandelt werden: durch die zahlreichen Zeugnisse seines seelsorgerlichen Wirkens, die teils geflissentlich übersehen wurden, weil sie nicht in das gewünschte politische Konzept einer auftrumpfenden Nation paßten, teils in ihrem unpolitischen Charakter überbetont wurden, um jede Art des Aufbegehrens in häuslicher Idylle und in der Verinnerlichung gesellschaftlicher Probleme zu ersticken.

Luther aus der historischen Enge zu befreien, in der seine Glaubensgewißheit zu nationalem Trotz und seine Lehre vom Stillehalten zur Autoritätsgläubigkeit verkamen, scheint nach den vielen Jahrhunderten, in denen das alte Bild von ihm tief in das allgemeine Bewußtsein gesunken ist, kaum möglich zu sein. Die umfangreiche Literatur, die 1983 anläßlich des fünfhundertsten Gedenkjahres seiner Geburt erschien, brachte durch neue Gesichtspunkte und unbekannte Dokumente einen erheblichen Schub in Richtung eines entschlackten und frischen Lutherbilds. Dennoch bleibt den Restauratoren viel zu tun übrig. Erst wenn der Revolutionär des Glaubens wieder zum Vorschein kommt, also auch die unterste Patina des biederen Hausvaters abgetragen wurde, können Leben und Werk Martin Luthers die alte Leuchtkraft zurückgewinnen, die in der ersten Hälfte des 16. Jahrhunderts die christliche Welt für Augenblicke erhellte und ihr neue Hoffnung gab.

Vorbereitung auf eine bürgerliche Karriere

(1483–1505)

Als Martin Luther am 10. November 1483 geboren wurde, befand sich Europa, ähnlich wie im 19. Jahrhundert, als Feudalismus und Industrialisierung die extremsten Spannungspole bildeten, in einem Zustand der Zerrungen und Dehnungen. Während Papst und Kaiser, die einst die Einheit des christlichen Abendlands garantiert und symbolisiert hatten, sich die Reste der universalen Macht streitig machten, waren bereits neue starke Einheiten, in Form von zentralistisch aufgebauten Nationalstaaten, im Entstehen begriffen. In Deutschland wiederholten sich diese Gegenströmungen in kleinerem Maßstab. Durch Handel und Gewerbe reich gewordene Städte und dynastisch verbundene Territorien kämpften gegeneinander um Unabhängigkeit und Vorrangstellung. Gleichzeitig gab es Bestrebungen, das alte Reich, das nur noch durch wenige Institutionen allgemeinverbindlich geblieben war, erneut zur Geltung zu bringen, was in der 1486 erstmals verwendeten Bezeichnung »Römisches Reich Deutscher Nation«[11] zum Ausdruck kam.

Die italienischen Kleinstaaten, die der Auflösung der abendländischen Einheit einen Teil ihrer Unabhängigkeit von Papst und Kaiser verdankten, kümmerten sich einstweilen kaum um einen staatlichen Überbau. Da es außerdem zwischen ihnen zu einer militärischen Pattsituation gekommen war, verschwendeten sie ihre freien Mittel und Energien an Künstler und Gelehrte, die durch die Wiederentdeckung der Antike und durch ihr eigenes Ingenium das Wunder der Renaissance schufen. Im selben Jahr wie Luther kam auch Raffael zur Welt, der zu einem der bedeutendsten Vertreter der Hochrenaissance wurde. Zu seinen Meisterwerken gehört ein Porträt von Leo X., dem Papst, der Luther 1521 wegen Ketzerei bannte.

Dort, jenseits der Alpen, die Verherrlichung des Körpers und der starken Persönlichkeit als Ausdruck neuen individuellen Selbstbewußtseins, hier, diesseits der Alpen, Flucht in tiefe Frömmigkeit und Furcht vor dem prophezeiten nahen Weltende. Während einer Reise, die ihn 1517 durch Süddeutschland führte, notierte der italienische Kardinal Luigi d'Aragona, ein in Glaubensdingen durchaus empfindsamer Mann, neben allerlei Kuriosa – wie ungeheizte Schlafzimmer, mit Salbei, Flieder und Rosmarin gewürzte Weine oder Serviermädchen, die »sich zwar nicht, wie die französischen Kammermädchen, küssen, wohl aber um den Leib fassen und drücken lassen« – auch Ausdrucksformen religiösen Lebens: »Sowohl Frauen als Männer besuchen fleißig die Kirchen, in denen jede Familie ihren eigenen Kirchenstuhl hat; die Kirchen sind alle gedielt und die Bänke mit etwas Zwischenraum in der Mitte in zwei Reihen geordnet wie in einer Schule; nur für die Priester bleibt der Chor frei. Da spricht man nicht von Geschäften und unterhält sich nicht wie in Italien; man richtet seine Aufmerksamkeit nur auf Messe und Gottesdienst, und beim Gebet knien alle nieder ...

Von Trient an pflegt man an allen Straßen in der Nähe der Dörfer und Städte unter freiem Himmel sehr hohe und große Kruzifixe aufzustellen, meist mit den Schächern zur Seite, was zugleich Schrecken und Andacht erweckt. Und in geringen Entfernungen voneinander sind überall hölzerne und steinerne Säulen aufgerichtet mit einem ausgehöhlten Fensterchen, in welchem sich ein Bild des Gekreuzigten mit den zwei Marien oder andere Geheimnisse der heiligsten Passion des Herrn dargestellt befinden. Man findet auch selten auf deutschen Gemälden Heilige dargestellt, ohne daß etwas von der Passion damit verbunden wäre ...

Dem Gottesdienst und den Kirchen wenden sie viel Aufmerksamkeit zu, und so viele Kirchen werden neu erbaut, daß ich, wenn ich damit die Pflege des Gottesdienstes in Italien vergleiche und daran denke, wie viele arme Kirchen hier ganz in Verfall geraten, diese Länder nicht wenig beneide und im innersten Herzen Schmerz empfinde über das geringe Maß von Religion, die man bei uns Italienern findet.«[12]

Der reisende Kardinal mag seine Eindrücke im Hinblick auf seine Landsleute, die in Schönheit und glänzender Selbstdarstellung schwelgten, pädagogisch sortiert haben. Aber auch andere Berichte bezeugen eine deutsche Frömmigkeit, die vor allem von der Bevölkerung auf dem Land und in kleinen Orten wie Eisleben, wo sich Luthers Eltern zum Zeitpunkt seiner Geburt kurzfristig aufhielten, gepflegt wurde. Weltläufiger oder gewissermaßen italienischer ging es dagegen in den wohlhabenden Städten wie Augsburg, Regensburg, Frankfurt am Main oder Köln zu, wo Ende des 15. Jahrhunderts ein enormer Bildungsaufschwung erfolgte, der dem Bürgertum neben der Macht des Geldes auch eine deutliche Überlegenheit in juristischen, verwaltungstechnischen und medizinischen Bereichen verschaffte.

Der Grund für diese beschleunigte Entwicklung, die dem vom Landbesitz lebenden und für den Kriegsdienst erzogenen Adel vorübergehend große Konkurrenzsorgen bereitete, waren die um 1445 von Johann Gensfleisch Gutenberg erfundenen beweglichen Lettern. Plötzlich konnte man in kürzester Zeit von jedem Text beliebig viele Abzüge herstellen, während vorher die mühevolle Abschreibarbeit zur Textauswahl zwang und die Vervielfältigung in engen Grenzen hielt. Das Volumen an Druckerzeugnissen nahm rapide zu, denn vor allem in städtischen Kreisen ahnte man, daß das seelenberuhigende kirchliche Weltbild durch die Wiederbelebung der Antike und durch neue wissenschaftliche Erkenntnisse schon bald einer paradiesischen Vergangenheit angehören würde. Überdies wollte man, und das betraf besonders die jüngeren Generationen, den gerade erworbenen gesellschaftlichen Aufstieg durch vermehrtes Ansammeln von aktuellem Wissen fortsetzen. Sein Wissen erweitern konnte jetzt jeder, nach Maßgabe seiner Ausbildung und seiner finanziellen Mittel. Damit eröffneten sich schwindelerregende Dimensionen, die von der Mitwisserschaft an gelehrten und politischen Neuheiten bis zur Mittäterschaft durch gezielte Beeinflussung reichten. Von der Heiligen Schrift bis zur derben Hanswurstiade, vom theologischen Traktat bis zur volkstümlichen Heiligenlegende, von den Mahnungen der Herrschenden bis zum Aufruf gegen die Herrschenden – alles ließ sich durch den Druck von Büchern und Flugblättern nach Bedarf verbreiten. Durch die Erfindung Gutenbergs konnten die Ideen und Ideale der Renaissance und des Humanismus, die dem Menschen die Freiheit des Geistes und des Körpers versprachen, in jedes Haus getragen werden, aber auch Nachrichten aus der Welt der Kirche und der Gläubigen.

Die Eltern von Martin Luther befanden sich gesellschaftlich in einer Phase des Aufstiegs. Sie stammten beide aus Bauernfamilien, die zu bescheidenem Wohlstand gekommen waren. Aus erbrechtlichen Gründen gezwungen, sich auf eigene Beine zu stellen, entschied sich der Vater, Hans Luther, für den aussichtsreichen Beruf des Bergmanns. Zusammen mit seiner jungen Frau Margarethe, geb. Ziegler, verließ er den gemeinsamen Heimatort Möhra südlich von Eisenach, um in Eisleben am südöstlichen Harzrand als Berghauer zu arbeiten. Fleiß und Glück führten ihn schon bald in das wenige Kilometer entfernte Mansfeld, wo er die verantwortungsvolle und risikoreiche Stellung eines Hüttenmeisters erlangte. Abgebaut wurde im mansfeldischen Gebiet Kupferschiefer, der mit Holzkohle verhüttet und zu Rohkupfer verarbeitet wurde. Die Krönung seiner Laufbahn erfuhr Hans Luther durch die ehrenvolle Aufgabe, die Gemeinde in einem Vierergremium gegenüber dem Stadtrat zu vertreten. Bis 1505 war die Familie um neun Kinder angewachsen, und das Elternpaar hegte große Hoffnung, daß die Mädchen gute Partien machen und die jungen das Hüttenwesen erlernen oder sogar studieren würden.

Das christliche Leben von Martin, dem zweitältesten Sohn, begann in der Pfarrkirche Sankt Peter und Paul in Eisleben, wo er am 11. Februar 1483, einen Tag nach seiner Geburt, getauft wurde. Als seine Heimatstadt empfand er jedoch später immer Mansfeld in der Grafschaft Mansfeld, wohin seine Eltern im Sommer 1484 umgezogen waren. Dort begann auch sein öffentliches Leben: Im März 1488 erhielt er in einer städtischen Lateinschule seinen ersten Unterricht. Mit den damals üblichen Züchtigungsmitteln, Stock- und Rutenhieben auf das nackte Gesäß vor versammlter Schülerschaft, vermittelten die Lehrer einen seit Jahrzehnten unverändert gebliebenen Grundstoff. Dieser bestand aus einem angenehmeren Teil, dem Singen christlicher Lieder und dem Aufsagen der Zehn Gebote, des Vaterunser und anderer Gebete, und aus einem unangenehmeren Teil, dem Erlernen der lateinischen Sprache, für die als einziges Anschauungsmaterial ein Jahreskalender mit den Namen der Heiligen in Versen benutzt wurde.

Ebenso wie andere berühmte Männer, die aus einfachen Verhältnissen kamen, erinnert sich Luther im Alter nur ungern an seine Kinder- und Schuljahre. Das wenige, das er, meist im Zusammenhang mit allgemeinen Themen, über diese Zeit erzählte, betraf die niedrige Herkunft seiner Eltern, deren sozialen Aufstieg er grundsätzlich verschwieg – wahrscheinlich, um den Bogen vom Bauernsohn zum öffentlichen Gegner des Papstes und des Kaisers effektvoller zu spannen –, oder die aus eigener pädagogischer und seelsorgerlicher Praxis im nachhinein als zu hart empfundenen Bestrafungen durch Vater, Mutter und Lehrer. Nur manchmal drang ein heiterer Schimmer aus der Vergangenheit hervor. So, wenn Luther das Lieblingslied seiner Mutter, »Mir und dir ist keiner hold, das ist unser beider Schuld«, erwähnte oder bei einem zufälligen Gespräch über den schweren Beruf der Bergleute mit verhaltener Zärtlichkeit seines Vaters gedachte:

»Einer sagte: Herr Doktor, die Bergleute geben gern, aber sie haben diesen Fehler: an den Sonntagen und am Sabbath zechen sie sich einen Rausch an. Erwiderte der Doktor: Die Bergleute handeln da zwar nicht recht, aber wenn sie an den anderen Tagen fleißig schaffen, muß man ihnen etwas zugute halten. Man muß es ihnen gleichwohl nicht sagen; sie würden sonst noch wilder. Sie haben sehr schwere und gefährliche Arbeit zu verrichten, und auch ihrem Lande [dem mansfeldischen?] muß man etwas zugestehen. Ich zech auch. Es soll mirs aber nicht jedermann nachtun; denn alle haben nicht meine Mühsame zu tragen. Wenn deshalb die Bergleute am Morgen die Predigt hören und beten, dann soll man ihnen bei der Nachmittagspredigt im Hinblick auf ihr mühseliges Leben und ihre Gewohnheiten durch die Finger sehen.«[13]

Da Hans Luther mit seinem ältesten Sohn Jakob wegen dessen Raufereien zeitweise Ärger bekam – Jakob wurde später ein guter Hüttenmeister wie sein Vater –, achtete er um so aufmerksamer auf den Werdegang seines zweiten Sohns. Durch seine Nebentätigkeit als Gemeindevertreter besser als viele Kollegen über das Leben höherer Kreise informiert, erfuhr er, daß man die Söhne gern zur Weiterbildung in eine Schule nach Magdeburg schickte. Für Martin, der bereits vierzehn Jahre alt war, schien ihm das gerade recht, und so entließ er ihn erstmals aus der Obhut der Familie in die große Stadt an der Elbe, die fünfundzwanzigtausend Einwohner zählte und einen ehrwürdigen Dom besaß.

In Magdeburg mußte dem jungen Mansfelder aus dem Bergbaumilieu fast alles imponieren, aber für seine persönliche Entwicklung spielte die unmittelbare alltägliche Umgebung die größere Rolle. Er wohnte bei den »Brüdern vom gemeinsamen Leben«, einer mönchsähnlichen Gemeinschaft, die aus einer Ende des 14. Jahrhunderts in den Niederlanden entstandenen Reform- und Frömmigkeitsbewegung hervorgegangen war. Durch sie lernte er eine intensiv verinnerlichte Religiosität kennen, die ohne klösterliche Abgeschlossenheit und Reglementierung auszukommen versuchte. Mit jugendlicher Empfänglichkeit nahm er auch an anderen Äußerungen demutsvoller Gläubigkeit Anteil. In den Straßen Magdeburgs bettelte ein besonders abgemagerter Franziskanermönch um Almosen. Er verrichte im Kloster jede Arbeit, hieß es, und sei ein Vorbild im Fasten, Wachen und sich Kasteien. Früher jedoch, so erzählte man sich, habe dieser Mönch Titel und Namen eines Fürsten Wilhelm von Anhalt getragen.

Das Sammeln von Geld gehörte nicht nur für die Bettelmönche, sondern auch für viele Schüler zum Alltag. Martin war einer von ihnen, erst in Mansfeld und jetzt in Magdeburg. In Gruppen zogen sie von Haus zu Haus, sangen bekannte Kirchenlieder und hofften auf fromme Zuhörer, die ihnen durch ihre Gaben halfen, die Löcher in ihren kärglichen oder zu früh ausgeschöpften Budgets zu stopfen. Und singen konnten diese Kurrendesänger sehr gut, denn sie hatten darin nicht nur durch den allgemeinen Unterricht viel Übung, sondern wurden den Kirchen auch als Chorknaben zugeteilt. In Erfüllung dieser Aufgabe erlebte Martin, der Auswärtige aus Mansfeld, zum erstenmal im

Hohen Dom von Magdeburg eine Kathedralliturgie im festlich-pompösen Ambiente römischer Kirchentradition. An jene noch in Harmonie mit der Umwelt verbrachten Jugendjahre, in denen er seine Liebe zur Musik, vor allem zum Gesang, entdeckte, mag er gedacht haben, als er im Januar 1532 sagte: »Singen ist eine feine edle Kunst und Übung. Es hat nichts zu tun mit der Welt; es gibt es nicht vor Gericht und im Hader. So sorget, der singet, nicht für viel; er schlägt alle Sorge aus und ist guter Ding.«[14]

Auf Anordnung des Vaters verließ Martin bereits nach einem Jahr Magdeburg. Hans Luther holte seinen Sohn nun keineswegs nach Mansfeld zurück, sondern schickte ihn nach Eisenach, in die einstige Hauptstadt Thüringens. Aus den Zeiten der Residenz herrschte dort noch ein gewisses Flair der Weltoffenheit, und von der sich in solchen Zentren konzentrierenden Geistlichkeit waren drei größere Pfarrkirchen und drei Klöster mit den dazugehörigen sozialen und erzieherischen Einrichtungen aktiv geblieben. Darüber hinaus hatte Eisenach, das hinsichtlich einer soliden Schulausbildung Mansfeld bei weitem übertraf, aber nicht besser als Magdeburg war, einen besonderen Vorteil. Dort lebten mehrere Verwandte von Hans Luther und seiner Frau. Die in Möhra beginnenden Linien hatten sich schon seit langem verzweigt, aber der eine oder andere würde sich vielleicht noch an die gemeinsame Herkunft erinnern und sich um einen der jüngeren Sprößlinge des Stammbaums kümmern.

Die Rechnung des Vaters ging nur zum geringsten, dem ideellen, Teil auf, denn als Martin 1498 nach Eisenach kam, fand sich keiner seiner entfernten Verwandten bereit oder in der Lage, ihm Unterkunft oder materielle Unterstützung anzubieten. Dafür lebte sich Martin im Umgang mit ihnen schneller in der Stadt ein und bekam leichter Zutritt zu Honoratiorenkreisen. So mußte er zwar wieder als Kurrendesänger von Haus zu Haus ziehen, um den schmalen väterlichen Zuschuß zu ergänzen, aber die anregenden gesellschaftlichen Beziehungen, die er anknüpfen konnte, ließen ihn bis in seine späteren Erinnerungen nur von »Eisenach, meiner lieben Stadt« sprechen.

Zu den Personen, die auf den jungen Martin Luther den prägendsten Einfluß ausübten, gehörte der mit ihm verwandte ehemalige Küster der Sankt-Nikolaus-Kirche, Konrad Hutter, dem er sich noch bis in seine Klosterzeit verbunden fühlte. Ähnlich herzliches Zutrauen hatte er zu Johannes Braun, einem Priester und Vikar am Marienstift, der freiwillig Schüler der Pfarrschule von Sankt Georg, darunter den Neuling aus Mansfeld, betreute. In seinem Haus las man gemeinsam Gebetstexte und Kostproben aus dem Werk des italienischen Dichters und Humanisten Francesco Petrarca, oder man sang Lieder und mehrstimmige Motetten. Die in jenen Jahren in Mode gekommene Verehrung der heiligen Anna, der Mutter Marias, wurde in dieser Runde ebenfalls zur Kenntnis genommen. Daß die Bergleute diese Heilige zu ihrer Schutzpatronin ernannten, konnte ihre Bedeutung für den Sohn des Hüttenmeisters nur erhöhen.

Ein anderer Erfahrungsbereich öffnete sich dem hellwach und begierig alles Neue aufgreifenden Schüler Martin in der Ratsherrenfamilie Heinrich Schalbe. Zugang zu diesem ihm bisher fremden Bürgermilieu fand er durch die Anstellung als Lerngehilfe für den Sohn des Hauses, Caspar Schalbe, für den er sich noch 1526 in einem Prozeß verwandte. Nicht unerheblich für seine spätere Vorstellung von einem weiblichen Ideal war der Eindruck, den die Ehefrau Heinrich Schalbes und Ursula Cotta – eine geborene Schalbe, die einen der vier Gemeindevertreter Eisenachs, Kunz Cotta, geheiratet hatte – auf ihn machten.

Wie in Magdeburg, kam der junge Luther auch in Eisenach überwiegend mit Menschen zusammen, die ein intensiveres Verhältnis zur Kirche hatten. Das galt auch für Heinrich Schalbe. Er bedachte die Eisenacher Franziskaner in mancherlei Hinsicht und bildete den Mittelpunkt eines Interessenkreises, des sogenannten Schalbe-Kollegiums, dessen stille Oberwalterin die von den Franziskanern verehrte heilige Elisabeth war. Der junge Luther hörte und erfuhr viel Frommes bei Schalbe, und es wirkte wie die Worte und Bilder der »Brüder vom gemeinsamen Leben« und des fürstlichen Mönchs von Magdeburg vorerst unbewußt und ohne Anzeichen nach außen auf ihn. Trotz der genauen Kenntnisse, die man über den Reformator hat, weiß man fast nichts über seine innere Verfassung während der Schüler- und Studentenzeit. Nichts darüber, wann sein persönlicher Glaube ihn über die Grenze konventioneller Gläubigkeit führte, wann ihn erste Zweifel zu quälen begannen, wann er der Ausschließlichkeit verfiel, nur noch Gott in sich und sich in Gott zu suchen.

Anfang des Jahres 1501 »senden diesen jungen Gesellen seine lieben Eltern gen Erfurt auf die hohe Schule und erhalten ihn vom Segen ihres löblichen Bergguts«. Der erste Biograph Luthers, Johannes Mathesius, skizzierte die Entwicklungsstufen des Reformators in mehreren Predigten, die er zwischen 1562 und 1564 als Pastor im böhmischen Joachimsthal hielt. »Der große und teure Prophet deutschen Landes«, als den er ihn vorstellte, war bereits sechzehn Jahre nach seinem Tod zu einer nationalen Ikone erstarrt. Mathesius malte das populär gebliebene Bild eines frommen Helden, dessen andächtig und stolz stimmende Reinheit und Kraft von Luther selbst als unangemessene Verherrlichung abgelehnt worden wären, obwohl er in den Tischreden dazu beigetragen hatte, seine Ausbildungs- und Klosterzeit zugunsten späterer Erkenntisse und Erfolge zu retuschieren und zu einer Phase des Leids und der Qual umzudeuten.

Über die vier Studienjahre an der Universität Erfurt, in die er nach Überprüfung seiner Herkunft als »in habendo«, als vermögend also, eingestuft wurde und für die er daher die volle Einschreibgebühr zahlen mußte, sprach Luther im Rückblick auffällig negativ, wenn auch nicht ganz so verächtlich wie später über sein Mönchsleben, das er fast zwanzig Jahre geführt hatte. Hinsichtlich der wissenschaftlichen Ausbildung, die er an der Erfurter Universität vor seinem Theologiestudium als Augustinermönch erhielt, machte er mit der Absicht, Bibelkenntnis über alle anderen geistigen Fächer zu stellen, die für ihn charakteristische polemische Äußerung: »Weil [als] ich jung war, da war ich gelehrt, und sonderlich, ehe ich in die theologia kam, da ging ich mit Allegorien, Tropologien, Analogien um und machte lauter Kunst [Kunststücke]. Wenns itzt einer hätte, er hielts vor eitel Heiltum [Reliquien]. Ich weiß, daß [es] ein lauter Dreck ist. Denn nun hab ichs fahren lassen, und dies ist mein letzte und beste Kunst: tradere scriptum simplici sensu [die Schrift einfältigen Sinnes übermitteln]; denn der buchstäbliche Sinn, der tuts, da ist Leben, Trost, Kraft, Lehr und Kunst innen. Das ander ist Narrenwerk, wiewohl es hoch gleißt.«[15]

Luther wußte natürlich, daß Lernen die wichtigste Grundlage für eine weltliche Existenz war, was er nicht zuletzt durch seine Bemühungen um ein gutes Schulsystem demonstrierte. Als Urheber eines neu entfachten Glaubens neigte er jedoch dazu, seine eigene Vergangenheit und historisch gewordene Vorgänge subjektiv und oft von den wahren Verhältnissen abweichend darzustellen, um die lenkende Kraft göttlichen Wirkens um so deutlicher und bedeutsamer hervorzuheben. Mitunter war es wohl auch nur Zorn auf die schwerfällige, ängstliche und wankelmütige menschliche Natur, durch den er sich als Verteidiger einer unsichtbaren und körperlosen Sache zu einseitiger Argumentation hinreißen ließ.

Erfurt war um 1500 mit zwanzigtausend Einwohnern und fast hundert Dörfern, die zur Wirtschaftsregion der Gemeinde gehörten, eine der größten Städte in Deutschland. Daß es sich trotz Reichtums nicht von fürstlicher Oberhoheit lösen konnte und Reichsfreiheit erlangte, lag an der doppelten Abhängigkeit vom Erzbistum Mainz und von

Sachsen. Andererseits erreichte die Stadt unter diesem zweifachen Schutz eine Blütezeit, die sich in vier Stiftskirchen, einundzwanzig Pfarrkirchen und elf Klosterkirchen ausdrückte, in denen über achthundert geistliche und klösterliche Personen tätig waren. Anläßlich von Prozessionen traten auch die anderen gesellschaftlich maßgebenden Gruppen in Erscheinung: Ratsherren, Mitglieder der Zünfte, Magister und Studenten der Universität und Anhänger zahlreicher Bruderschaften, zu denen sich die Bürger in den einzelnen Kirchen zusammengeschlossen hatten. Neben dieser festlichen Reliquien- und Heiligenverehrung fehlte es ebensowenig an Bettelmönchen, deren hagere Gestalten religiöse Ehrfurcht verbreiteten, wie an Fällen von Zölibatsverletzung, Amtsmißbrauch oder Trunksucht, die vor bischöflichen Gerichten verhandelt wurden. Luther nahm das alles als junger Mönch wahr, ohne sich von diesen kirchlichen Alltagserscheinungen, die erst während der reformatorischen Kämpfe als Beweise für die Irrtümer und die Fehlentwicklung der Papstkirche herhalten mußten, nur im mindesten zu distanzieren. Im Gegenteil, die starke Frömmigkeitsbewegung, die er an allen Orten seiner Schülerwanderschaft beobachten konnte, übertrug sich ihm durch die verbreitete Vorstellung vom nahen Weltende, die er mit allen dazugehörigen höllischen Vorboten zeit seines Lebens ernst nahm.

Die Aufnahme an einer Universität war damals für jeden jungen Mann ein einschneidendes Ereignis. Man gehörte von jetzt an zu einer Gemeinschaft, die in hohem Ansehen stand und ihre eigenen Traditionen pflegte. Wie groß der gesellschaftliche Bedarf an theoretisch gut ausgebildeten Fachkräften war, läßt sich an den Universitätsneugründungen Ende des 15. Jahrhunderts in Freiburg, Ingolstadt, Trier, Mainz und Tübingen ablesen. Die Erfurter Hochschule bestand bereits seit 1392, nach Prag, Wien, Heidelberg und Köln die fünfte Institution für Wissenschaft und Bildungswesen in Deutschland. Luther hatte sich für die Fakultät der freien Künste, vergleichbar mit der Philosophischen Fakultät, entschieden. Nach einem einjährigen Grundstudium folgte das Examen zum Magister. Erst dann war der Weg frei zu den drei höheren Fakultäten der Theologie, Jurisprudenz und Medizin. Den Höhepunkt der akademischen Laufbahn bildete schließlich die Erlangung der Doktorwürde.

Der Student »Martinus ludher ex mansfelt«, wie die erste urkundliche Erwähnung Luthers im Namensverzeichnis der Erfurter Universität lautet, wohnte diesmal in einer der Unterkünfte, die Akademikern vorbehalten waren. Das Leben in diesen »Bursen«, die aus Schlafsälen und gemeinsamen Arbeitsräumen bestanden, wurde durch klösterliche Regeln bestimmt. Der Neuling mußte dem Bursendirektor, ebenso wie vorher dem Rektor der Universität und dem Dekan der Fakultät, Gehorsam und Befolgung der Statuten versprechen. Zu den Vorschriften gehörte, daß man in der Burse Lateinisch sprach, Glücksspiele und Beziehungen zum anderen Geschlecht mied, die Schließungszeiten der Tore beachtete und Bier, das ausgeschenkt werden durfte, nur in geringen Mengen zu sich nahm. Nicht alle Studenten scheinen sich strikt an diese Regeln gehalten zu haben, denn der alte Luther merkte einmal etwas grämlich an, daß Erfurt ein Huren- und Bierhaus gewesen sei, wo die Studenten ihre Lektionen gelernt hätten.

Mit geringen Abweichungen entsprechend dem akademischen Grad, trugen die Bursenbewohner im Haus ein Wams – eine doppelt gearbeitete Oberbekleidung mit Schoß – und eine lange Hose mit Gürtel, in der Öffentlichkeit einen Talar mit kleiner, bei Festen größerer Kappe. Modische Extravaganzen wie zu lange, zu kurze oder gar geschlitzte Kleidung wurden bestraft. Der Tagesablauf war nicht weniger streng geordnet. Man stand um vier Uhr morgens auf, ab sechs Uhr begann der Lehrbetrieb, um zehn Uhr gab es die erste Mahlzeit, und nach weiteren Übungen und Vorlesungen bis fünf Uhr nachmittags folgte die zweite Mahlzeit, nicht selten mit einem Fleischgang. Ab acht Uhr abends war Schlafzeit.

Das Grundstudium, das Luther vom Frühsommer 1501 bis zum Herbst 1502 in Erfurt absolvierte, ähnelte dem aller anderen deutschen Universitäten. Zum Pflichtprogramm gehörte lateinische Grammatik, die an schwierigeren Texten als an den Schulen geübt wurde. Dann, als tragende Säule wissenschaftlicher Ausbildung überhaupt, die Logik, bei der man sich ebenso wie im Nebenfach Naturphilosophie (mit den Unterteilungen Physik, Psychologie und Astronomie) an den Schriften von Aristoteles orientierte, und schließlich die Rhetorik. Für jeden angehenden Gelehrten war es außerordentlich wichtig, das damals in der europäischen Akademikerwelt übliche Disputieren zu erlernen. Auf der ersten Stufe konfrontierte ein Magister den Studenten mit einem Lehrsatz, einer Behauptung oder einer Meinung, die dieser zu analysieren, zu verteidigen oder zu widerlegen hatte. Je mehr Erfahrungen und Kenntnisse dem Studenten in Logik und Rhetorik zur Verfügung standen, desto schneller konnte er in einer Disputation gleichrangig auftreten, das heißt, seinem Kontrahenten Fangfragen stellen. Da das rhetorische Element in solchen Rededuellen leicht überhand nahm, hielt Luther, als er seinen neuen Glauben zu verteidigen begann, diese Form der Auseinandersetzung kaum noch für geeignet. Seine Botschaft vertrug sich nicht mehr mit stilistischer Selbstdarstellung. Gott sollte diskutierenden Philosophen, Humanisten und Dogmatikern nicht als Versatzstück dienen, sondern das unerklärliche Zentrum christlichen Glaubens bleiben.

Nach der Ende September 1502 mit mäßigem Erfolg bestandenen Prüfung zum Bakkalaureus erhielt Luther nicht nur eine abgewandelte Tracht, er war nach der üblichen Praxis auch zu einfachen Lehrveranstaltungen in Grammatik, Rhetorik und Logik verpflichtet. Bei gleichzeitiger Fortsetzung seiner eigenen Studien, die sich im Schwierigkeitsgrad, nicht aber in den Fächern änderten, entwickelte Luther einen anwachsenden Widerstand gegen abstraktes Denken und unfromme Wissenschaftlichkeit. Das Unbehagen, das ihn zu erfüllen begann, beruhte weniger auf dem mühsamen sich Hineintasten in das Labyrinth der Philosophie oder dem pflichtgemäßen Erlernen formaler Instrumentarien. Es erwuchs aus der allmählichen Trennung von seinem eigenen Wesen, das in Unruhe blieb und sich durch keine Logik und keine Rhetorik befrieden ließ. Depressionen, die sich in kurzen Krankheiten äußerten, überfielen ihn wie schon in Magdeburg bei den »Brüdern vom gemeinsamen Leben«.

Wie er später mehrfach berichtete, las er in Erfurt erstmals in der Bibel, was bei Lutherforschern auf Zweifel stieß, denn die vollständige Heilige Schrift war damals nur Priestern, Mönchen oder Magistern, die sie in der Universitätsbibliothek einsehen durften, zugänglich. Entscheidend in den Aussagen Luthers ist jedoch der Hinweis auf seine frühe Suche nach einem Weg, der ihn von seiner inneren Bedrückung freimachen würde. Einmal sagte er, ohne es mit der Datierung sehr genau zu nehmen: »In meiner Jugend geriet ich über eine Bibel und las darin zufällig die Erzählung von der Mutter Samuels in den Büchern der Könige. Wunderbar gefiel mir das Buch, und ich meinte: ich würde glücklich sein, wenn ich einmal solch ein Buch haben könnte.«[16] Beweiskräftiger ist eine andere Stelle aus den Tischreden, denn dort bezeichnet sich Luther als »junge [n] Magister«, was zwar auf das Ende seiner Universitätszeit nach dem Magisterexamen weist, aber von der Bedeutung her ebenso die Psyche des jüngeren Bakkalaureus beleuchtet, dem im übrigen ausgewählte Bibeltexte in den damals weit verbreiteten »Postillen« zur Verfügung standen: »Es ist lautere Wahrheit, als ich in Erfurt ein junger Magister war und durch die Anfechtung der Trübsal immerfort in Trübsal verfiel, da widmete ich mich gänzlich der Lesung der Bibel.«[17]

Niemand ahnte etwas von den Gärungen in diesem »Martinus ludher ex mansfelt«, denn selbst bei seinen Freunden und Mentoren war das Erstaunen groß, als er scheinbar plötzlich im Jahr 1505 die Mönchskutte wählte. Die zwei Lehrer, zu denen er geistig und menschlich ein besonders enges Verhältnis hatte, waren Jodokus Trutfetter und Bartholomäus Arnoldi von Usingen, die beide Philosophie unterrichteten und beide in höherem Alter zum Doktor der Theologie promovierten. Trutfetter hatte mit mehreren Lehrbüchern über die Logik beachtlichen Erfolg. Obwohl seine Behandlung theologischer Themen immer von der Vorliebe für die Analyse geprägt blieb, hing sein ihn in Erfurt verehrender Schüler auch noch an ihm, als er bereits seine aufrührerisch wirkenden Thesen veröffentlicht hatte.

Im Mai 1518 schrieb Luther, der sich auf der Rückreise von Heidelberg, wo er seine 95 Thesen vor gelehrten Augustinern verteidigt hatte, nach Wittenberg befand und sich für einige Tage in Erfurt aufhielt, um seinen ehemaligen Lehrer zu besuchen, einen längeren Brief an Trutfetter. In der Einleitung spürt man die Enttäuschung darüber, nicht empfangen worden zu sein: »Gestern abend habe ich vor der Tür Eures Hauses gestanden und wünschte Euch zu sprechen: Euch mündlich auf den Brief zu antworten, den Ihr neulich, wie ich klar erkannt habe, aus allzu großer, allzu besorgter Liebe, die ich wohl niemals verdienen kann, an mich gerichtet habt. Aber Euer Pförtner sagte, Ihr wäret nicht wohl genug, um meinen Besuch vertragen zu können, und so bin ich wieder weggegangen. Deshalb antworte ich Euch brieflich.«[18]

Unmittelbar darauf nennt er den Grund seines Besuchs und damit auch die Ursache der als schmerzlich empfundenen Entfremdung zwischen sich und dem Vorbild seiner Studentenjahre: »Ihr mißbilligt meine Thesen; das habe ich vorausgesehen.« Etwas später führt er deutlicher aus, und es muß Trutfetter ebenfalls geschmerzt haben, daß ihm seine Lehren über die Logik von seinem Lieblingsstudenten so erbarmungslos vor die Füße geworfen wurden: »Und um auch mich selber zu erklären, so stehe ich schlechthin auf dem Standpunkt: es ist ausgeschlossen, die Kirche zu reformieren, ohne Canones, Dekretalen [Konzilsbeschlüsse über kirchliches Leben und Glauben] und die scholastische Theologie, Philosophie und Logik, wie sie jetzt getrieben wird, von Grund auszurotten und andere Studien einzuführen. Und in dieser Überzeugung gehe ich so weit, daß ich täglich zu Gott bete, er möge so rasch als nur irgend möglich wiederum die reine, lautere Wissenschaft der Bibel und der heiligen Väter herstellen. Euch scheine ich kein Logikus zu sein und bins vielleicht auch nicht; so viel aber weiß ich, daß ich mich vor niemandes Logik zu fürchten brauche, wo es jene Ansicht zu verteidigen gilt«[19]

Im Zwiespalt zwischen Dankbarkeit gegenüber dem Lehrer und der halb stolzen, halb wehmütigen Erkenntnis, ihn auf dem Weg des neuen Glaubens nicht nur überwunden, sondern auch verloren zu haben, fährt er einige Zeilen weiter fort: »Von Euch habe ich es zu allererst gelernt, daß man nur den kanonischen Büchern Glauben, allen anderen Büchern aber frei urteilenden Blick schuldet, wie der heilige Augustin und sogar Paulus und Johannes vorschreiben. Räumt also auch mir dieselbe Freiheit gegen die Scholastik ein, die Ihr und jedermann bisher gehabt habt. Wo ich durch Schrift und Kirchenväter belehrt werde, will ich den genannten Weg einschlagen, und erst wo Aussprüche von ihnen fehlen, will ich auf die Scholastiker hören, wenn sie ihre Sätze durch Äußerungen der Kirche bekräftigen können. Und in dieser Überzeugung gedenke ich mich weder durch Euren Einfluß, der bei mir wahrlich bedeutend genug ist, und erst recht nicht durch den irgend jemandes anderen irre machen zulassen.«[20]

Luther wurde dann doch noch im Haus von Trutfetter vorgelassen, aber die Aussprache mit dem »liebsten Lehrer«, der ein Jahr später starb, verlief ergebnislos. Der alte, auf Logik setzende Scholastiker und der junge, dem eigenen Glauben folgende Rebell waren ein zu ungleiches Paar, um sich auf eine gemeinsame Position zwischen Religiosität und Gläubigkeit einigen zu können.

Bartholomäus Arnoldi von Usingen stand innerlich der Theologie näher als sein Erfurter Universitätskollege Trutfetter. Daher kritisierte er unbekümmerter als dieser die philosophischen Schriften von Aristoteles. Später blieb auch er der Scholastik treu. Seine Beziehung zu Luther war zunächst so vertrauensvoll, daß er sich ihm 1512 als Mönchsbruder bei den Augustinern anschloß. Da er jedoch bis zu seinem Tod 1532 in Würzburg der Überzeugung blieb, die Bibel dürfe nur in der Auslegung der Kirchenväter gelesen werden, mußte er ebenso wie Trutfetter, wenn auch aus irrationaleren Gründen, über die 95 Thesen Luthers schockiert sein und sich zum Gegner der Reformation erklären.

Als Luther im Mai 1518 von seiner letzten Unterredung mit Trutfetter nach Wittenberg zurückgekommen war und noch unter dem Eindruck der Heidelberger Disputation über seine 95 Thesen stand, berichtete er seinem Freund und Anhänger Georg Spalatin, daß auch Usingen an der Disputation teilgenommen habe und zufällig mit ihm zurückgereist sei. Diesem Brief nach zu urteilen, schien er für Usingen kaum noch Freundschaft oder Verehrung zu empfinden. »Mit Doktor Usingen, der mit mir im selben Wagen reiste, habe ich mehr als mit allen anderen verhandelt, um ihn zu überzeugen; doch weiß ich nicht, ob ich etwas erreicht habe. Ich habe ihn in Gedanken und Verwunderung verlassen. So viel will es sagen, wenn einer über schlimmen Überzeugungen ergraut ist. Aber ganz anders denken die Studenten und die gesamte Jugend, und so leuchtet mir denn in hellem Glanz die Hoffnung, daß, wie Christus zu den Heiden zog, als ihn die Juden verschmähten, so jetzt seine wahre Theologie, verworfen von den Alten mit Hirngespinsten, sich zur Jugend wenden wird.«[21]

Zu den Lehren, die in Luthers Sprache, in seinem Denken und seiner Theologie Spuren hinterlassen haben, wie die von Trutfetter verfochtene Logik und Rhetorik und die von Usingen repräsentierte Scholastik, muß auch der um 1500 in Erfurt bereits stark vertretene Humanismus gerechnet werden. Zu den erklärten Anhängern dieser von Studenten und Mönchen aus Italien mitgebrachten neuen Lebenssicht und Lebensempfindung zählten die Leiter der Bursen, einige Magister und andere Persönlichkeiten wie der Stadtschreiber Nikolaus Marschalk. Ziel dieser frühen Humanisten war es, über die hochentwickelte lateinische Sprache der Klassiker ein freieres Menschenbild und umfassendere Bildungsideale zu gewinnen und zu verbreiten. Im reichhaltigen Lehrangebot, das es an der Erfurter Universität neben den Pflichtvorlesungen gab, überwogen klassische Autoren wie Vergil, Cicero, Ovid, Terenz und Sallust. Außerdem nahm das allgemeine Interesse am Griechischen und Hebräischen zu, Sprachen, die bisher ausschließlich den Theologen zur Lektüre der biblischen Urtexte gedient hatten.

Luther lernte dort die klassische Literatur kennen und durchaus schätzen, und einige Kontakte zu Erfurter Humanisten hielten über seine Universitätszeit und sogar über seine Klosterzeit hinweg an. Als sich der Humanismus jedoch zu einer Art weltlicher Nebenreligion zu entwickeln begann, wurde er von Luther und seinen humanistisch infizierten Freunden, die sich inzwischen als Vorkämpfer eines neuen christlichen Glaubens hervorgetan hatten, grundsätzlich abgelehnt. Das von freier Geistigkeit, Sinnlichkeit und Ästhetik durchdrängte humanistische Welt- und Menschenkonzept, das seine Impulse aus der heidnischen Antike und der allzusehr auf das Diesseits ausgerichteten italienischen Renaissance empfing, war durch seine um sich greifende Wirkung für die evangelische Bewegung äußerst gefährlich geworden. Für den Humanisten bestand die Freiheit des Menschen in seiner geistigen Unabhängigkeit und seiner Selbstverantwortung vor der Welt und vor Gott, für den evangelischen Gläubigen im Erkennen und Erfüllen der von Gott geschenkten Gnade.

Während Luther in Erfurt studierte, erkannten viele Theologen noch kaum die dem Humanismus innewohnende Gefahr. Man empfand den Reiz der eleganteren klassischen Sprache, die dem Kirchenlatein weit überlegen war, und man erfreute sich an der anschaulichen Oberfläche und der mittelmeerischen Heiterkeit, die von jenseits der Alpen und von jenseits der christlichen Ära einen belebenden Hauch in das in Frömmigkeit und Kleingeist erstarrte Deutschland brachten. Für die Reformation bildete gerade diese im Aufbruch der Neuzeit verwurzelte Lebensphilosophie eine bedrohliche Konkurrenz, denn sie verführte Theologen und Gläubige aller Schattierungen durch ihre die Seele trügerisch beruhigende Kraft. Unter dem schönen Schein des Humanismus, dem man wohlwollend Bildungsqualität zuerkannt hatte, war eine geistig und sittlich vollkommene Schlange hervorgekrochen, die dem Glauben tödliche Bisse versetzen konnte.

Zum humanistischen Kreis des Stadtschreibers und ehemaligen Magisters Nikolaus Marschalk gehörte auch Georg Spalatin, der bereits als Briefadressat Luthers erwähnt wurde. Er hieß eigentlich Georg Burckhardt, aber nach Gewohnheit der Humanisten hatte er sich einen lateinischen Namen zugelegt, indem er seinen Geburtsort Spalt (bei Nürnberg) in Spalatin umwandelte. Daß Luther im Jahr 1501 einen Brief an seinen Eisenacher Mentor Johannes Braun mit Martinus Viropolitanus (Martin aus Mansfeld) unterzeichnete, war dagegen nur die übermütig modische Attitüde eines jungen Studenten. Spalatin spielte bei der Durchsetzung der Reformation eine unschätzbare Rolle. Als Sekretär des sächsischen Kurfürsten Friedrich der Weise verwandte er sich geschickt und energisch für Luther, dessen Lehren er, theologisch vorgebildet, im Alter als Pfarrer von Altenburg verbreiten half. Mit Marschalk ging er 1502 an die gerade gegründete Wittenberger Universität, kehrte aber bald wieder nach Erfurt zurück, um sich der Jüngerschaft anzuschließen, die sich für die humanistischen Lehren des in Gotha lebenden Domherrn Mutianus Rufus, eigentlich Konrad Muth, begeisterte.

Eine andere über viele Jahre anhaltende Freundschaft verband Luther mit Johannes Lang, der Ende 1500 sein Studium in Erfurt begann, ebenfalls nur mittelbar durch Mutianus Rufus beeinflußt wurde und schließlich fast gleichzeitig mit Luther in das Erfurter Kloster der Augustinereremiten eintrat. Seit 1516 Prior des Klosters, folgte Lang der lutherischen Theologie von Anfang an.

Eine flüchtigere Bekanntschaft bestand zwischen Luther und Crotus Rubeanus, eigentlich Johann Jäger von Dornheim, die beide in derselben Burse wohnten. Dieser leidenschaftliche Humanist, der später zu den Verfassern der gegen die Kleriker der alten Kirche gerichteten spektakulären »Dunkelmännerbriefe« gehörte und die Verbindung zwischen Luther und Ulrich von Hutten herstellte, hielt seinen Wohngenossen Martin irrtümlicherweise auch für einen Gesinnungsgenossen. Luther erwähnte diesen ehemaligen »Komplizen« während seiner Fehde mit Erasmus von Rotterdam 1534 in wenig schmeichelnder Weise: »Wir wollen uns nicht mit Leuten wie Witzel, Crotus, Haner und Cochläus abgeben, sondern die Waffen gleich gegen ihr Haupt und gegen ihren Gewährsmann Erasmus selbst kehren.«[22]

Im Januar 1505 bestand Martin Luther als zweitbester Kandidat das Examen zum Magister artium (akademischer Titel der Philosophischen Fakultät mit der Erlaubnis zu lehren). Fleiß und Eifer hatten sich gelohnt. Aus dem Bergmannssohn war ein von der Jugend und dem einfachen Volk respektierter Universitätslehrer geworden. Sein Vater wechselte voller Stolz in der Anrede vom Du zum Sie und konnte sich jetzt der berechtigten Hoffnung hingeben, seinen Martin bald in die Reihen bürgerlicher Honoratioren aufgenommen zu sehen. Denn daß es bei dem Magister bleiben würde, kam gar nicht in Erwägung. Für den entscheidenden gesellschaftlichen Sprung fehlte allerdings noch das Studium in einer der drei höheren Fakultäten. Die Jurisprudenz wäre ideal, denn einem Advokaten würde sich auch der Weg in die Verwaltungszentren der Landesherren öffnen. Mit Gottes Hilfe würde es wie bisher ohne Not weitergehen. In einigen Jahren sollten die Mansfelder staunen, was er, Hans Luther, und seine Frau Margarethe durch harte Arbeit, Sparsamkeit und erzieherische Strenge aus ihrem zweitältesten Sohn gemacht hatten.

Das von diffusen Weltuntergangsprophezeiungen bestimmte Jahr 1500 war ohne ungewöhnliche Erscheinungen oder Ereignisse verstrichen, das Jüngste Gericht blieb einmal mehr als geheimnisvolle Mahnung erhalten. In Rom hatte es drei Jahre später einen überraschend plötzlichen und von einigen als tragisch beurteilten Papstwechsel gegeben. Pius III. war am 8. Oktober 1503, nicht einmal einen Monat nach seiner Krönung, mit vierundsechzig Jahren an früher Altersschwäche und an Gicht gestorben. Ehrlich fromme und kluge Kirchenmänner hatten in ihm die Bereitschaft erkannt, ein allgemeines Konzil einzuberufen, um die dringend notwendigen Reformmaßnahmen für die Kirche voranzutreiben. Zu seinem Nachfolger wurde Giuliano della Rovere gewählt, der als Julius II. zehn Jahre lang erfolgreich Politik mit militärischen Mitteln machen sollte und heute als Vorkämpfer der Einheit Italiens und, noch mehr, als Mäzen von Michelangelo, Raffael und Bramante einen besonderen Ruf genießt. Im innerkirchlichen Bereich, den er routinemäßig handhabte, vollzog sich als Kuriosum für das damalige Europa die Gründung der ersten Diözese in Südamerika, das 1498 von Kolumbus auf seiner dritten Reise entdeckt worden und bereits in der Mitte des 16. Jahrhunderts in seinen Umrissen bekannt war.

Als weniger günstig für die Zukunft der Kirche erwies sich der von Julius II. kurz nach seiner Krönung erteilte Dispens, der es dem englischen Kronprinzen und späteren König Heinrich VIII. ermöglichte, die Witwe Katharina von Aragón zu heiraten. Diese Großzügigkeit in fürstlichen Privatangelegenheiten wurde von Heinrich VIII. schon bald als Nachgiebigkeit mißverstanden, und als ihm Rom schließlich bei seinen ausufernden Ehegeschichten nicht mehr folgen mochte, ernannte er sich 1534 macht- und selbstbewußt zum Oberhaupt der englischen Kirche, was der europäischen Christenheit eine zweite Spaltung bescherte und die Wirkungsmöglichkeit von Luthers Reformation in England einschränkte. Vor dem endgültigen Bruch mit Rom war Heinrich VIII. noch für eine gegen Luther gerichtete Schrift vom Papst mit dem Ehrentitel »Defensor fidei« (Verteidiger des Glaubens) bedacht worden – irrtümlicherweise, wie sich dann herausstellte.

Für noch phantastischer hätte der pragmatisch veranlagte Papst Julius II. die Vorstellung gehalten, daß er mit der Grundsteinlegung für den Neubau des Petersdoms am 18. April 1506 den Anlaß für einen christlichen Aufruhr schuf, dem gegenüber die nachfolgende englische Abspaltung einer Lappalie gleichkam. Da die Kriege zur Erweiterung der päpstlichen Territorien und die Verschönerung Roms viel Geld kosteten, verlor Julius II. bei der Errichtung des Petersdoms in doppelter Hinsicht das gewohnte Augenmaß: Alles an dem ersten Gotteshaus der Christenheit wurde zu groß, zu prächtig, zu teuer, und in seinem Bestreben, Mittel zu beschaffen, verfiel er auf den Gedanken, diese Mittel aus einem forcierten Verkauf der damals üblichen Ablässe zu bestreiten. Wie sollte er auch vermuten, daß, während er am rechten Tiberufer in Rom den Grundstein zur architektonischen Krönung der Papstkirche legte, im fernen Deutschland ein Mönch allzu genau und hingebungsvoll die Bibel las und erst seinen Frieden finden sollte, nachdem er nicht nur den Ablaßhändlern, sondern auch dem Papst die Heilige Schrift als Signal des Protests und des Aufstands entgegengehalten hatte.

Als Martin Luther Anfang des Jahres 1505, versehen mit den Zeichen seiner neuen Würde, einem braunroten Barett und einem Ring, an dem traditionellen Aufzug zu Ehren der jungen Magister teilnahm, erfreute er sich, noch unbeschwert von der Konfrontation mit den Großen der Welt, an den festlich gekleideten Menschen und den geschmückten Pferden und Wagen, die sich abends im tanzenden Licht der Fackeln durch die Straßen Erfurts bewegten. Aber schon in den folgenden Tagen und Wochen begann ihn die Frage zu quälen, wie es nun weitergehen sollte. Locker geplant war ein Jurastudium, wohl eher dem Vater zuliebe als aus eigener Neigung. Die Befriedigung, die eine bürgerliche Karriere versprach, würde allerdings kaum die innere Unruhe, die ihn immer häufiger und heftiger packte, eindämmen können. Waren es Eingebungen von Gott, sich ihm zu nähern, als er tief erschrocken von dem gewaltsamen Tod eines Bekannten und von den neuen Pestopfern unter den Magistern seiner Universität hörte? Und was für eine Begegnung mit dem alten Mann in Erfurt, der zu ihm sagte: »Es muß eine Änderung werden, und die ist groß; es kann also nicht bestehen.«[23] Durfte er solche Stimmen, die ihn mahnten, »den Kern der Nuß, das Innere des Weizenkorns, das Mark des Knochens«[24] zu ergründen, überhören?

Das Jurastudium, das Luther am 19. Mai 1505 an der Erfurter Universität aufnahm, verschärfte noch den Konflikt in ihm. Bereits beim ersten Überfliegen des Gesetzbuchs zum Zivilrecht, des Corpus Iuris, und der damals gebräuchlichen Kommentare des Accursius zum Römischen Recht stieß er sich an der Zufälligkeit und Unsicherheit der Aussagen, denn diese hingen von den jeweiligen Umständen des Rechtsfalls ab, enthielten also weder eine gleichbleibende Gewißheit, noch spielte das Gewissen eine Rolle. Die Gewißheit, die auch die Philosophie nicht in sich trug, konnte nur in Gott sein und von Gott kommen. In den Statuten der Juristischen Fakultät las Luther: »Das Gesetz selbst lehrt, daß es mehr Vorfälle als Wörter gibt. Von daher komme es, daß rechtliche Beschlüsse, soviel sie auch mit weisem Rat entfaltet worden sind, nicht allen begegnenden Fällen auf alle beliebigen, vor allem neu aufkommenden Verfügungen hin genügen und diese auch nicht aus ihnen völlig geheilt werden können.«[25] Das hieß Beliebigkeit und Einengung zugleich. Verlangte die unruhige Seele nach Sicherheit, fand sie diese niemals in der verwirrenden Eigenlogik der Gesetze, sondern allein in der unwandelbaren Gerechtigkeit Gottes. Vier Jahre später, 1509, schrieb Luther in einem Brief an Johannes Braun nach Eisenach: »Aber Gott ist Gott; wir Menschen irren oft, ja stets in unseren Ratschlägen.«[26]

Luther hielt es nicht lange bei den Juristen aus. Bereits wenige Wochen nach Semesterbeginn, im Juni 1505, ließ er in Erfurt alles stehen und liegen und machte sich zu Fuß auf den Weg zu seinen Eltern nach Mansfeld. Dem Vater erzählte er nichts von den inneren Spannungen, die sich nicht mehr auflösen wollten. Hans Luther schwelgte in Zukunftsbetrachtungen, er sah das große Stadthaus des Herrn Advokaten, die ehrerbietig die Mütze ziehenden Nachbarn und sogar die Frau Advokatin, die natürlich aus einer gediegenen Familie stammen würde. Martin schwieg. Er empfand bei den väterlichen Betrachtungen nur noch stärker, in welche Sackgasse er geraten war. Sollte es wirklich keinen Ausweg für ihn geben, sich aus der Umklammerung durch die Liebe und den Stolz der Eltern und seiner Freunde in Erfurt zu befreien? Sie hielten ihn für einen zuverlässigen Menschen, in dessen Laufbahn und Berufsleben eigentlich nichts mehr schiefgehen konnte. Sie täuschten sich aber in ihm, oder hatte er selbst sie seit langem bewußt getäuscht? Andererseits war es ihm, dem lebensunerfahrenen Studenten, dem die Wissenschaften noch imponierten, immer unpassend erschienen, sich mit seiner Unruhe aufzuspielen, die man in Zeiten der Pest und anderer schneller Tode wahrscheinlich nicht für außergewöhnlich gehalten und allenfalls seiner Jugendlichkeit zugeschrieben hätte.

Als Luther einige Jahre vor seinem Magisterexamen den gewohnten Osterbesuch in Mansfeld gemacht hatte, war ihm beim zu kräftigen Ausschreiten auf der Landstraße sein Degen zwischen die Beine geraten, so daß er eine heftig blutende Wunde am Schenkel davontrug. Damals rief er die Jungfrau Maria an, ihm beizustehen, und ihm war geholfen worden. Seine Mutter pflegte ihn gesund, während er das Spielen der Laute erlernte. Aber hatte er irgend jemandem davon erzählt, wie dieses Vorkommnis, das ihn in freier Landschaft so plötzlich nahe an den Tod und zu Gott führte, seine Seele erschütterte? Er war zur Tagesordnung übergegangen, und Bursengenossen wie Crotus Rubeanus hielten ihn womöglich für einen besonders überlegenen und unerschütterlichen Humanisten. Niemand wußte von seiner Angst, Gott unerwartet und unvorbereitet zu begegnen. Niemand würde ihm diese Angst abnehmen, also mußte er alle verlassen.

Luther verabschiedete sich von seinen Eltern, und als er am 2. Juli, wiederum zu Fuß, in Erfurt ankam, berichtete er seinen Bursengenossen gefaßt und aufgeregt zugleich: Nicht weit vor der Stadt, in der Nähe des Dorfes Stotternheim, sei ein Blitz neben ihm eingefahren, und er habe in seinem furchtbaren Erschrecken die heilige Anna, die ihm seit Jahren vertraute Schutzpatronin der Bergleute und Helferin in mancher extremen leiblichen Not, um Beistand angerufen und ihr gelobt, Mönch zu werden.

Die Überraschung bei seinen Freunden und Magisterkollegen war vollkommen, nicht so sehr, weil einer der ihren aus dem Universitätsbetrieb ausscheiden und ins Kloster eintreten wollte, was immer wieder einmal vorkam, sondern weil es Martin Luther war, der fleißige und fröhliche Geselle, der sogar schon den Corpus Juris zu wälzen begonnen hatte. Man glaubte, ihm noch abraten und ihn umstimmen zu können, aber er erklärte ein um das andere Mal, ein Gelübde sei bindend, er müsse es halten.

Zwei Wochen später, nachdem er die meisten seiner Bücher, bis auf einige lateinische Klassiker wie Vergil und Plautus und ein hebräisches Lexikon, verkauft und seine Angelegenheiten an der Universität geregelt hatte, teilte er mit, daß er sich für das Erfurter Kloster der Augustinereremiten entschieden habe.

Daß er sein Gelübde bereut habe, wie er später als Reformator so oft betonte und seinem Vater gegenüber beteuerte, gehörte zu dem polemischen Programm, mit dem er das Klosterleben in Bausch und Bogen als den falschen Weg zu Gott verurteilte.

In diesem Sinn erzählte er seinen Tischgästen in Wittenberg am 16. April 1539, dem vierunddreißigsten Jahrestag seines Klostereintritts, etwas melodramatisch von den letzten Stunden seines zivilen Lebens: »Am Tage vor Alexius lud ich eine Reihe von Freunden zu einem Abschiedsmahl und bat sie, daß sie mich tags darauf ins Kloster geleiten möchten. Und als sie zögerten, sagte ich: Heute sehet ihr mich und nimmermehr! Da gaben sie mir unter Tränen das Geleite.«[27]

Im Dienst Gottes: Erste Klosterjahre und Studium der Theologie

(1505–1512)

Bei seiner Entscheidung für das Klosterleben folgte Luther einem inneren Zwang, den zu begreifen und zu ergründen ihm so vordringlich geworden war, daß er die Verfolgung einer bürgerlichen Laufbahn nur noch als Behinderung empfinden konnte. Dieses glühende Moment, das bei religiösen Menschen nicht selten in Mystik und Extase und bei künstlerisch Begabten in Kreativität und Utopismus ausbricht, bildete einen wichtigen Bestandteil, wenn nicht sogar den Hauptquell seines Wesens. Seine Hingabe bei der Erfüllung mönchischer Pflichten und bei der Durchforschung christlichen Schriftguts war ebenso intensiv und rücksichtslos wie später bei der Verteidigung seines neuen Glaubens und der Bekämpfung der alten Kirche, geistige Aktivitäten, die ein in Umfang und Ausdrucksvielfalt faszinierendes Werk entstehen ließen.

Endlich war der Schritt getan. Die ihn erdrückenden gesellschaftlichen Konventionen und Traditionen waren abgeschüttelt, und vor ihm öffnete sich, von Klostermauern geschützt und durch Vorschriften geordnet, die lange ersehnte Freiheit, die allein von Gott abhing. Für die oberen Ränge des Augustinerkonvents gehörte er zu den Glücksfällen. Er war seit seiner Jugend strebsam und folgsam, als Student unauffällig und pünktlich im Leistungsnachweis, und er hatte sich ohne Aufschub als frisch ernannter Magister mit all seinen angestauten und disziplinierten Energien in den Dienst Gottes gestellt. Man durfte einiges von ihm erwarten. Nicht so sehr in der einwandfreien Befolgung der Hausordnung, die allenfalls den im Geist schwächeren oder einfältig-frommen Mönchen zum Vorbild dienen mochte, dafür aber beim Studium an der vom Orden eingerichteten Universität. Die Hoffnung, daß Bruder Martinus tatsächlich das Zeug dazu hatte, der Augustineruniversität in Erfurt ein Glanzlicht aufzusetzen, sollte sich zur Zufriedenheit der Ordensoberen mehr als erfüllen.

Luthers Entscheidung, zu den Augustinern zu gehen, hing nicht primär mit dieser klostereigenen Hochschule zusammen, obwohl ihm, wie vielen Erfurter Akademikern, bekannt war, daß immer wieder ein Magister die Seite wechselte, um seine Lehrtätigkeit mit geregelten. Demutsexerzitien zu verbinden oder sich ganz dem Ordensleben zu widmen. Vor ihm war das sein Theologielehrer Johann Nathin, der bald Leiter der Ordenshochschule wurde, und nach ihm sein Freund

Johannes Lang. 1512 folgte noch sein Lehrer Bartholomäus Arnoldi von Usingen, der 1514 bei den Augustinern zum Doktor der Theologie promovierte.

Es mag Luther als Mann der Wissenschaft sympathisch gewesen sein, weiterhin einem Kreis gebildeter Männer anzugehören, aber ein weitaus wichtigerer Grund veranlaßte ihn, sich nicht bei den theologisch ebenfalls überdurchschnittlich geschulten Karthäusern oder Dominikanern zu bewerben. Die Erfurter Augustiner gehörten zu den sogenannten Observanten. Wie in anderen Niederlassungen ihres Ordens in Sachsen, Württemberg und Nürnberg, wollten sie durch besonders genaue Befolgung der Regeln, aber auch durch deren zeitgemäße Reformierung, also Modernisierung, dem Verfall der Ordenszucht entgegenwirken. Luther wählte dieses strenge Klosterleben sehr bewußt, um der Sache Gottes, die seine ganz persönliche geworden war, auf den Grund gehen zu können. Selbstdisziplin und Gehorsam, die Voraussetzungen für seinen Aufstieg aus gesellschaftlich schwacher Position, hatten ihn gegenüber jeder Normabweichung und Willkür empfindlich gemacht. Jetzt, da er seine bürgerliche Karriere aufgegeben hatte, um seinen persönlichen Glauben zu erfahren und zu erleben, wollte und konnte er sich nur einer religiösen Lebensgemeinschaft anschließen, in der rigorose Frömmigkeit und solides theologisches Wissen gleich ernstgenommen wurden.

Die ersten zwei Monate nach seiner Bitte um Aufnahme verbrachte Luther im Gästehaus der Augustiner. Während dieser Zeit sollte der Bewerber das Mönchsleben kennenlernen und sich prüfen, ob er bei seinem Entschluß bleiben wollte. Auf der Gegenseite übernahm es der Obere des Klosters, der Prior, den Kandidaten auf seine Eignung hin zu durchleuchten, indem er mit ihm Gespräche führte und ihm die Generalbeichte abnahm. Außerdem informierte er die Eltern über das einstweilige Verbleiben des Sohns. Hans Luther reagierte empört, enttäuscht, voller Zorn. Alle seine Bemühungen waren umsonst gewesen. Vergeblich hatte er Martin mit der Rute gezüchtigt, Magdeburg und Eisenach befohlen, die Gelder nach Erfurt geschickt. Teuflisches Blendwerk war das mit dem Blitz bei Stotternheim. Jetzt saß Martin bei den Mönchen, die sich die Bäuche füllten, faulenzten und sogar zu den Weibern gingen. Kurz vor dem Ziel, ein angesehener Bürger zu werden, überfielen böse Dämonen seinen Sohn und verschleppten ihn ins blöde Nichtstun.

Es gelang Martin nicht, seinen Vater zu beruhigen und ihn von seinen Vorurteilen über das Klosterleben abzubringen – Vorurteile, die durch schwarze Schafe unter den Mönchen genährt wurden und sich vor allem in der schwer arbeitenden und durch hohe Steuern geschröpften untersten Bevölkerungsschicht der Bauern hartnäckig hielten. Es vergingen einige Jahre, bis sich das Verhältnis zwischen Vater und Sohn wieder glättete. Von der Wartburg aus schrieb Luther am 21. November 1521 in Erinnerung an dieses Zerwürfnis einen Brief an seinen Vater, in dem er ihm noch einmal ernst und mahnend, als wende er sich an einen jüngeren Verwandten, die Situation aus dem Jahr 1505 auseinandersetzte: »Es geht jetzt fast in das 16. Jahr meines Mönchtums, worein ich mich ohne Euer Wissen und Willen begeben habe. Ihr bangtet in väterlicher Liebe für meine Schwachheit, denn ich war ein junger Mann, ging ins 22. Jahr, das heißt, (um Augustins Worte zu brauchen), es war heiße Jugend in mir, und Ihr hattet aus vielen Beispielen gelernt, daß diese Lebensart vielen zum Unheil ausgeschlagen war. Ihr hattet auch im Sinn, mich durch eine ehrenvolle und reiche Heirat zu binden. Jene Furcht war Eure Sorge; und Euer Unwille gegen mich war eine Zeitlang unversönlich, und vergeblich rieten Eure Freunde, wenn Ihr etwas Gott opfern wolltet, müßtet Ihr Euer Bestes und Liebstes darbringen. Indes ließ Gott in Euch jenes Psalmenwort klingen: Der Herr weiß die Gedanken der Menschen, daß sie unnütz sind; aber Ihr bliebt taub. Schließlich habt Ihr nachgegeben und Euch in Gottes Willen geschickt, aber Eure Angst um mich nicht fahren lassen.«[28]

Die Enttäuschung über die abgebrochene Karriere seines Sohns hatte Hans Luther blind gemacht. So konnte er auch keinen Trost daraus gewinnen, daß die Erfurter Augustiner sich eines ausgezeichneten Rufs erfreuten. Der Tradition nach gehörten sie zu den Augustinereremiten, die sich unter der Aufsicht von Papst Alexander IV. 1256 aus mehreren religiösen Gemeinschaften, die in einsamen Landschaften ein strenges Büßerleben führten, zusammengeschlossen hatten. Später wanderten sie als Bettelmönche durch Europa. Als die Städte im 14. Jahrhundert durch wachsenden Handel und aufblühendes Handwerk an Umfang und gesellschaftlicher Bedeutung zunahmen, folgte der »Orden der Eremiten des heiligen Augustinus« dem Zug der Zeit, ließ sich in den großen Gemeinden nieder und bot seine Dienste an Universitäten, Schulen und in der Seelsorge an. 1503 wurde die Augustinerkongregation schließlich vom Papst offiziell als Mendikantenorden (Bettelorden) anerkannt. Mit diesem Status waren einträgliche Privilegien, wie die Entgegennahme von Stiftungen und Schenkungen, verbunden, was vorübergehend zu Unstimmigkeiten mit den älteren Bettelorden der Franziskaner und Dominikaner führte.

Nach dem allgemeinen Verfall der großen Orden im 14. Jahrhundert strafften die Augustinereremiten ihre Regeln und Bräuche im Verlauf des 15. Jahrhunderts und trugen durch reformistische Bestrebungen sogar einen Anflug von Rebellion in die erstarrte Kirche. Da die Observantenbewegung, die auf alte Zucht und Anpassung an die neuen städtischen Lebensbedingungen hielt, nicht alle Augustinerklöster erfaßte, drohte zeitweise eine Spaltung. Einige fortschrittlichere Klöster wandten sich bei der Durchsetzung ihrer Reformen sogar an die zuständigen Fürsten und Stadträte, die ihnen nicht ungern Unterstützung gewährten. Papst und Ordensleitung befanden sich angesichts dieser Entwicklung in einem Dilemma. Einerseits sollte die Einheit des Ordens erhalten bleiben, andererseits wollte man die Reformen, an deren Dringlichkeit nicht zu zweifeln war, nicht behindern. Und schon gar nicht wollte man sich die Einnahmen der Klöster mit weltlichen Autoritäten teilen. Die Folge waren widersprüchliche Entscheidungen, die außerdem nicht immer bedacht wurden. Luther, der den frommen Ungehorsam der Augustiner von Anfang an beobachtet haben muß, wenn er nicht schon vor seinem Eintritt ins Kloster darüber Bescheid wußte, kämpfte noch lange um innere Klarheit, ehe er die Notwendigkeit von Reformen einsah und den für sie günstigen Nährboden in der auf Unabhängigkeit von Rom bedachten sächsischen Landespolitik erkannte.

Mit der endgültigen Aufnahme als Novize im Herbst 1505 begann für ihn das Probejahr und damit die Eingewöhnung in den eigenen Rhythmus des Klosterlebens. Während einer feierlichen Einführungszeremonie im Kapitelsaal, an der alle Mönchsbrüder teilnahmen, hatte ihm der Prior die harten Bedingungen aufgezählt, die es zu erfüllen galt: Einfachheit der Nahrung und der Kleidung, körperliche Selbstzüchtigung, Bettelgänge durch die Stadt und über Land oder Arbeit im Kloster, nächtliche Gebetsübungen, häufiges Fasten und Abgeschlossenheit in Keuschheit, Armut und Gehorsam. Am Schluß der Zeremonie war ihm die noch ungeweihte Ordenstracht – im wesentlichen eine schwarze Kutte mit Kapuze und weißer Unterkleidung – angelegt worden. Den Kopf hatte man ihm bereits vorher bis auf eine Haarkrone kahlgeschoren.

Während des Probejahrs stand der Neueingetretene unter der Obhut eines Novizenmeisters. Für Luther war das der bereits betagte Johann von Greffenstein, von dem er auch später noch mit großer Hochachtung sprach. Die Unterweisungen betrafen das Erlernen der Gesetze, Ordnungen und Bräuche der Augustiner, zum Beispiel richtiges Verhalten im Gottesdienst und im Umgang mit den anderen Brüdern, Selbstbeherrschung in jeder Situation, Demut in Geist und Seele, im Auftreten und bei allen praktischen Verrichtungen. Feste Gebets- und Essenszeiten teilten den Tag ein. Er begann zwischen ein und zwei Uhr morgens in der Zelle mit Lesungen zu Ehren Marias und allgemeinen Lobpreisungen. Ab sechs Uhr folgten Stundengebete (Horen), die bis in den Abend hinein in regelmäßigen zeitlichen Abständen gemeinsam in der Kirche gesprochen und gesungen wurden. Außerdem fand täglich eine Klostermesse statt, und sechzehnmal im Jahr sollte an der Kommunion teilgenommen werden.

Kurz nach zwölf Uhr gab es das Mittagsmahl und gegen achtzehn Uhr das Abendessen. In den Fastenzeiten, zu denen auch die Gedenktage großer Heiliger gehörten, wurde auf Fleischgerichte verzichtet. Man beschränkte sich zur notwendigsten Stärkung auf Getränke wie Bier oder Wein und auf Nahrungsmittel wie Pfefferkuchen, Salzbrot, Obst und Salat. Kranke und junge bedürftige Mönche erhielten eine Sonderkost. Die einstündige Mittagsruhe mitgerechnet, betrug die Schlafzeit der Mönche, nach Beginn der Abenddämmerung, im Sommer etwa sechs und im Winter acht Stunden.

Ein ungleich wirksameres Disziplinierungsmittel als der geregelte Tagesablauf und das asketische Leben war die Beichte. Einmal in der Woche, am Freitag früh, fand öffentlich vor der versammelten Mönchsgemeinde das sogenannte »Schuldkapitel« statt. Jeder, der sich gegen die Klosterordnung vergangen hatte, was bei den vielen Regeln fast immer der Fall war, klagte sich selber an oder erinnerte einen »vergeßlichen« Bruder an dessen Verstöße. Die »leichte Schuld« war vergeben durch ein sichtbares Zeichen der Reue (man schlug sich gegen die Brust), die »schwere Schuld« durch Psalmengebete oder Fastentage. Ebenfalls einmal wöchentlich mußte die Einzelbeichte abgelegt werden, die der Seelenführung diente, woraus den Beichtvätern – das waren der Prior, der Novizenmeister und die Mönchspriester – eine verantwortungsvolle Aufgabe zufiel. Luther nahm die Beichte besonders ernst, denn in ihr sah er damals die intensivste und reinste Zuwendung zu Gott, während er die routinemäßigen Stundengebete für weniger geeignet hielt, die Gnade Gottes auf sich zu lenken.

Die Rechtfertigungslehre des Reformators hat in dieser Hingabe an die Beichte tiefe Wurzeln geschlagen. Eine der Erschütterungen, die seine Wandlung zum neuen Glauben vorbereiteten, erfuhr er durch seinen Beichtvater und Novizenmeister Johann von Greffenstein, der einmal nach einer endlosen Beichte zu ihm sagte: »Du bist ein Tor. Gott zürnt nicht mit dir, sondern du zürnst mit ihm.« Als Luther diese kluge Zurechtweisung zitierte, fügte er hinzu: »Ein herrliches Wort, das dieser doch vor dem Aufgang des Evangeliums aussprach.«[29] Greffenstein äußerte gegenüber dem Novizen Martinus auch sonst Ansichten, die nicht unbedingt der offiziellen Kirchenmeinung entsprachen. So kritisierte er die Verbrennung des tschechischen Reformators Jan Hus (1415 während des Konzils von Konstanz) als Fehler, denn man habe für das Ketzerurteil keine ausreichenden Beweise gehabt, und so sei Hus unüberwunden gestorben.

Im Spätsommer 1506 war Luthers Probejahr abgelaufen. Der Novizenmeister bestätigte dem Prior, daß der Kandidat die Vorschriften gelernt und befolgt und seine Aufgaben – unter anderem Reinigungsarbeiten im Kloster und Bettelgänge über Land, wo die Augustiner besondere Vorratshäuser für gesammelte und gestiftete Gaben unterhielten – untadelig erfüllt habe. In einer ähnlichen Zeremonie wie bei der Aufnahme ins Kloster legte der Professe vor dem Prior und dem versammelten Konvent das Gelübde ab, von nun an im Gehorsam gegen Gott, Maria und den Prior und, entsprechend den Regeln, in Armut und Keuschheit zu leben. Dann wurde ihm ein neues Ordenskleid angelegt, man sang die Hymne »Großer Vater Augustin« und zog in einer Prozession in die Kirche, wo der Professe mit einer Kerze in den Händen seinen ihm zugewiesenen Platz im Chor einnahm.

Luther befand sich durch das Mönchsgelübde im ursprünglichen Stand der Gnade. So hatte man es ihm überliefert. Aber seine innere Unruhe verließ ihn auch jetzt nicht, denn er wußte, daß sein Opfer Gott nicht genügte, daß er zur Erlangung der Seligkeit abhängig blieb von immer neu zu erbringenden frommen Leistungen und Werken, daß die Gnade dem Sünder stets davonlief. Er setzte seine langen und verzweifelten Beichten fort, sprach inbrünstig die über den Tag verteilten Pflichtgebete und las in jeder freien Minute die Bibel, in der ihm ein bisher noch unentdecktes Geheimnis zu stecken schien.

Eine weitere Phase seines Duells mit dem richtenden Christus und dem strafenden Gott begann mit der Entscheidung des Priors, ihn für das Priesteramt vorzubereiten. Viele Augustiner besaßen die Priesterweihe, was nötig war, um die zahlreichen Messen, die von den Bürgern der Stadt bestellt wurden, lesen zu lassen. Dieser bezahlte Messedienst war eine der wichtigsten Einnahmequellen, die neben Erbschaften der Mönche, Stiftungen und Ablässe für neue Kirchengebäude – diese Ablaßpraxis war damals durchaus üblich – nicht nur den Augustinern großen Landbesitz und andere Güter bescherten. Das Gelübde der

Armut wurde dadurch fragwürdig und innerhalb wie außerhalb der Kirche immer heftiger beanstandet, obwohl diese Entwicklung von vielen Gläubigen, die durch Messeopfer und Ablaßkauf die Seligkeit zu erlangen hofften, mitgetragen wurde.

Die Genehmigung zur Priesterausbildung durfte der Prior nicht allein, sondern nur nach Rücksprache mit dem Generalvikar des Ordens erteilen. Diesen Posten hatte damals Johann von Staupitz inne. Er entstammte einem alten meißnischen Adelsgeschlecht, hatte in Köln und Leipzig studiert und in Tübingen im Jahr 1500 als zweiunddreißigjähriger Prior des dortigen Augustinerklosters in Theologie promoviert. Der sächsische Kurfürst Friedrich der Weise, der ihn seit seiner Jugend kannte, holte ihn 1502 zur Gründung der Universität als Ratgeber nach Wittenberg und übertrug ihm die Bibelprofessur. Ein Jahr später avancierte Staupitz schließlich zum Generalvikar der deutschen Augustiner. Als er um die Erlaubnis gebeten wurde, Martin Luther zum Priesteramt zuzulassen, willigte er sofort ein, denn er hatte von diesem jungen Mann nicht nur Bestes gehört, sondern ihn anläßlich eines Besuchs in Erfurt im April 1506 nach einem äußerst befriedigenden Gespräch selbst zur Weiterförderung empfohlen.

Mit einem ungeheuren Energieschub, der für ihn ebenso charakteristisch war wie der Wechsel zu Depressionen oder der Ausbruch hypochondrisch wirkender Krankheitszustände in Phasen der Erregtheit, konzentrierte sich Luther auf die Vorbereitung seines Priesteramts. Den Anleitungen zum Hören der Beichte widmete er dabei sehr viel weniger Zeit als dem Lehrmaterial, das ihn mit dem Zelebrieren der Messe, seiner Hauptaufgabe, vertraut machen sollte. Dazu gehörte das Standardwerk »Auslegung des Meßkanons« des Tübinger Theologen Gabriel Biel. In neunundachtzig Lektionen wird in diesem 1499 veröffentlichten Buch die Meßliturgie erklärt, von den Voraussetzungen der Weihgewalt bis zum praktischen Ablauf der Zeremonie. In seiner ängstlichen Seelenverfassung bewegten Luther vor allem Biels theologische Erörterungen über die Gegenwart Christi im Sakrament. Durfte er als Priester vor den Heiland und damit vor Gott treten, obwohl er sich als unwürdig empfand? Müßte er noch ausführlicher und inniger beichten, bevor er sich Christus, dem strengen Richter und Mittler zu Gott, dem Strafenden, vor dem Altar näherte? Würde er immer alle Sünden erkennen, die einen Priester für das Meßamt unrein machten?

Im Spätherbst des Jahres 1506 wurde Luther im Dom durch den in Erfurt residierenden Weihbischof von Mainz zum Subdiakon geweiht, im Februar 1507 zum Diakon und im April desselben Jahres zum Priester. Seine erste Messe als neuer Priester, die Primiz, wurde auf den 2. Mai, den Sonntag Cantate, gelegt. Man feierte einen solchen Tag nicht nur in der Klostergemeinschaft, sondern empfing auch die vom Primizianten eingeladenen Freunde und Verwandten. Sogar Frauen durften bei dieser Gelegenheit die Klosterkirche, in der die Messe stattfand, und das Refektorium, in dem das festliche Mahl serviert wurde, betreten. Am 2. Mai kam Hans Luther, der seinem Sohn noch immer grollte, mit zwanzig Familienangehörigen und näheren Bekannten aus Mansfeld angeritten, und aus Eisenach erschienen der Großonkel Konrad Hutter, Johannes Braun und ein ehemaliger Schullehrer. Trotz noch vorhandener Animosität spendierte der Vater zwanzig Gulden für das Festessen im Refektorium.

Während der Messe kam es zu einem kurzen Zwischenfall, der von den versammelten Mönchen und Gästen wohl kaum bemerkt wurde, Martin Luther aber so sehr im Gedächtnis haften blieb, daß er später immer wieder von diesem Augenblick sprach. Als er zum erstenmal in seinem Leben Gott als Priester anrufen mußte, um ihm die Gaben des Altars darzubieten, erfaßte ihn ein solcher Schrecken, daß er dem ihm assistierenden Prior zuflüsterte, er könne die Messe nicht fortsetzen. Die Unruhe, die ihn seit Jahren bei dem Gedanken quälte, Gottes Forderungen niemals erfüllen zu können, schlug in panische Angst um, als das Mysterium der Gegenwart Gottes ihm die Last seiner Sünden unerträglich erscheinen ließ. Nach einer überlieferten Gesprächsskizze schilderte Luther im Mai 1530 die dramatische Szene folgendermaßen: »Da ich nun über den Altar kam und sollt konsekrieren über die Wort [mit den Worten weihen]: Aeterno vivo vero Deo [dem ewigen lebendigen wahren Gott], da dacht ich von dem Altar zu laufen, und sagt zu meinem Prior: ich fürcht, ich muß vom Altar laufen! Da schalt er mich: Immer hinan! Fort, fort! Also entsatzt [entsetzte] ich mich vor diesen Worten.«[30]

Eine letzte heilige Scheu verlor Luther niemals vor der Messe. Nach den langen Seelenkämpfen, die er als Mönchpriester zur Erlangung eines sicheren Gewissens durchfochten hatte, entschied er sich als Reformator zwar dafür, die Messe wie andere »gute Werke«, die Gottes Gnade zu einer erwerbbaren Ware machten, ihres Automatismus wegen abzuschaffen. Für die evangelische Theologie übernahm er aber die beiden Sakramente der Taufe und des Abendmahls – denn nur diese seien von Christus eingesetzt, wie er argumentierte. 1529 verteidigte er Zwingli gegenüber unnachgiebig seine mystischere Auffassung vom Abendmahl, nach der Brot und Wein durch Anrufung Jesu Christi zu dessen Leib und Blut werden und sie nicht nur symbolhaft bedeuten. Ohne die ihn tief bewegenden Erlebnisse als Priester vor dem Altar und bei Prozessionen hätte Luther seine Lehren noch pragmatischer ausgeformt und ihnen jeglichen Schimmer göttlichen Geheimnisses genommen.

Bereits kurze Zeit nach der Priesterweihe und seiner ersten Meßfeier wurde Luther zum Studium der Theologie an der Ordenshochschule der Augustiner zugelassen. Nicht alle Mönche waren mit dieser schnellen Beförderung, die zwei Jahre nach Klostereintritt erfolgte, einverstanden, aber die hohe Protektion durch den Generalvikar Johann von Staupitz brachte die Kritiker bald zum Verstummen. Bruder Martinus wurde von manch lästiger Arbeit, wie den Bettelgängen, befreit und nahm seit dem Sommersemester 1507 an theologischen und philosophischen Vorlesungen und Disputationen teil. Seit dem Sommersemester 1508 hielt er selber Vorlesungen, eine damals übliche Regelung für Fortgeschrittene, um Lernen und Lehren sinnvoll zu verbinden.

In seinen freien Stunden las Luther ausdauernd wie nur wenige seiner Zeitgenossen in der Bibel. Sie war unter der Flut von Kommentaren im Lauf der Jahrhunderte fast in Vergessenheit geraten. Man begnügte sich mit Teilsammlungen und Auszügen und verließ sich auf die Interpretationen der immer gleich ausgebildeten Theologen. Das traf nicht nur auf Laien zu, sondern auch auf viele Priester, die mitunter nicht einmal die lateinischen Zitate, die ihnen aus der Heiligen Schrift übermittelt worden waren, richtig wiedergaben. Von den Humanisten, die die antiken Originaltexte priesen, wurde auch die Bibel wiederentdeckt. Erasmus von Rotterdam übersetzte als erster das Neue Testament in neues Griechisch, und es kam einer Sensation gleich, als es 1516 erschien – auch in Wittenberg, wo man eins der kostbaren Exemplare feierlich entgegennahm.

Luther hätte gern noch mehr Zeit bei der Bibellektüre verbracht, aber die Studienvorschriften verlangten während der ersten Semester eine eingehende Beschäftigung mit der Philosophie, auch wieder mit Aristoteles, dessen Physiklehre Luther schon als Student ein Greuel gewesen war. »Dort [im Kloster]«, so erzählte er im November 1531 seinen Tischgenossen, »gaben mir die Mönche eine Bibel, die war in rotes Leder gebunden. Diese machte ich mir so vertraut, daß ich wußte, was auf jeder Seite stand und, wenn mir ein Satz genannt wurde, sofort wußte, wo er vorkam. Hätte ich sie [ständig] behalten [und nicht nur gelegentlich in der Klosterbibliothek gelesen], wäre ich ein ausgezeichneter Bibelstellenkenner; und kein Studium gefiel mir damals besser als das der Heiligen Schrift. Mit großem Ekel las ich die Physik [von Aristoteles], und ich brannte darauf, daß ich zur Bibel zurückkehren dürfe.«[31]

Nicht weniger genau nahm es Luther mit der Einhaltung der Stundengebete, der Horen. Sie bedeuteten ihm damals, als er aus dem alten Gnadenverständnis heraus noch um sein Seelenheil bangte, nicht nur eine Verpflichtung gegenüber den Klosterregeln, sondern eine Demutsgebärde, durch die die Angst vor dem Jüngsten Tag und dem jüngsten Gericht vorübergehend gedämpft werden konnte. Von dieser Angst, die auf der Lehrmeinung beruhte, daß niemand der Gnade Gottes sicher sein könne und daher ein jeder das Strafgericht am jüngsten Tag fürchten müsse, waren die Gläubigen vom frühen Mittelalter bis in Luthers Zeit durchdrungen. Sie empfanden daher fromme Stiftungen, den Kauf von Ablässen, häufiges Beten und regelmäßiges Beichten als notwendiges Abtragen von Sündenschuld, um die Pein im Jenseits, das Fegefeuer, zu verringern oder zu verhindern. Diese durch frühes Altern und Sterben und durch die Monotonie des damaligen Weltbilds geförderte Vorstellung machte die Kirche zu einer Einrichtung, die Gnade vermittelte und die Menschen in ihrer Seelennot tröstete.

Luther dachte und fühlte in seiner ersten Klosterzeit nicht anders, und daß der Teufel in der Welt sei und sich auf sehr unterschiedliche Weise bemerkbar mache, glaubte er bis zu seinem Lebensende. Wenn er später fast nur abwertend über seine Mönchsjahre sprach und schrieb, dann aus der Glaubenserkenntnis, daß ritualisierte Frömmigkeit wie das Betexerzitium der Mönche durch das Gnadengeschenk Gottes in Jesus Christus sinnlos geworden war. Der Druck, unter dem sensible und ernsthaft fromme Menschen standen, weil sie beständig in der Furcht lebten, Gottes Zorn nicht besänftigen zu können, was immer sie taten oder unterließen, wird selbst durch Luthers polemisch gefärbten Erinnerungen an seine Demuts- und Bittübungen deutlich spürbar: »Ich habe einmal … meine Horen vernachlässigt. In der Nacht brach ein gewaltiges Gewitter los. Da bin ich aufgestanden und habe in der Nacht meine Horen gebetet. Ich meinte nämlich, das Gewitter sei um meinetwillen ausgebrochen.«[32]

Als Luther neben seiner Vorlesungstätigkeit auch predigen mußte, wurde ihm vom Generalvikar das frühe Gebet zwischen zwei und drei Uhr morgens erlassen. Geriet er jedoch mit den anderen Gebeten in Verzug, mußte er sie nachholen. In jenen vorreformatorischen Jahren war es noch sein eigenes ängstliches Gewissen, das ihn antrieb. Später betonte er die Sinnlosigkeit solcher Pflichtübungen: »Das Gewissen war ja so sehr an die Zeremonie geheftet, daß ich auch nicht das kleinste Gebot ausließ. Oft verbrachte ich ganze Tage mit meinen Vorlesungen und viermaligem Predigen und stellte die kanonischen den Klosterregeln entsprechenden Horen hintan. Am Sonntag schloß ich mich dann in meine Zelle ein, fastete den ganzen Tag und betete unermüdlich ohne Unterbrechung. Das trieb ich so lange, bis ich dämisch im Kopf ward und fünf Wochen sammelte ich einen guten Vorrat an Horen. Als ich wieder gesund war, beschloß ich, alle Vorschriften zu erfüllen, aber die Last war so groß, daß ich das Buch nicht konnte ansehen … bis ich ein halb Jahr sammelt und in die Gewohnheit kam. Da ließ ichs geschehn und verschlang es auf einen Haufen.«[33]

Im Herbst 1508 holte Johann von Staupitz den in der Bibel bereits so ungewöhnlich bewanderten Mustermönch Martin Luther an die Wittenberger Universität, an der die Augustiner zwei Lehrstellen zugewiesen bekommen hatten. Staupitz bekleidete im Wintersemester 1508/09 zusätzlich zu seiner Bibelprofessur das Amt des Dekans der Theologischen Fakultät. Da die andere Lehrstelle der Augustiner, im Fachbereich Philosophie, gerade frei geworden war und noch kein geeigneter Nachfolger zur Verfügung stand, hatte der väterlich-freundschaftliche Generalvikar sofort an seinen Luther gedacht und ihn für die Dauer der Vakanz als Stellvertreter eingesetzt. Die Auszeichnung, die Luther auf diese Weise erfuhr, machte ihm den Verdruß, sich monatelang nur mit Philosophie abplagen zu müssen, erträglich. An Johannes Braun in Eisenach schrieb er: »Wollt Ihr von meinem Ergehen Nachricht haben: dem Herrn sei Dank, ich befinde mich wohl; aufgedrungen worden aber ist mir mein Lehramt überhaupt und besonders das Fach der Philosophie, das ich von Anfang an am liebsten mit der Theologie vertauscht hätte.«[34]

Das Interesse, das Staupitz für Luther bekundete, galt nicht nur dem begabten jungen Wissenschaftler mit den erstaunlichen Bibelkenntnissen, sondern auch dem mit schonungsloser Hingabe um seinen Glauben kämpfenden Menschen. Die Beichten, die er ihm abnahm, ließen ihn eine verwandte Seele erkennen, die sich mehr nach Glaubenserfahrungen sehnte als nach theologischer Wegbereitung, mehr nach persönlicher Unmittelbarkeit als nach dogmatischem Brückenschlag. Daß Staupitz es schließlich nicht über sich brachte, sich von der alten Kirche zu trennen, ehrt ihn nur in seiner weisen Duldsamkeit, die das Alte und das Neue, das Vorher und das Nachher in höherer Harmonie vereint. Etwas nüchtern heißt es bei Luther über die Persönlichkeit des Generalvikars: »Staupitz war Vikar über dreißig Klöster. Der gab zuerst wieder der Bibel ihren Platz in seinen Klöstern und suchte sich die besten

Begabungen zusammen und widmete sie dem theologischen Studium. Es muß ein feiner Impetus in dem Mann gewest sein. Es kostete ihn auch wohl Mühe, bis er die Universität half anrichten. Oft zitierte er in seinen Vorlesungen den Doktor Summenhart seinen Lehrer von Tübingen, der gesagt hat: Wer wird uns frei machen von dieser ewigen theologischen Polemik?«[35]

Durch diesen geistvollen und empfindsamen Gönner erfuhr Luther eine der tief und anhaltend wirkenden Erschütterungen, aus denen eines Tages seine visionäre Glaubenserkenntnis aufsteigen sollte. Nach einer schmerzhaft langen Beichte hatte sein Novizenmeister, Johann von Greffenstein, zu ihm gesagt: »Du bist ein Tor. Gott zürnt nicht mit dir, sondern du zürnst mit ihm.«[36] Von Johann von Staupitz hörte er ein anderes Wort, das ihn ebenso durchfuhr, weil es etwas von der Gnade enthielt, nach der er so verzweifelt suchte. »Als einmal Staupitz das Sakrament darbrachte, erschrak ich und beichtete es ihm. Er erwiderte mir: Es ist nicht Christus, was Euch bange macht, denn Christus erschreckt nicht, sondern tröstet.«[37]

Eine von Luther fast anekdotisch vorgetragene Erinnerung an Staupitz läßt das respektvolle und zugleich heiter-zärtliche Verhältnis ahnen, das diese beiden starken Charaktere verband. »Staupitz saß einmal sinnend unter dem Birnbaum, der noch jetzt mitten in meinem Hofe steht [es handelte sich um das ehemalige Wittenberger Augustinerkloster, in dem Luther seit 1524 wohnte]; endlich sprach er zu mir: Herr Magister, Ihr sollt den Doktorgrad erwerben, so kriegt Ihr etwas zu schaffen. Das ist zwei Jahre nach meinem Doktorat eingetroffen; denn da habe ich Thesen über Buße und Ablaß veröffentlicht [die 95 Thesen von 1517]. Als er ein zweitesmal unter dem Birnbaum über die selbe Frage mit mir sprach und ich mich weigerte, indem ich viele Gegengründe herbeizog, vor allem, daß ich ganz von Kräften sei, so daß ich [bei Übernahme neuer Arbeit] nicht mehr lange leben würde, da erwiderte Staupitz: Wißt Ihr nicht, daß unser Herrgott viel großer Sachen hat auszurichten? Da bedarf es viel kluger und weiser Leute zu, die ihm helfen raten. Wenn Ihr denn immer sterbet, so müßt Ihr sein Ratgeber [im Himmel] sein. «[38]

Staupitz sorgte dafür, daß sein Schützling in den Genuß einer mit den Universitäten vereinbarten Sonderregelung kam, nach der begabten Ordensbrüdern ein verkürzter Studiengang zugebilligt wurde. Somit erhielt Luther die Erlaubnis, in dichtem zeitlichen Abstand zwei Prüfungen abzulegen, die er, was natürlich vorausgesetzt wurde, bestand: Im März 1509 erlangte er den theologischen Grad eines Bakkalaureus biblicus und im darauffolgenden Herbst den Grad eines Bakkalaureus sententiarius. Den Examensstoff bildete jedesmal das wichtigste theologische Lehrbuch des Mittelalters, die in vier Teile gegliederten Sentenzen des Petrus Lombardus.

Die Randbemerkungen, die Luther in seinem noch erhaltenen Sentenzenbuch und in einigen Schriften des Kichenvaters Augustinus machte, enthalten einen deutlichen Ansatz zu seinen späteren Erkenntnissen: Der Mensch hat einen begrenzt freien Willen, der ihn gute Werke tun läßt, um mit der Gnade Gottes belohnt zu werden. Später wird daraus bei dem Reformator die Freiheit im Glauben und die dem wahren Gläubigen bedingungslos gewährte Gnade. Der Gott, der sich seine Gnade durch gute Taten abringen ließ, wandelte sich zu einem Gott, dessen beseligende Gnade jeden erfaßt, der an ihn und sein Liebeszeichen Jesus Christus glaubt.

Da die Erfurter Augustiner argwöhnten, ihr tüchtiger Bruder Martinus könne sich in Wittenberg unentbehrlich machen, beorderten sie ihn kurzerhand zurück, denn sie brauchten ihn für ihren Lehrbetrieb. Außerdem sollte er in der eigenen Klosterkirche die Predigten halten, zu denen er als Bakkalaureus biblicus verpflichtet war. Luther, der sich zu einem der bedeutendsten Prediger seiner Zeit entwickelte, sagte 1532 über seine ersten diesbezüglichen Erfahrungen zu einem Tischgast, ebenfalls einem Prediger: »Ich habe mich wohl so sehr gefurcht vorm Predigtstuhl als Ihr; noch [dennoch] mußt ich fort [voran]. Man zwang mich zum Predigen. Mußte erstlich im Refektorium predigen den Brüdern. O, wie fürchtete ich mich vorm Predigtstuhl!«[39] Abgesehen von diesen im Studiengang vorgesehenen Pflichtpredigten, durften Augustinermönche nur auf Anweisung des Generalvikars predigen. Staupitz vergaß zwei Jahre später seinen Protegé auch in dieser Hinsicht nicht.

Während des nächsten Jahres, vom Herbst 1509 bis zum Herbst 1510, mußte Luther sich weiterhin mit den Sentenzen des Petrus Lombardus in Vorlesungen und Disputationen auseinandersetzen, um seine vorläufig letzte Prüfung als Bakkalaureus sententiarius formatus ablegen zu können. Im November 1510 erhielt er den Auftrag, mit einem anderen Klosterbruder nach Rom zu reisen, um dort beim Ordensgeneral der Augustiner um eine Entscheidung in dem verschärften Streit zwischen den Observanten und ihren Gegnern zu bitten. Für Luther bedeutete das eine besondere Auszeichnung, die ohne die Förderung von Staupitz nicht zustande gekommen wäre und nach seiner Rückkehr auch nicht ohne Folgen blieb.

Die Ordensangelegenheit, um die es ging, war äußerst verwickelt, denn beide gegnerischen Parteien hatten sich noch einmal gespalten, als erwogen wurde, für alle Augustinerklöster eine neue formale Einheit zu schaffen. Verständigungsbereitschaft und hartnäckiger Widerstand hielten sich die Waage, sowohl auf seiten der Observanten, die der Beachtung mittelalterlicher Ordensregeln nicht geschlossen anhingen, als auch auf seiten der gemäßigt Konservativen, die einer Überprüfung ihrer Bräuche teilweise wohlgesonnen gegenüberstanden. Daß der Ordensgeneral in Rom nur organisatorische Hilfslösungen anbieten konnte, lag in der Natur dieser letztlich unnötigen und unnützen Streiterei um Spitzfindigkeiten. Dennoch schickte man zwei Brüder nach Rom, um den Ordensgeneral zu fragen, ob über ihn hinweg an den Papst appelliert werden dürfe. Die Audienz vom Januar 1511 wurde in Rom mit dem Vermerk registriert: »Den Deutschen wird aufgrund der Gesetze verboten zu appellieren.«[40]

Luther, der zu erkennen gegeben hatte, daß er die Befolgung strenger Klosterregeln für gut und richtig hielt und daher eher gegen eine erzwungene Einheit aller Augustinerklöster war, fühlte sich durch die Ordenskontroverse nicht persönlich belastet. Er hatte sich für die Observanten entschieden, und deren ernste Bemühung um Zucht und Ordnung stimmte mit seinem Verlangen nach Demut und Glauben überein. Die äußeren Vorgänge berührten ihn daher zu diesem Zeitpunkt wenig. Er trat die Romreise, die die beiden Brüder nach den Ordensregeln überwiegend zu Fuß machten, mit dem glücklichen Bewußtsein an, bald die verehrungswürdigsten Wallfahrtsstätten der Christenheit besuchen zu können und aus der Fülle der dort angebotenen kirchlichen Segnungen zu schöpfen.

Trotz des einsetzenden Winterwetters kamen die beiden Mönchwanderer zügig voran. Von Erfurt, wo sie im November 1510 aufbrachen, ging es über Nürnberg und Ulm bis nach Chur, von dort über die Alpen und entlang dem Comer See nach Mailand. Luther nahm nur wenig von den italienischen Städten wahr, denn weder über Mailand noch über Florenz oder Siena, die bedeutendsten Stationen seiner Reiseroute, berichtete er ausführlicher. Erst in Rom, wo er mit seinem Gefährten im Januar 1511 ankam, machte er aufmerksamere Beobachtungen, wobei er sich weniger von architektonischen Gesichtspunkten leiten ließ.

Während der vier Wochen seines Romaufenthalts wohnte Luther im Kloster San Agostino, dem Sitz des Ordensgenerals. Bei seinem Besichtigungsprogramm orientierte er sich fast ausschließlich an den berühmten Wallfahrtskirchen, den Katakomben und einigen wenigen anderen Kirchenbauten, in denen er, wenn es möglich war, eine Messe las. Seine römischen Erinnerungen verknüpfte er im Alter gern mit dem Thema des Messelesens, denn so konnte er aus eigener Anschauung die religiöse Verwahrlosung der italienischen Priester schildern und gleichzeitig die ihm zur Gewohnheit gewordenen polemischen Hiebe gegen die Papstkirche austeilen, der er 1511 noch gläubig anhing. Aus seinen seit 1531 aufgezeichneten Wittenberger Tischreden stammt zum Beispiel folgende ironische Passage: »Gleich wie mir geschah zu Rom, als ich auch so ein toller Heiliger war, lief durch alle Kirchen und Krypten, glaubte alles, was dort erlogen und erstunken ist. Ich habe wohl eine Messe oder zehn in Rom gehalten, und es tat mir damals sehr leid, daß mein Vater und Mutter noch lebten, denn ich hätte sie gern aus dem Fegefeuer erlöst mit meinen Messen und anderen trefflichen Werken und Gebeten. Es gibt in Rom einen Spruch: ›Selig ist die Mutter, deren Sohn am Samstag in Sankt Johann eine Messe hält.‹ Wie gern hätte ich da meine Mutter selig gemacht, aber es war zu großer Andrang, und ich konnte nicht an die Reihe kommen und aß statt dessen einen gut geräucherten Hering.«[41]

Etwas ernsthafter und objektiver fiel eine andere Erinnerung aus, in der Luther sich in seiner Funktion als Priester darstellte. Die von ihm seit der frühen Reformation verächtlich gemachten Bräuche der alten Kirche wurden allerdings auch hier für den evangelischen Hausgebrauch karikiert. »Ich bin nicht lange in Rom gewesen, habe daselbst viele Messen gehalten und auch viele andere Messen halten sehen, so daß mich grauet, wenn ich daran denke. Da hörte ich unter anderen groben Possen über das Abendmahl die Priester lachen und sich rühmen, daß etliche Messe halten und über dem Brot und Wein sprechen: Du bist Brot und wirst Brot bleiben, und es dabei aufheben. Nun, ich war ein junger und recht frommer Mönch, dem solche Worte weh taten. Was sollte ich da denken? Was konnte mir anderes einfallen denn solche Gedanken: Redet man hier in Rom über das Abendmahl frei und öffentlich also? Wie, wenn sie alle, allzumal Papst und Kardinäle, mit den Meßpriestern also Messe halten, wie sehr wäre ich betrogen, der ich von ihnen so viele Messen gehört hatte! Und außerdem widerte mich daneben sehr an, daß sie so fein rips raps konnten Messe halten, als trieben sie ein Gaukelspiel. Denn ehe ich zum Evangelium kam, hatte der Priester neben mir seine Messe schon beendet und rief mir zu: Mach zu, verschwinde, hör auf.«[42] Die rechte Ruhe und Feierlichkeit zum Lesen der Messe fand Luther nur in der deutschen Kirche Maria dell'Anima, die auch einen deutschen Priester hatte.

Da die Audienz beim Ordensgeneral kein Erfolg war, nahm Luther nur wenig Positives mit nach Erfurt zurück. Er hatte nicht einmal Papst Julius II. gesehen, der sich gerade zur Vorbereitung eines Feldzugs in Bologna aufhielt. Dafür konnte er zufrieden darüber berichten, daß er die Heilige Treppe im Lateranspalast auf den Knien erklommen und auf jeder Stufe ein Vaterunser gesprochen habe, um seinen Großvater Heine Luther aus dem Fegefeuer zu erlösen. Empörung über Mißstände in der Priesterschaft, in den von reichen Pfründen lebenden Klöstern oder in den in Luxus schwelgenden Kreisen der hohen Geistlichkeit äußerte er nicht. Als er Ende März 1511 sein heimatliches Kloster betrat, war er wieder allein mit seiner inneren Unruhe, die ihm auch der Ausflug in die Stadt der Märtyrer und Päpste nicht hatte nehmen können.

Nach der Romreise geriet Luther in eine innere und äußere Stagnation, auf die er mit Unlust, Depressionen und körperlichem Unwohlsein reagierte. Die Studien an der Ordenshochschule waren vorerst abgeschlossen, und die Vorlesungen, die er halten mußte, bewegten sich inhaltlich im engen Kreis der anerkannten philosophischen und dogmatischen Lehrbücher. Ebensowenig ging es mit seiner Bibellektüre vorwärts. Er fand nicht den Weg, den er suchte, den es vielleicht gar nicht gab. Er konnte sich aber auch nicht damit abfinden, daß ein frommes und strenges Leben, wie er es als Mönch und Priester des Bettelordens der Augustinereremiten führte, immer von der Angst begleitet blieb, Gott nicht zu genügen, ihm in keiner Zeit und durch keinen Dienst Gnadensicherheit abringen zu können. Der Schlüssel zu etwas Neuem, etwas Erlösendem mußte in der Bibel verborgen liegen, in diesen dunklen und wieder so hellen Schriften der Apostel, die ihn, seit er in ihnen zu lesen angefangen hatte, aufwühlten, zornig machten und bald in seligen Rausch versetzten, bald in Verzweiflung stürzten.

Luther muß diese Stagnation noch als gereifter Reformator nachempfunden haben, denn während einer Mahlzeit im Jahr 1539, also in der Aufbauzeit der neuen Kirche, sprach er entgegen seiner Gewohnheit verständnisvoll über die Schlüsselgewalt der alten Kirche und die private Beichte. Er erinnerte sich an das Frühjahr 1511, als der Rombesuch noch sein frommes Gemüt bewegte, und an ein befreiendes Wort, das ihn plötzlich traf und ihm wie vorher die Worte von Greffenstein und Staupitz Kraft und Hoffnung zur Fortsetzung seines Glaubenswegs gab: »Etwas Großes ist die Durchführung des Amtes der Schlüssel und der Privatbeichte, wo das Gewissen seine Ruhe finden kann. Deshalb will ich diese nicht verwerfen. Denn ich selbst bin unter dem

Papsttum immer ein verzweifelter Mönch gewesen, bei allen meinen Anstrengungen; endlich habe ich von einem Bruder Trost empfangen durch dieses einzige Wort: ›Gott selbst hat uns befohlen, daß wir hoffen; unser Heil ist der Glaube an Gott; warum wollten wir denn Gott nicht trauen, der uns heißet und befiehlt zu hoffen?‹ Und durch dieses Wort hat er mir das Leben wiedergegeben.«[43]

Dem tröstenden Wort des Bruders folgte die erlösende Tat des väterlichen Freundes, Johann von Staupitz. Dem Generalvikar schien nicht verborgen geblieben zu sein, daß sich Luther in einer Phase der Unentschiedenheit und Resignation befand, was ihm nach der großzügigen Förderung wie eine unverzeihliche Talentverschwendung vorkommen mußte. Er setzte alle Hebel in Bewegung, um seinen Rettungsplan nach allen Seiten abzusichern, und holte Luther im September 1511 zum zweitenmal nach Wittenberg. Er hatte zweierlei für ihn eingefädelt: im Universitätsbereich die Promotion zum Doktor der Theologie, im Ordensbereich die Stellung des Subpriors im Wittenberger Augustinerkloster. Beides bedurfte nur noch der Absegnung durch das Kongregationskapitel der Augustiner, ein formeller Akt, der im Mai 1512 in Köln im Beisein des Kandidaten stattfand.

Zuerst mußte freilich Luther selbst seine Zustimmung geben, wofür Staupitz mehr Überredungskünste brauchte als für das Kapitel in Köln. Luther zögerte und wand sich bei den Gesprächen unter dem Birnbaum im Klosterhof. Für ihn hatte die Situation, in die er durch den fürsorglichen Staupitz geraten war, eine fatale Ähnlichkeit mit der Krise vom Frühjahr 1505, als er vor der in Aussicht genommenen bürgerlichen Karriere zurückschreckte. Durfte er jetzt, wo ihn ein neuer Schwung erfaßt hatte, um in die noch unausgeloteten Tiefen der Heiligen Schrift vorzudringen, seine Energien mit den Aufgaben eines Subpriors und der Anhäufung wissenschaftlichen Materials zur Erlangung der Doktorwürde vergeuden? Würde er nicht in einen Strudel von Aktivitäten hineingerissen, aus dem es kein Entrinnen mehr gab, so daß er niemals mit seiner Bibel zum Ziel kam? Staupitz stimmte ihn schließlich um und beruhigte ihn mit den scherzhaften Worten, daß er, selbst wenn er vor dem Doktordiplom stürbe, mit seiner Klugheit und Weisheit immer noch als himmlischer Ratgeber Verwendung finden könne.

Als Luther Ende des Jahres 1511 nach Wittenberg ging, ahnte er nicht, daß diese Stadt sein Lebenszentrum bleiben würde, bis zu seinem Tod, der ihn, wie durch einen freundlichen Einfall von Gott bestimmt, in Eisleben, dem fernen Ort seiner Geburt, aus jeglicher Enge erlöste. Wittenberg war Anfang des 16. Jahrhunderts ein kleines Städtchen am äußersten Rand des Reichs und mit seinen zwei- bis dreitausend Einwohnern ein scheinbar unbedeutender Flecken. Seit jedoch Kurfürst Friedrich der Weise, Erbfolger der sächsisch-ernestinischen Linie des Wettiner Hauses, Wittenberg zu seiner Residenz erhoben hatte, gingen wesentliche Impulse von diesem Machtzentrum aus, das über erhebliche Territorien verfügte. Schloß und Schloßkirche, später auch Stifts- und Universitätskirche, entstanden ab 1490 – die Stadtkirche Sankt Marien, in der Luther die meisten seiner Predigten hielt, war bereits zweihundert Jahre alt. 1502 wurde die Universität gegründet und durch kaiserliche und päpstliche Privilegien unter anderem mit dem Recht ausgestattet, den Doktorgrad zu verleihen. 1503 fügte Johann von Staupitz als Ratgeber des Kurfürsten in Universitätsangelegenheiten und als Generalvikar und Verteidiger der Observantenrichtung ein neues Kloster für Augustinereremiten hinzu, das sich nach dem Erfurter Muster der theologischen Ausbildung widmen sollte.

So entwickelte sich in kürzester Zeit eine weder sehr ausgedehnte noch bevölkerungsreiche Residenz, deren Universität in Verbindung mit den wissenschaftlich rührigen Augustinern von Jahr zu Jahr mehr auswärtige Studenten anzog, die bald scharenweise zu Luther pilgern sollten. Der Kurfürst hatte für seine Bauten erste Künstler wie Hans Burgkmair, Peter Vischer und Albrecht Dürer herangezogen und Lucas Cranach sogar als Hofmaler gewonnen, so daß zusammen mit dem wachsenden Wohlstand der Handwerker und Bürger – unter ihnen verfügten nicht wenige über das Recht, eigenes Bier zu brauen – ein beachtliches Gemeinwesen entstanden war.

Friedrich der Weise gehörte zu den deutschen Territorialherren, die noch immer pietätvoll an Kaiser und Papst hingen, ihren Landbesitz aber gegen diese beiden historischen Autoritäten verteidigten und immer mehr auf ihre eigenen Rechte pochten. Das kurfürstliche Sachsen war wie das benachbarte herzogliche Sachsen und das nördlich angrenzende Brandenburg nicht nur unabhängig in Verwaltung, Militär, Rechtspflege und Wirtschaft, es machte seinen politischen Anspruch auch im Bildungswesen und im kirchlichen Bereich geltend. Daher hing die Reformation in ihrem Entstehen wie in ihrer Ausbreitung nicht unwesentlich von der Haltung des sächsischen Kurfürsten ab.

Dennoch befand man sich erst am Anfang staatlicher Emanzipation. Päpstliche Verfügungen konnten zwar nicht mehr gegen den Willen des Landesherrn durchgesetzt werden, aber die Fürsten wollten auch nicht auf Absegnung durch die kirchliche Zentralgewalt in Rom verzichten. Geistlicher und weltlicher Besitz waren praktisch und juristisch noch eng verzahnt, und der Glaube an die Erlösungsfunktion der alten Kirche beherrschte weiterhin das Denken und Fühlen der meisten Christen. Friedrich der Weise besaß zum Beispiel eine der größten Reliquiensammlungen in Deutschland, deren Grundstock er 1493 bei einer Pilgerfahrt nach Jerusalem gelegt hatte. Einmal im Jahr wurden diese Reliquien auf der Empore der Stiftskirche ausgestellt, und jeder Gläubige, der sich dort in frommer Andacht versenkte, erwarb einen Ablaß, der wiederum eine Opfergabe als Dank für die Sündenerleichterung nach sich zog. Für das Jahr 1517 registrierte die Stiftskirche neuntausend Messen und 40 932 verbrauchte Kerzen.

Da Friedrich der Weise den Mißbrauch der Frömmigkeit aus eigener echter Gläubigkeit heraus erkannte, nahm er 1517 Luthers Feldzug gegen den Ablaßhandel und andere fromme Werke verständnisvoll hin und verzichtete ab 1522 sogar auf die Ausstellung seiner Reliquien. Dem Papst und der römischen Kurie gelang eine solche Duldsamkeit, die den Ausbruch der reformatorischen Bewegung aus der Kirche hätte verhindern können, nicht. Ihr Machtbereich war zu ausgedehnt und litt an administrativer Altersschwäche. Außerdem konnte der kirchliche Besitz, soweit er auf Ablaßverkäufen und anderem frommen Handel beruhte, bei einer umfassenden inneren Reform in Mitleidenschaft geraten, während der sächsische Kurfürst und andere deutsche Territorialherren nur gewannen. Jede antikirchliche Rebellion, die in ihrer Region stattfand, mußte ihre Autorität stärken und ihren Besitz vermehren, ob sie die Rebellion nun niederschlugen und sich dafür von Rom belohnen ließen oder die Rebellion unterstützten und sich aus dem Kirchenbesitz im eigenen Land bedienten.

Als Luther im Sommersemester 1512 sein theologisches Doktorexamen vorzubereiten begann und sich seinen, allerdings geringen, Aufgaben als Subprior widmete, gewann er – neben Johann von Staupitz und Johannes Lang, der aus dem Erfurter Kloster mit ihm nach Wittenberg gegangen war – in dem Prior des noch kleinen Augustinerkonvents, Wenzeslaus Link, einen neuen Freund, der ihm bis in die Reformationskämpfe hinein treu blieb. In der Theologischen Fakultät begegnete er zwei weiteren Männern, die sich bereits früh seinen neuen Interpretationen und Ansichten anschlossen: Nikolaus von Amsdorf, ein Neffe von Staupitz, und Andreas Bodenstein oder, nach seinem Geburtsort, Andreas Karlstadt, ein ehrgeiziger Karrierist, der nach anfänglichem reformatorischen Eifer wider eigene Wege ging.

Am 18. und 19. Oktober promovierte Luther zum Doktor der Theologie, nachdem ihm Friedrich der Weise auf Drängen von Staupitz die Promotionsgebühren von 50 Gulden bewilligt hatte. Als Gegenleistung mußte er sich dazu verpflichten, lebenslang die Bibelprofessur an der Wittenberger Universität zu übernehmen, ein Wermutstropfen, der ihm im Lauf seines Lebens immer bitterer wurde. Am 18. Oktober disputierten zunächst Magister, Studenten und der Promovend miteinander, dann hielt der Doktorvater, bei Luther war es Karlstadt, eine launige Rede. Am 19. Oktober legte Luther in der Schloßkirche den Doktoreid ab, in dem er versprach, keine Lehren vorzutragen, die von der Kirche verdammt oder frommen Ohren anstößig seien. Nach der Übergabe der Doktorinsignien – Bibel, Barett und goldener Ring – hielt der Promovierte eine Rede, der ein weiteres, Streitgespräch und schließlich und endlich das Festmahl folgten. Am 21. Oktober wurde der neue Professor in den Senat der Theologischen Fakultät aufgenommen.

Luther war stolz auf seinen Erfolg, was er in einer Einladung zur Promotionsfeier an die Erfurter Augustiner deutlich zum Ausdruck brachte. Der im übrigen etwas spitze Ton ging auf eine Auseinandersetzung zurück, die niemals ganz bereinigt wurde. Das Erfurter Kloster hatte Anspruch darauf, daß ein Absolvent seiner Ordensschule auch am Ort promovierte. Luther berief sich auf einen Formfehler: Nach seiner Rückkehr aus Wittenberg 1509 war vergessen worden, ihn durch Eid an die Theologische Fakultät in Erfurt zu binden.

Das Vertrauensverhältnis zu den ehemaligen Brüdern war getrübt. Luther begann sich zu recken, und das Selbstvertrauen, das ihm die immer größere Zuversicht in die Bibel gab, fing mit der Erhebung in den durch päpstliche und kaiserliche Erlasse geschützten Professorenstand an, zu wachsen und sich öffentlich auszuprägen.

An den Prior und den Konvent der Erfurter Augustinereremiten schrieb er am 22. September 1512: »Heil in dem Herrn, ehrwürdige, hochzuverehrende und geliebte Väter! Siehe, es naht der 18. Oktober, an welchem mir aus Gehorsam gegen die Väter und den ehrwürdigen Pater Vikarius [Staupitz] der Lehrstuhl in der Theologie feierlich übergeben werden wird, was Eure väterliche Liebe, wie ich glaube, aus dem Briefe unseres ehrwürdigen Paters Prior zu Wittenberg ausführlich ersehen hat. Ich übergehe die Anklage meiner selbst und meine Unzulänglichkeit, damit ich nicht sogar durch Demut nach Stolz oder Lob zu streben scheine. Gott weiß, mein Gewissen weiß es auch, wie würdig und wie passend ich für diese Schaustellung des Ruhmes und der Ehre bin.«[44]

Die Entdeckung der Gnade Gottes und der Beginn der Reformation

(1513–1517)

Luthers Arbeitsprogramm wuchs seit seiner Promotion im Oktober 1512 unaufhörlich an. Was er gefürchtet hatte, daß sein Innenleben durch gesteigerte Aktivitäten und vermehrte Pflichten verkümmern würde, trat nicht ein. Im Gegenteil, sein gesundheitlich labiler, sonst aber kräftiger und robuster Körper schien ungeheure Energien gespeichert zu haben, die jetzt, nach der doktoralen Krönung eines langen Studiums, seine Tätigkeiten ebenso durchströmten und vorantrieben, wie sie seinen Intellekt entfesselten und seine Seele zum Glühen brachten. In den fünf Jahren von 1512 bis zur Niederschrift der spektakulären 95 Ablaßthesen 1517 gewann er die Statur eines Prometheus, der unaufhörlich schafft, sich aber von keiner Fessel binden läßt, es sei denn, sie komme nicht von Zeus, sondern allein von Gott.

Luther hielt Bibelvorlesungen und promovierte Theologiestudenten an der Universität, er predigte im Augustinerkloster und etwas später, ab 1513, in der Stadtkirche. 1515 wurde er Distriktvikar, der zehn Klöster zu betreuen hatte, und Studienleiter der Wittenberger Ordenshochschule. Ab 1516 begann er eigene Schriften zu veröffentlichen. Daneben korrespondierte er mit immer mehr Personen, die er als Professor, als Seelsorger, als Vikar und als Mensch kennengelernt hatte. Das alles inspirierte ihn in hohem Maße, und er selbst inspirierte auf magische Weise die Menschen, die ihm begegneten, durch seine Rede, die zunehmend an Farbigkeit und Ausdruckskraft gewann, und durch seine Augen, die als »dämonisch«[45] oder als »scharf und etwas funkelnd, wie man es bisweilen bei Besessenen sieht«[46] beschrieben wurden.

In Hochstimmung, fast übermütig warf Luther im Jahr 1516 den folgenden Brief hin: »Ich brauche fast zwei Schreiber oder Kanzler. Ich tue den ganzen Tag beinahe nichts weiter als Briefe schreiben. Deshalb weiß ich nicht, ob ich immer wieder dasselbe schreibe; Du wirst es ja sehen. Ich bin Klosterprediger, Prediger bei Tisch, täglich werde ich als Stadtprediger verlangt; ich bin Studienleiter, ich bin Vikar … halte Vorlesungen über Paulus, sammle [Material für] den Psalter, und das, was ich schon sagte: die Arbeit des Briefschreibens nimmt den größten Teil meiner Zeit in Anspruch. Selten habe ich Zeit, das Stundengebet ohne Unterbrechung zu vollenden und zu halten. Dazu kommen die Anfechtungen des Fleisches, der Welt und des Teufels. Siehe, welch ein müßiger Mensch ich bin.«[47]

Für die Vorlesungen, die Luther an der Wittenberger Universität hielt, mußte er die Bibel noch bewußter als je zuvor lesen, um sie seinen Studenten nach allen Regeln der Interpretationskunst zu erklären. Er geriet dabei von Anfang an in einen Zwiespalt, denn seine eigenen Auffassungen waren noch zu verschwommen, um sie vortragen zu können, und die Schriften der Dogmatiker wie Gabriel Biel und der Kirchenväter wie Augustin erweckten in ihm bereits zu viel Widerstand, um sie ohne eigene Kommentare weiterzugeben. Ähnlich ging es ihm mit den Predigten in der Stadtkirche, die ihn nicht selten quälten, denn er sprach dort zu einfachen Gläubigen, denen er gern andere Wahrheiten über Gott vermittelt hätte, damit sie ihm als ihrem Beichtvater nicht mehr die Ablaßzettel entgegenhielten, wenn sie ihrer Sünden in Buße gedenken sollten.

So betonte er wenigstens, daß die anhaltende Sündhaftigkeit des Menschen durch keine Rechtfertigung getilgt werden könne, also schon gar nicht durch Bußablässe, und er betonte, daß es keine andere Gerechtigkeit vor Gott gebe, als sich in Demut allem zu unterwerfen, um allein dadurch und nicht durch irgendwelche guten Werke, in denen sich die Seele des Gläubigen ausruhe, gnadenwürdig zu werden. Auch über die Liebe zu Gott sprach er als ein an mystischen Autoren wie Johannes Tauler, Bernhard von Clairvaux und Jean Gerson geschulter Theologe. War die Demut vor Gott ein erster Schritt zur »Freiheit eines Christenmenschen«, so war die Liebe zu Gott ein zweiter Schritt, denn in der erwartungslosen einen Hingabe an Gott, so folgerte Luther mit dem Verstand und mit dem Herzen, werden Gottes Forderungen erfüllt, nicht aber durch Liebe, die nach Vergütung schielt.

Während Luther die theologischen Zentralbegriffe immer wieder neu definierte, miteinander verknüpfte und in ihrem Gehalt erwog, lauschte er die Bibel ab, die in seinem Arbeitszimmer, einer kleinen Turmstube im Augustinerkloster, vor ihm lag. Die Texte, die ihn besonders beschäftigten, bildeten damals und später das Material für seine ersten Bibelvorlesungen, die er den Psalmen, den Paulusbriefen an die Römer und Galater und dem Brief an die Hebräer widmete.

Nicht mit Sicherheit läßt sich ein genauer Zeitpunkt nennen, in dem Luther seinen neuen Glauben wie eine Vision erkannte. Gesucht hatte er ihn bereits als Schüler in Magdeburg, vielleicht sogar schon im Innersten gefunden, und wie lange braucht es, einer Wahrheit das ihr angemessene Sprachgewand zu geben, damit sie gehört, verstanden und angenommen wird. Luther prüfte Sprache und Argumente sorgfältig, ehe er seine endgültige Glaubenserkenntnis, die für ihn göttliche Wahrheit, hinausposaunte, erst noch mit Mißklängen und Unschärfen, dann mit vollen, immer neuen Tönen.

Ermutigende und richtungsweisende Anstöße, die Luther in all den Jahren des Abhorchens der Bibel und Abtastens der Dogmatik erhielt, hat er bis in seine späten Erinnerungen dankbar bewahrt. Im Zusammenhang mit seinen Begabungen und Schwächen, die ihm Gott, wie er immer glaubt, absichtsvoll eingeflößt hat, um der ermüdeten Christenheit einen weiteren apostolischen Zeugen zu schicken, denkt er 1533 wieder einmal an Staupitz. Er will seinen Zuhörern sagen, daß das Bewußtsein des Menschen um seine Sündhaftigkeit ein Teil des neuen Glaubens ist, denn nur dann wird ihm die Liebe und Gnade Gottes, sichtbar in Jesus Christus, zuteil.

»Denn der Name Christus hat mir oft geholfen, wo niemand helfen konnte. Also habe ich für mich die Sache und die Worte, die Erfahrung und die Schrift, und Gott hat mir beides sehr groß verliehen. Jedoch es ist mir auch sauer geworden durch meine Anfechtungen; das ist mir sehr gut gewesen. Auch Staupitz habe ich oft gebeichtet, nicht wegen Weibern, sondern die rechten Knoten [groben Sünden]. Da sagte er: Ich verstehe es nicht. Das hieß dann recht getröstet! Kam ich darnach zu einem andern, so ging es mir auch so. In summa, es wollt kein Beichtvater drum wissen. Da gedacht ich: Die Anfechtung hat niemand denn du! Da ward ich als eine tote Leich. Zuletzt hebt Staupitz zur mir über Tisch an, als ich so traurig und erschlagen war: Was seid Ihr traurig? Ich erwiderte: Ach, wo soll ich hin? Da sprach er: Ach, Ihr wisset nicht, wie es Euch so not ist; sonst würde nichts Gutes aus Euch. Er wußte selbst nicht, was er damit sagte, denn er meinte: ich sei gelehrt, und wenn ich keine Anfechtung hätt, dann möchte ich stolz werden. Ich aber faßte es auf nach dem Wort des Paulus: ›Auf daß ich mich nicht der hohen Offenbarung überhebe, ist mir gegeben ein Pfahl ins Fleisch; und er hat zu mir gesagt: Laß dir an meiner Gnade genügen, denn meine Kraft ist in den Schwachen mächtig.‹ So nahm ich denn seine Worte an, als gesprochen durch den Heiligen Geist, der mich trösten wollte.«[48]

Ein anderer Impuls, den Luther während seiner Hinwendung zu Paulus, dem Gewährsmann seiner Glaubenserhellung, empfing, tröstete ihn ebenfalls in einer Beichtnot, das heißt in seiner Verzweiflung über die Bedingungen, die nach mittelalterlichem Verständnis zur Erlangung von Gottes Gnade erfüllt werden mußten. Der Reformator wird seine Tischgäste überrascht haben, als er Jean Gerson als Urheber dieses befreienden Erlebnisses nannte. Wie bei einer Disputation begann er mit der Behauptung: »Die Bedingung richtet alles Unglück an«, um dann selbst erklärend fortzufahren: »Denn wir haben das alles getan aus Furcht vor Gott, daß wir uns rechtfertigen möchten, und wir waren überschüttet mit unendlich vielen menschlichen Überlieferungen. Deshalb sah sich Gerson gezwungen, den Gewissen ihre Zügel zu erleichtern. Er hat zuerst einen Anfang gemacht, aus jener Gefangenschaft herauszukommen, indem er schrieb: daß die Überschreitung kirchlicher Überlieferungen und Vorschriften keine Todsünde sei, es sei denn sie geschähe vorsätzlich. So wenig dieses Wort noch bedeutete, so hat es doch viele Gewissen aufgerichtet ... Ich habe diese Gefangenschaft beendet, indem ich das Evangelium zeigte, und die Freiheit des Christenmenschen gelehrt gegen die Strenge des Gesetzes und die menschlichen Traditionen.«[49]

Der Schlüssel, den Luther bei seinem Ausbruchsversuch aus der Gefangenschaft des Gesetzes – das sind aus reformatorischer Sicht die kirchlichen Dogmen, die aus Gott und dem Menschen Herr und Knecht und nicht, wie das Neue Testament es lehrt, Vater und Sohn gemacht hatten – endlich fand, verbarg sich für ihn im zweiten Vers des 31. Psalms, wo es heißt: »Errette mich durch deine Gerechtigkeit«.[50] Von dort führte der entdeckte Weg zum Paulusbrief an. die Römer, wo ihm aus den Versen 16 und 17 des 1. Kapitels das Licht in die Augen sprang: »Denn ich schäme mich des Evangeliums von Christo nicht; denn es ist eine Kraft Gottes, die da selig macht alle, die daran glauben, die Juden vornehmlich und auch die Griechen. Sintemal darin offenbart wird die Gerechtigkeit, die vor Gott gilt, welche kommt aus Glauben in Glauben; wie denn geschrieben steht: ›Der Gerechte wird seines Glaubens leben.‹«

Nach letztem Grübeln und Zaudern trat Luther schließlich in die Weite der vor ihm liegenden Erkenntnis. Seinen gelungenen Ausbruchsversuch, einen langwierigen Prozeß, hatte er zu einer Szene verdichtet, die das Glaubensvisionäre stärker hervorhob als die mühsame theologische Vorarbeit. Ort: die Arbeitsstube im Turm des Wittenberger Augustinerklosters. Zeit: um 1513. Handelnde: ein Mönch (auch Priester und Professor der Theologie), der Heilige Geist, ein Dämon (nach Belieben). In einer Fassung aus dem Jahr 1532 verlief die Szene nach Luthers Worten wie folgt:

»Diese Worte ›gerecht‹ und ›Gerechtigkeit‹ waren wie ein Blitz in meinem Gewissen. Wenn ich sie hörte, packte mich die Furcht:

Wenn Gott gerecht ist, dann wird er strafen. Aber Gott sei Dank, als ich einmal in diesem Turm [des Klosters von Wittenberg] über diese Worte nachsann: ›Der Gerechte wird seines Glaubens leben‹ und: ›Nun aber ist ohne Zutun des Gesetzes die Gerechtigkeit, die vor Gott gilt‹ [Römer 3,21], da kam mir alsbald der Gedanke: Wenn wir leben sollen gerecht aus dem Glauben, und wenn die Gerechtigkeit selig machen soll alle, die daran glauben, so kann sie nicht unser Verdienst sein, sondern Gnade Gottes. So wurde mein Geist aufgerichtet. Denn die Gerechtigkeit Gottes ist das, wodurch wir gerecht gemacht und selig werden durch Christum. So wurden mir diese Worte erfreulicher. Diese Kunst hat mir der Heilige Geist in diesem Turm eingegeben.«[51]

Luther hatte sich hinausgewagt, teils geschoben von seinen Glaubensängsten, teils gezogen von der um sich greifenden Kritik an den kirchlichen Mißständen wie Kauf und Verkauf geistlicher Ämter (Simonie) und Ablaßhandel, der durch den »Petersablaß« für die Erbauung der Peterskirche in Rom erneut in die Schußlinie geraten war. Die über Jahre aus Glaubenserfahrungen und theologischen Studien erwachsene Erkenntnis, daß der Gläubige, wenn er sich der Welt gegenüber als schwach und ohnmächtig, als Sünder oder Zerstörer wider Willen sieht, der Gnade Gottes, seines göttlichen Beistands und Trostes gewiß sein darf, verdichtete sich für einen ekstatischen Augenblick zu einer visionären Kraft, die Luther in eine nahezu heilige Heiterkeit versetzte und ihn befähigte, seinen neuen Glauben gegen jeden Widerstand sprachgewaltig zu verteidigen.

Man sagte später, die Ausgangsbasis, nämlich der Römerbrief, sei zu dürftig gewesen, aber Luther hat seine Überzeugung immer wieder auch an anderen Bibeltexten festgemacht, so daß der Eindruck, es mit einem geschickten Sinn- und Wortverdreher zu tun zu haben, kaum bestehen bleiben konnte. Man sagte auch, daß die Sprengung der alten Kirche nicht notwendig, ja sogar unchristlich gewesen sei, aber dieser Vorwurf löst sich leicht auf, wenn man die Reformationsgeschichte betrachtet. Sie nahm ihren lawinenartigen zerstörerischen Lauf, weil alle beteiligten Seiten, ausgenommen ihr Urheber in den Jahren seines Glaubensglücks – also bis 1517, dem Jahr der Ablaßthesen, spätestens bis 1521, dem Jahr des Wormser Reichstags mit Kaiser Karl V. – in ihren Entscheidungen und Handlungen mehr durch Macht- und Besitztrieb gelenkt wurden als durch die seelische Not, die unmittelbare Beziehung zu Gott im Dschungel kirchlicher Dogmen und Bräuche verloren zu haben.

Luthers Glaubensunschuld, die seine nachhaltige Wirkung auf andere Gläubige ausmachte, verkam zu einem kriegerischen Feldzeichen und deutsch-nationalen Symbol, als die Glaubenssache dem Kampf um die Vorherrschaft in Europa eine neue Dimension gab. Seit Papst und Kaiser in den zwanziger Jahren des 16. Jahrhunderts die lutherische Gnadenlehre zu einem Störfaktor ihrer Autorität erklärt hatten, wurde der Trennungsprozeß zwischen Kirche und politischer Gewalt, Glaube und Welt, Wahrheit und Zweckdenken nur noch beschleunigt, denn die äußeren Voraussetzungen für das neue Europa der Nationalstaaten waren längst gegeben. Luther, der diese in die Zukunft weisende dynamische Entwicklung kaum wahrnahm, ließ sich schließlich widerstandslos für die Unabhängigkeitsbestrebungen deutscher Landesherren einspannen, denn sie richteten sich allemal gegen den Einfluß des Papstes und des Kaisers, der die alte Kirche als Disziplinierungsmittel verstand und unterstützte.

Luther lauschte in die biblischen Texte hinein, und er lauschte zu Gott, ohne jemals als Gläubiger mit der Sicherheit aufzutreten, die die protestantisch ausgerichtete Nachwelt ihm gern in nationalem Eifer andichtete, indem sie sein impulsives Temperament und seine sprachkünstlerische Aggressivität als Ausdruck heldenhaften Agierens gegen die Feinde gemüthaften deutschen Wesens darstellte. Als die Reformation Aufruhr, Haß und Feindschaft erzeugte, benutzte auch Luther Sprache und Metaphern der Politischen und Nationalen. So äußerte er 1538 ohne jeden Glaubenszusammenhang: »Italia ist schon oft gedemütigt worden und ist doch immer stolz gewesen. Jetzt aber ist sie bleich vor Furcht, sie sieht und erkennt ihre Bosheit, allein daß sie von uns Germanis nicht bestraft sein will, als von einer barbarischen Nation.«[52] Als Glaubender aber sprach er noch knapp drei Jahre vor seinem Tod das bekenntnishaft demütige Wort: »Es ist kein größer Ding, denn so wir können glauben, daß Gott mit uns redet. Wenn wir das glaubten, so wären wir schon selig.«[53]

Während seiner ersten Jahre als Bibelprofessor an der Wittenberger Universität und, seit 1515, als Distriktvikar des Augustinerordens gewann Luther allmählich, in der Stille des Vortrags und des mündlichen und brieflichen Gesprächs, einige seiner treuesten Anhänger, die sich von der beredten Art, mit der er seinen neuen Glauben darlegte, mitreißen ließen. Johannes Lang, der ihm 1505 ins Erfurter Kloster und 1512 nach Wittenberg gefolgt war, ernannte er in seiner Eigenschaft als Distriktvikar 1516 zum Prior des Erfurter Konvents. Ihm schrieb er zahlreiche freundschaftliche Briefe, in denen er häufig auch seine persönlichen Lebensumstände und Befindlichkeiten schilderte. So berichtete er am 26. Oktober 1516 aus Wittenberg:

»Ich fange morgen mit dem Galatabrief an; jedoch ich muß fürchten, daß die gegenwärtige Pest den Fortgang der Vorlesungen unterbricht. Kurz, die Pest ist da und beginnt unerwartet genug ihr rohes Handwerk, zumal gegen die Jugend. Ihr ratet mir und dem Magister Bartholomäus, mit euch vor ihr zu fliehen. Aber wozu? Ich hoffe, daß die Welt nicht zusammenstürzt, wenn auch Frater Martinus dahinsinkt. Die Brüder werde ich freilich rings im Lande verteilen, wenn die Pest zunimmt. Mich aber hat das Geheiß des Gehorsams hierher gestellt; und nur wenn der Gehorsam es heischt, darf ich weichen. Ich sehe dem Tod nicht furchtlos ins Antlitz; denn ich bin kein Apostel Paulus, sondern bloß ein Ausleger seiner Schriften; aber der Herr wird mich, das hoffe ich, aus meiner Furcht herausreißen.«[54]

Im selben Jahr verließ auch Wenzeslaus Link, Prior des Wittenberger Augustinerklosters, dem Luther ebenfalls sein ganzes Leben freundschaftlich verbunden blieb, die Stadt, um erst nach acht Jahren zurückzukehren, diesmal als Nachfolger des Generalvikars Johann von Staupitz. Link und Staupitz vertraute Luther bereits seine rebellischen Gedanken gegen kirchliche Bräuche, wie die dem geweihten Priester vorbehaltene Meßfeier, an, als er sich noch scheute, seine neuen Glaubensansichten öffentlich vorzutragen. 1540 erinnerte er sich an diese Jahre vor der Reformation: »Die Messe durfte niemand lesen, der nicht Priester war; und doch ist an ihr nichts Gelehrtes oder Geistiges, und die ist nicht einmal rechtes Lateinisch. Ich glaub, es hat sie irgendein ungelehrter Mönch gemacht. Aber sie galt als so heilig, daß, wenn jemand sie angegriffen hätte, so hätte man geglaubt, er müsse Himmel und Erde in Aufruhr bringen. Als ich zuerst gegen die Messe schrieb, konnte ich nicht glauben, jemand werde auf mich hören. Ich habe für mich selber geschrieben und für Staupitz und für Link.«[55]

Nicht nur ein früher Anhänger, sondern wegen seiner öffentlichen Aufgaben auch ein tatkräftiger Helfer war Georg Spalatin, der Luthers Weg schon an der Erfurter Universität kreuzte. 1512 übernahm er den Ausbau und die Leitung der Schloßbibliothek in Wittenberg, wo Kurfürst Friedrich der Weise ihn 1516 zu seinem Sekretär und Sachverständigen in Kirchen- und Universitätsfragen ernannte. Die erste Begegnung zwischen Luther und Spalatin fand im Jahr 1514 statt. Beide lernten sich durch das gemeinsame Interesse an der Bibelauslegung schnell schätzen, wobei Luther den Humanismus als neue Interpretationsmöglichkeit skeptischer beurteilte. Die Freundschaft, die sich in kürzester Zeit zwischen ihnen entwickelte, endete erst 1545 mit Spalatins Tod. Als Ratgeber des sächsischen Kurfürsten hatte er großen Einfluß auf dessen Entscheidungen in der Kirchen- und Reichssache Doktor Martin Luther, so daß Friedrich der Weise manches für den Kirchenrebellen und die Reformation tat, was ihm in seiner orthodoxen Frömmigkeit eigentlich widerstreben mußte.

Aus dem Brief, den Luther am 24. August 1516 nach Johannes Langs Abreise nach Erfurt an Spalatin schreib, kann man den ungezwungenen Ton ihrer Beziehung heraushören. Er ist in diesem Fall an den Leiter der kurfürstlichen Bibliothek gerichtet, aus der auch die Universitätslehrer ihre Bücher ausliehen. »Ich erbitte von Euch einen Dienst, ein Werk der Liebe und des Glaubens. Verhelft mir zur Stunde zu den Briefen des St. Hieronymus [dieser Kirchenlehrer und Schriftsteller übersetzte im 4. Jahrhundert die Bibel ins Lateinische] oder zieht so kurz es Euch möglich aus seiner kleinen Schrift ›de viris illustribus‹ [Von bedeutenden Männern] aus, was der Kirchenvater vom Apostel St. Bartholomäus geschrieben hat [Luther will eine Originalquelle, statt der mittelalterlichen Sammelwerke]. Sorgt, daß ich es vor der zwölften Stunde erhalte; ich will darüber predigen ... Ihr dürft Euch nicht wundern, daß ich ein Theologe bin und keinen Hieronymus [Abschrift von dessen lateinischer Bibelübersetzung, der sogenannten Vulgata] besitze. Ich warte nämlich auf die Ausgabe des Erasmus [dessen griechische Bibelübersetzung erschien kurz nach der Niederschrift dieses Briefes]. Und den Hieronymus, den ich gewöhnlich benutze, hat Johannes Lang mitgenommen oder sogar verkauft.«[56]

In einem Brief an Spalatin vom 19. Oktober 1516 nahm Luther den seit Jahrhunderten von Kirchenlehrern und später von Theologieprofessoren behandelten Aristoteles aufs Korn. Seine grundsätzliche Kritik wandte sich gegen eine im frühen Mittelalter vorgenommene Verschmelzung von Bibelzitaten und an aristotelischer Dialaktik orientierten theologischen Kommentaren. Diese Verbindung aus Glaubenszeugnissen und antiker Philosophie, die den Kern der kirchlichen Dogmatik bildete, erweckte den Anschein, als ließe sich die praktizierte Abstufung »Gott – Kirche – Gläubige« wissenschaftlich beweisen. Luther sah in dem beharrlichen Festhalten der Kirche an der von Aristoteles' Philosophie durchtränkten Dogmatik einen Betrug an den Gläubigen, die durch diese aufgezwungene Zubereitung des Evangeliums der wahren Lehren der Apostel verlustig gingen.

Am 8. Februar 1517, noch weit davon entfernt, die Kirche in ihren Fundamenten anzugreifen, schrieb Luther an Johannes Lang: »Wird doch der schließlich alles für wahr halten, was man ihm auch zumutet, der von Aristoteles für wahr hinnimmt, was dieser schändlichste aller Betrüger uns vorlügt und was so verkehrt ist, daß ein Esel und ein Stein dazu nicht schweigen können. Auf nichts brennt mein Herz so wie darauf, jenem Gaukler die schöne griechische Maske vom Gesicht zu reißen, mit der er die Kirche angeführt hat – hätte ich nur Muße und Zeit dazu, seine Schande allen Menschen zu offenbaren.«[57]

Öffentlich wagte sich Luther mit solchem Dynamit noch nicht hervor, aber bei seinen Freunden verschaffte er sich Luft über diese Fragen, die er seit seiner Glaubenserkenntnis neu stellte und beantwortete. In dem Brief an Spalatin vom 19. Oktober 1516 hatte er weniger die veraltete Dogmatik im Auge, die man seiner Ansicht nach durch Abrücken von Aristoteles würde reinigen und damit dem Gläubigen dienstbarer machen können, als vielmehr den durch Aristoteles in die Dogmatik hineingetragenen falschen Sinn. In diesem Zusammenhang kritisierte er den angesehensten Humanisten seiner Zeit, Erasmus von Rotterdam, dem er vorwarf, im Geist von Aristoteles zu argumentieren, wenn er dem Menschen den freien Willen zuspreche, Gutes und Böses zu tun, so daß er durch eigene Entscheidung die Gerechtigkeit erlangen könne.

Luther hatte eine neue Auffassung vom Menschen gewonnen, nach der der Mensch nur Böses wollen und tun kann, so daß er allein durch Glauben an die Erbsünde der Gnade und Gerechtigkeit Gottes teilhaftig wird. Durch keine noch so eifrige Erfüllung gesetzmäßiger kirchlicher Dogmen könne er diesen Gnadenzustand jemals erreichen. Diese Sicht deute sich bereits bei Augustinus an, warum also, so fragte sich Luther, belebt Erasmus wieder den Aristoteles, der in dem wahren Gläubigen noch größeren Widerstand erwecken muß als in dem nach mittelalterlichen Dogmen Glaubenden?

Solche Betrachtungen, deren öffentliche Wirkung er vorerst nur ahnen konnte, entzündeten in Luther einen Kampfgeist, den er jahrelang wachhielt, indem er sich seinen Freunden gegenüber aussprach und seine Kriterien schärfte. »An Erasmus ist mir bei all seiner Gelehrsamkeit anstößig«, schrieb er am 19. Oktober 1516 weiter an Spalatin, »daß er die Worte des Apostels dahin auslegt, unter der Gerechtigkeit der Werke oder des Gesetzes oder, nach Pauli eigenem Ausdruck, der eigenen Gerechtigkeit sei das Einhalten äußerer Kultusvorschriften zu verstehen. Die Erbsünde erkennt er wohl an, meint aber, der Apostel spräche sich in Römer 5 nicht klar über sie aus. Er soll doch nur Augustin lesen ... Da wird er merken, daß Augustin nicht seine eigene Weisheit vorbringt, sondern sich auf die besten Kirchenväter ... stützt. Dann wird er aber auch nicht allein dahin kommen, den Paulus richtig zu verstehen, sondern auch den Augustin einer höheren Meinung wert zu achten, als er bisher getan hat …

Keineswegs besteht demnach die Gerechtigkeit des Gesetzes oder der Werke lediglich im Kirchendienst, sondern vielmehr auch in der Befolgung der Zehn Gebote. Wenn wir diese ohne den Glauben an Christus einhalten werden, so machen sie aus uns wohl einen Fabricius und einen Regulus [zwei Vorbilder altrömischer Rechtlichkeit], und wie die reinsten Namen in den Augen der Menschen lauten. Trotz alledem hat das nicht mehr mit Gerechtigkeit zu tun, als eine Vogelbeere einer Feige gleicht. Denn nicht dadurch, daß wir recht tun, wie es die Meinung des Aristoteles ist, erlangen wir Gerechtigkeit, es sei denn die Gerechtigkeit der Heuchler, sondern erst dadurch, daß wir Gerechtigkeit erlangen und gerecht sind, sind wir fähig, recht zu handeln. Erst muß der Mensch sich ändern, dann erst können es seine Werke; erst sah der Herr Abel gnädig an und dann sein Opfer. Doch hierüber ein andermal … Ihr könnt mich vorwitzig schelten, daß ich so große Männer meinem wissenschaftlichen Urteil unterwerfe; doch wißt Ihr, daß ich es im Dienste der Theologie und des Seelenheils meiner Brüder tue. Lebt wohl und betet für mich.« [58]

Spalatin leitete die Äußerungen seines Freundes an Erasmus weiter, aber dieser zögerte mit einer Stellungnahme. Sein Christentum war mit der Freiheit des Menschen in seiner Selbstbestimmung und nicht in seiner Willenseinschränkung durch Glaubensdemut verbunden. Die Dogmen sollten bleiben, wie sie waren, wenn nur das biblische Zentrum stärker ins Bewußtsein gerückt würde, um die Gläubigen neu zu beleben.

Die innere Unruhe, die Luther vor seiner Glaubenserkenntnis gequält hatte, war einer geistigen Aufgeregtheit gewichen. Überall entdeckte er plötzlich Unwahrheiten, Unklarheiten, Irrtümer und große Glaubensnot, wie er sie noch jüngst selbst erlitten hatte. In seiner neuen Gewißheit mußten ihm die Kirche und die Welt der Gläubigen wie unter einem schwarzen Tuch liegend erscheinen. Er brauchte es nur noch wegzuziehen, damit das neue Gnadenlicht sich über die gesamte Christenheit ausbreitete. Aber an welchem Zipfel sollte er das Tuch fassen? Und würde es nicht doch an einigen Ecken hängenbleiben, nämlich dort, wohin seine theologische Argumentation und seine Bibelkenntnisse nicht vorgedrungen waren? Würde man ihn dann wie 1415 Jan Hus, dessen Argumente das Konstanzer Konzil nicht überzeugten, auf den Scheiterhaufen stellen?

Luther fürchtete die Öffentlichkeit ebenso, wie er sie herbeisehnte, aber noch fühlte er sich im Geist nicht so gewappnet wie im Glauben. Mit vor Ungeduld sich steigernder Energie fuhr er fort, seinen Glauben an der Bibel zu stärken und seinen Verstand an dogmatischen und religiösen Schriften zu schärfen, wobei sich sein Sprachtalent ebenso entfaltete wie seine seelsorgerliche Begabung, für die er als Priester in Wittenberg und als Distriktvikar über zehn Augustinerklöster ein weites Betätigungsfeld fand.

Eines seiner Sorgenkinder war der Priestermönch Georg Spenlein, der 1516 von Wittenberg nach Memmingen ging, wo er nicht weniger durch extreme Bußfertigkeit und Bemühung um Selbstgerechtigkeit auffiel. Luther erkannte in ihm seinen eigenen Werdegang als Mönch, und so schrieb er ihm 1516 einen besonders einfühlsamen Brief, in dem er seine evangelische Lehre bereits ebenso praktisch anwandte, wie er sie in seinem Brief an Spalatin theoretisch dargelegt hatte. Dieser Brief an Spenlein könnte auch aus einem beliebigen späteren Jahr der Reformationszeit stammen. Luther redet liebevoll, streng und sehr genau, seine Polemik tritt zurück, seine Glaubensgewißheit füllt die Zeilen. Luther ist hier der reine Revolutionär des Glaubens, der bewegt und neuen Atem einflößt, nicht der Reformator, der der alten Kirche nicht Genesung, sondern den Exitus wünscht.

»Ich möchte gern wissen, wie es um Deine Seele steht: ob sie endlich ihrer Eigengerechtigkeit überdrüssig ist und lernt, in Christi Gerechtigkeit aufzuatmen und Vertrauen zu haben. Denn heutzutage brennt in vielen Menschen die Versuchung der Vermessenheit, und besonders in denen, die mit allen ihren Kräften sich mühen, gerecht und gut zu sein. Sie kennen nicht die ›Gerechtigkeit Gottes‹, die uns in Christo in so unendlicher Fülle und umsonst beschert ist, und trachten in sich selber so lange gut zu tun, bis sie die Zuversicht haben, Gott nahe zu kommen – sozusagen bekränzt mit ihren Tugenden und Verdiensten, was doch unmöglich geschehen kann. Du befandest Dich hier bei uns auch in dieser Meinung, richtiger: diesem Irrtum. Und auch ich war darin, ja noch jetzt kämpfe ich gegen diesen Wahn und habe noch nicht ausgekämpft.

Darum, lieber Bruder, lerne eines: Christum, nämlich den Gekreuzigten: Lerne ihm singen; lerne an Dir verzweifeln und zu ihm sprechen: ›Du, Herr Jesus, bist meine Gerechtigkeit, ich bin deine Sünde. Du hast an dich genommen, was mein war, und mir geschenkt, was dein war. Du hast an dich genommen, was du nicht warst, und mir geschenkt, was ich nicht war.‹ Lieber Bruder, sei auf der Hut, es möchte sein, daß

Du eines Tages Dir ein solches Maß von Reinheit zum Ziel setzest, daß Du damit gar nicht mehr als Sünder angesehen, ja gar keiner mehr sein möchtest. Christus aber wohnt nur in Sündern. Darum ist er ja vom Himmel herabgestiegen, wo er in Gerechten wohnte, damit er auch in Sündern wohne. Dieser seiner Liebe sinne nach, und Du wirst seinen allersüßesten Trost erfahren. Wenn wir durch unsere eigenen Mühen und Ängste zur Ruhe des Gewissens gelangen müßten – welchen Sinn hat dann sein Tod? Darum wirst Du ganz allein nur in ihm, durch getroste Verzweiflung an Dir und Deinen Werken, Frieden finden; und dazu von ihm selber belehrt werden: wie er Dich angenommen und Deine Sünden zu den seinen gemacht hat, so hat er seine Gerechtigkeit zu der Deinen gemacht … Wenn er bloß unter Guten hätte leben und bloß für seine Freunde hätte sterben wollen: für wen in aller Welt wäre er dann je gestorben, oder mit wem hätte er je leben können? Darnach tue, lieber Bruder, und bete für mich, und der Herr sei mit Dir.«[59]

Luther konnte seine ketzerische Lehre, die den Dogmen zuwiderlief und damit die Grundfesten der Kirche erschütterte, nur vertrauten und diskussionsgewohnten Theologen vortragen, wenn er nicht Gefahr laufen wollte, denunziert zu werden. Aber diese Besorgnis spielte bei seiner Vorsicht eine sehr viel geringere Rolle als seine innere Hemmung, gegen Gehorsam und Pflichttreue zu verstoßen, die er seinen Eltern, der Universität und dem Kloster geschworen hatte – im Fall der beiden letzten auch den obersten Schutz- und Rechtsherren, dem Papst und dem Kaiser.

Die Erkenntnis, daß Gott den Menschen liebt und nicht bestraft, hätte Luther das geradezu zwanghafte Bedürfnis eingeben müssen, diese frohe Botschaft allen sinnlos und schwer Büßenden entgegenzuschreien. Daß er statt dessen die geschützten Randzonen der Universität und des Klosters nicht verließe, hing nur teilweise mit der Einsicht zusammen, die Glaubensrevolution theologisch noch fester untermauern zu müssen. Entscheidender war der tief in ihm sitzende Respekt vor den geistlichen und weltlichen Autoritäten, die für ihn, einen Aufsteiger aus der untersten gesellschaftlichen Schicht, unantastbare Hüter von Sitte und Ordnung waren. Sich gegen sie zu wenden, hieß, die gottgewollte Welt anzugreifen und selber in ein inneres Chaos zu stürzen.

Es gab für Luther nie einen Anlaß, der weltlichen Obrigkeit den Kampf anzusagen. Die sozialen Gegebenheiten, in die Thomas Müntzer einzugreifen versuchte, gehörten für ihn zu den Bestandteilen der Außenwelt, in der der Gläubige seinen Prüfungen unterzogen wurde: Er erduldete jede Herrschaft, beugte sich ihrem Willen und litt im

Dienst für ihre Erhaltung. Nur das aus Nächstenliebe betriebene soziale Hilfsprogramm schuf Linderung und brachte Hoffnung in dieses Jammertal.

Auch aus Glaubensgründen mußte Luther die weltliche Ordnung nicht stören, wie die Anhänger von Jan Hus, die Anfang des 15. Jahrhunderts die ihnen von König Sigismund versprochenen Rechte auf religiöse und soziale Autonomie mit Waffengewalt einklagten. Es blieb ihm auch erspart, wie Zwingli altkirchliche Kantone gewaltsam zur Konversion zu bringen, damit die Reformen nicht zu verlöschen drohten. Die Landesherren von Kursachsen, Brandenburg und Hessen boten der Reformation hinreichend Volumen und Unterstützung, um fortdauern zu können.

Anders war es beim Aufbegehren gegen die geistlichen Autoritäten. Sie unterstanden denselben göttlichen Gesetzen wie jeder Gläubige, und solange sie sich an diese hielten, galten die aus gemeinsamer Anhängerschaft entwickelten Regeln und Bräuche, denen Gehorsam zu leisten und Pflege zuzuwenden war. Luthers Schwierigkeit, als Rebell hervorzutreten, lag darin, daß er die Papstkirche in Irrtümern und Mißbräuchen verfangen sah und gleichzeitig tiefsitzende moralische Skrupel fühlte, diese Irrtümer und Mißbräuche als Verstoß gegen die göttlichen Gesetze anzuprangern. Seines neuen Glaubens war er sich bereits sicher genug, und sein theologisches Rüstzeug hatte er hinreichend mit Freunden und bei universitätsinternen Disputationen erprobt. Um jedoch den Schritt in den vielfachen Ungehorsam, nämlich gegen die gesamte kirchliche Hierarchie vom Mönch bis zum Papst, zu tun, fehlte Luther ein Anlaß, der ihn herausriß aus seiner Eidbefangenheit und ihn auf die Barrikaden seines Glaubens trieb.

Den Anlaß bot schließlich der Ablaßhandel. Dieses seit Jahrhunderten geübte fromme Verfahren, das weder durch Dogmen noch durch Bibeltexte, sondern nur durch die in »Bußbüchern« festgehaltenen Bräuche der Klöster und der Kirche geregelt war, entsprang dem Bedürfnis der Gläubigen nach Buße, die das Fegefeuer, an das der Christ des Mittelalters noch sehr konkret glaubte, zu mildern oder zu verhindern half, indem sie schon zu Lebzeiten geleistet wurde. In dem damals sehr viel häufiger eintretenden Fall eines frühen oder plötzlichen Todes – etwa durch die Pest oder wegen der allgemein mangelhaften medizinischen Versorgung – war die Seele des Verstorbenen oft noch mit Bußpflichten beladen, weil die Zeit nicht ausgereicht hatte, die erforderliche Anzahl von Gebeten zu sprechen oder bestimmte Werke der Nächstenliebe zu verrichten. Durch rechtzeitigen Erwerb eines Ablasses, das heißt einer Erlassung der befristeten Buße, konnte der Notlage vorgebeugt werden, mit zuviel ungetilgtem Sündengepäck vor dem höchsten Richter zu erscheinen. Gleiche Bußbefreiung wie der Ablaß bewirkten Reliquien. Der Reliquienschatz des sächsischen Kurfürsten bestand aus 19 000 Partikeln, die einem Ablaßwert von rund 1,9 Millionen Jahren entsprachen.

Luther, der keineswegs grundsätzlich gegen diesen, längst von vielen als veräußerlicht und sinnentstellt kritisierten, Brauch der Ablaßvergabe war, reagierte empfindlich, als sich in seiner Nähe ein besonders eklatanter Fall des Mißbrauchs abspielte. Empfindlich, weil der Ablaß das zentrale Thema seiner neuen Lehre berührte: Nicht die wie immer geartete Buße genügt zur Rechtfertigung, sondern allein der Glaube an die unauflösbare Sündhaftigkeit vor Gott und an die Gerechtigkeit, die Gott diesem Sündenbekenner als Gnade schenkt. Das innere Sündenbekenntnis, das ursprünglich auch beim käuflichen Ablaß gefordert wurde, war im Lauf der Zeit in Vergessenheit geraten, bei vielen Gläubigen aus Trägheit des Herzens, bei vielen Priestern aus seelsorgerlich verantwortungslosem Interesse an den finanziellen Einnahmen. In Luther, für dessen neuen Glauben gerade dieses Sündenbekenntnis entscheidend war, mußte der Ablaß daher tiefsten Widerwillen auslösen, denn er war zu einem Bußersatz ohne die erforderliche Reue verkommen.

Luthers Empörung, die ihm den Schub zu einer ersten öffentlichen Kritik am kirchlichen Traditionsgefüge gab, entzündete sich an dem Plenarablaß, den Papst Leo X. am 31. März 1515 in der Nachfolge von Julius II. erteilte, um den ins Stocken geratenen Bau der Peterskirche wieder zu beleben. Dieser Plenarablaß, der sich bis auf wenige dem Papst vorbehaltene Ausnahmen auf alle Sünden erstreckte und daher ein gutes Geschäft versprach, war bei dem jungen Kurfürsten, Erzbischof von Mainz und Magdeburg und Administrator des Bistums Halberstadt, Albrecht von Brandenburg aus dem Haus Hohenzollern, auf großes Interesse gestoßen. Um die päpstliche Bestätigung seiner hohen geistlichen Ämter zu erhalten, die nach kirchlichem Recht weder gehäuft noch an jugendliche Anwärter vergeben werden durften, mußte er eine enorm hohe Geldsumme nach Rom entrichten. In dieser doppelten finanziellen Notlage von Leo X. und Albrecht von Mainz entstand eine skandalöse Vereinbarung. Das Bankhaus Fugger streckte die Ämtergebühren, ihrer Natur nach Bestechungsgelder, an den Papst vor, der Papst überließ Albrecht für die Kirchenprovinzen Mainz, Magdeburg und Brandenburg die Organisation und Kontrolle des Plenarablasses, und Albrecht verpflichtete sich, die Hälfte der Ablaßeinnahmen für die Peterskirche an den Papst und die andere Hälfte zur Schuldentilgung an das Bankhaus Fugger zu zahlen. Außerdem versprach er, sich von Kursachsen und seinem eigensinnigen Landesherrn Friedrich dem Weisen, in dessen Territorien die Bistümer Mainz, Halberstadt und Magdeburg hineinreichten, politisch zu distanzieren.

Der von Albrecht eingesetzte leitende Ablaßkommissar war der Leipziger Dominikaner Johann Tetzel, ein rhetorisch begabter Prediger und studierter Theologe, der bereits Erfahrung im Ablaßgeschäft besaß und 1509 zum Inquisitor für Polen ernannt worden war. Die Ablaßkampagne für Leo X. sollte acht Jahre dauern und von den üblichen Maßnahmen – wie Kennzeichnung der Kirchen, in denen Ablaßprediger die käufliche Buße propagierten – begleitet werden. Die Preisliste sah für Könige und Königinnen 25 Gulden vor, für hohe Prälaten und Grafen 10 Gulden, für geringere Prälaten und Grafen 6 Gulden, für Bürger und Kaufleute 3 Gulden, für Handwerker 1 Gulden. Tetzel und seine Unterkommissare, die gut verdienten und mit Reisemitteln ausgestattet waren, konnten sich über Zulauf nicht beklagen, als die Kampagne im Januar 1517 auf vollen Touren zu laufen begann. Tetzel persönlich hielt seine Werbepredigten in Eisleben, Halle, Zerbst, Jüterbog, Magdeburg und, im Oktober und November, in Berlin. Friedrich der Weise, der die finanzpolitischen Machenschaften Albrechts nicht unterstützen wollte, hatte den Petersablaß für Kursachsen verboten. Herzog Georg von Sachsen verhielt sich ähnlich ablehnend, beantragte aber gleichzeitig bei Leo X. einen Ablaßhandel zugunsten der neugegründeten Bergwerksstadt Annaberg.

Luther nahm diesen über alle bisherigen Ablaßbräuche hinausgehenden Werbefeldzug mit kaltem Zorn wahr. Er wußte wie jeder andere im Land, daß der Erzbischof von Mainz der Initiator, also wohl auch der Nutznießer war. Das ganze Ausmaß der finanziellen Transaktion wurde allerdings erst später bekannt. Luthers Zorn wurde weniger durch die Ablaßbetreiber oder das Ablaßsystem als durch die als Verhöhnung empfundene Manipulation der wahren Gläubigen und Bußfertigen erregt. Er selbst hatte sich durch Bußen mühsam Gott zu nähern versucht, und er hatte erst kürzlich entdeckt, daß Gottes Gnade nicht zu er büßen und schon gar nicht zu kaufen war. Sie trug jeden, der als getaufter Christ an seine Sündhaftigkeit und die erlösende Liebe Gottes glaubte. Man mußte diese Gnadenbotschaft endlich in die Welt bringen. Nicht überstürzt, denn Feinde gab es genug. Aber mit einer gewissen Taktik, bei der sich inhaltliche Provokation und formale

Vorsicht verbanden, sollte es jetzt, da Tetzel im Auftrag des Mainzer Erzbischofs die Gläubigen verführte, doch möglich sein. Mochte denn ein Versuchsballon aufsteigen.

Luther stellte eine Liste von 95 Thesen über den Ablaß zusammen, die er zur Kenntnisnahme brachte, indem er sie, nach Melanchthons sehr späten Erinnerungen, am 31. Oktober 1517 an der Eingangspforte der Wittenberger Schloßkirche, die der Universität als Schwarzes Brett diente, aushängte und sie einigen Bischöfen, deren Bistümer sächsisches Gebiet einschlossen, mit Begleitbriefen zusandte. Formal schien es sich dabei um die in theologischen Kreisen übliche Einladung zu einer Disputation zu handeln; daß es um die beginnende Enthüllung eines neuen Glaubens ging, ahnten nur wenige.

Das Vorwort, mit dem Luther seine Thesen versah, war höflich und nichtssagend. Nur das gewählte Disputationsthema des Ablasses wirkte anläßlich der aktuellen Tetzel-Kampagne verdächtig. »Aus rechter wahrer Liebe und sonderlichem Fleiß, die Wahrheit ans Licht zu bringen, soll zu Wittenberg unter dem Vorsitz des ehrwürdigen Vaters Dr. Martin Luthers, Augustiners, der freien Kunst und der Heiligen Schrift Magisters, auch deren ordentlichen Lehrers, daselbst über folgende Sätze disputiert werden. Er bittet deshalb die, die sich nicht anwesend mit uns darüber auseinandersetzen können, dies schriftlich zu tun. Im Namen unseres Herrn Jesu Christi. Amen.«[60]

Zunächst erfolgten keine Reaktionen auf die Ablaßthesen. Da sie in Lateinisch geschrieben waren, blieb die Verbreitung auf den Kreis der Gelehrten beschränkt, aber auch von dort gab es zunächst kein Echo. Die deutsche Übersetzung der Thesen, deren Veröffentlichung Luther etwas verstimmte, weil er vor der theologischen Klärung seiner Fragen nicht in den Verdacht geraten wollte, ein Volksaufrührer gegen Papst und Kirche zu sein, erschien erst Ende des Jahres im Druck, so daß auch die Öffentlichkeit vorerst stumm blieb.

Der Versuchsballon erhob sich also fast lautlos in die Lüfte. Luther erklärte noch 1538 in einer »Vorrede zur Sammelausgabe der frühen Thesenreihen«: »Ich war allein und durch Unvorsichtigkeit in diese Sache geraten, wo ich nicht zurückweichen konnte.

In vielen und hohen Artikeln räumte ich dem Papst nicht nur viel ein, sondern betete ihn darüber hinaus an. Denn wer war ich damals? Ein ganz armseliges Mönchlein, mehr einer Leiche als einem Menschen gleich, das sich der Majestät des Papstes widersetzen wollte, vor welcher sich nicht nur die Könige auf Erden und der ganze Erdkreis, sondern auch Himmel und Hölle – wie man sagt – entsetzten und sich alle schon nach einem Wink von ihm richten mußten! Was und wie mein Herz in jenem ersten und zweiten Jahr [1517 und 1518] gelitten hat, und wie groß damals meine echte Demut, ja fast Verzweiflung gewesen ist: Ach, wie wenig wissen jene selbstsicheren Geister, die später die angeschlagene Majestät des Papstes auf das vermessenste und stolzeste angriffen [Luther denkt an radikalere Gegner der alten Gottesdienstformen und der kirchlichen Überlieferungen wie Karlstadt, den Zürcher Reformator Zwingli oder an die Wiedertäufer]!«[61]

Die mit geheimem Siegerstolz formulierten ironischen Wendungen über die »angeschlagene Majestät des Papstes« waren Luther Ende des Jahres 1517 noch fremd. Seine Ablaßthesen erschienen ihm selbst nicht ohne Widersprüche, und es ist wahrscheinlich, daß er sie – entgegen Melanchthons Erinnerung – aus Vorsicht nicht an der Schloßkirche aushängte, sondern nur einigen ausgewählten Freunden, auf die er sich verlassen konnte, und einigen Bischöfen, die ihren Sitz außerhalb Kursachsens hatten, zuschickte. Sehr viel nüchterner und überzeugender als in dem Vorwort von 1538 schilderte Luther seine Beweggründe am 5. März 1518, als die ins Deutsche übertragenen Thesen bereits weite Verbreitung gefunden hatten, in einem Brief an den angesehenen Humanisten und Juristen Christoph Scheurl in Nürnberg:

»Es nimmt Euch wunder, warum ich [meine Thesen] nicht an Euch geschickt hatte. Darauf diene zur Antwort, daß ihre Verbreitung weder in meiner Absicht noch auch nur in meinem Wunsch lag. Ich dachte nur mit einigen Gelehrten unserer Stadt und deren Nachbarschaft über sie zu disputieren, um sie darauf nach dem Urteil vieler Männer entweder zu vernichten oder zu veröffentlichen. Jetzt aber werden sie gegen und über mein Erwarten wieder und wieder gedruckt und übersetzt, so daß mich mein Werk reut. Nicht als ob ich die Wahrheit dem Volke vorzuenthalten geneigt wäre; vielmehr wünsche ich nichts so sehnlich, als sie auszubreiten; aber meine Thesen sind nicht das rechte Mittel, das Volk zu unterrichten. Denn einige Punkte sind mir selber noch zweifelhaft, und manche würde ich ganz anders und genauer gefaßt oder weggelassen haben, wenn ich die Verbreitung vorausgesehen hätte.«[62]

Das Warten auf Reaktionen in den Monaten November und Dezember 1517 muß Luther schwergefallen sein. Besonders wartete er natürlich auf die Antwort des Erzbischofs Albrecht aus Mainz, dem er, als dem Urheber der lärmenden Ablaßkampagne, seine Thesen geschickt und dazu einen klagend-anklagenden Brief geschrieben hatte. Nach einer einleitenden Ergebenheitsbeteuerung, die in dem Satz gipfelt, »darum haltet Euch nicht zu gut, ein gnädig Auge auf mich zu haben, der ich Erde und Asche bin«, präzisiert Luther den Fall, der ihn zu dem Brief veranlaßt: »Es wird im Lande umhergeführt der päpstliche Ablaß unter Ev. Kurfürstlichen Gnaden Namen zum Bau von St. Peter. Ich will dabei gar nicht über der Ablaßprediger großes Geschrei Klage führen, das ich nicht gehört habe. Aber ich beklage die falsche Auffassung, die das arme, einfältige, grobe Volk daraus entnimmt und die jene Prediger allenthalben marktschreierisch rühmen. Denn die unglücklichen Seelen glauben infolgedessen, wenn sie nur Ablaßbriefe lösen, seien sie ihrer Seligkeit sicher; weiter glauben sie, daß die Seelen ohne Verzug aus dem Fegefeuer fahren, sobald man für sie in den Kasten [Geldschatulle der Ablaßhändler] einlege; diese Ablaßgnade sei ferner so kräftig, daß keine Sünde so groß sein könne, daß sie nicht erlassen und vergeben werden könnte, und hätte einer selbst – das sind ihre Worte [Luther meint damit Johann Tetzel] – die Mutter Gottes geschändet; endlich soll der Mensch durch diesen Ablaß frei und los werden von aller Pein und Schuld.«

Dieser konzentrierten Darlegung der exzessiven Anwendung des päpstlichen Plenarablasses folgt eine Wendung zum Erzbischof selbst, wobei Luther es streng vermeidet, auch nur einen Schimmer seiner neuen Gnadenlehre durchdringen zu lassen:

»Ach lieber Gott, so werden die Eurer Sorge anvertrauten Seelen, teurer Vater, zum Tode unterwiesen, und so wächst immer die schwere Verantwortung, die Ihr über sie alle werdet ablegen müssen. Darum habe ich nicht länger davon schweigen können. Denn der Mensch wird durch keines Bischofs Geschenk seiner Seligkeit gewiß, da er ihrer ja nicht einmal durch das Geschenk der göttlichen Gnade versichert wird [diese Gnadensicherheit hatte Luther bereits aus dem Römerbrief entwickelt]; vielmehr befiehlt uns der Apostel, allezeit mit Furcht und Zittern an unserem Heile zu arbeiten und auch der Gerechte wird kaum gerettet werden.«

Antithetisch setzt Luther gegen das mittelalterliche Büßen und dennoch Zagen das, was er selbst mit sicherer Klarheit als Zentrum des Glaubenslebens erkannt hat: das Evangelium und die Liebe Gottes und seines Sohns Jesus Christus. Er deutet die Richtung an, verschweigt aber die eigene Gewißheit. »Endlich sind die Werke der Gottseligkeit und Liebe unendlich viel besser denn der Ablaß, und doch predigt man sie weder mit solcher Pracht noch mit so großem Fleiß, ja der Ablaßpredigt zuliebe wird von ihnen geschwiegen, und doch ist es aller Bischöfe vornehmliches und alleiniges Amt, zu sorgen, daß das Volk das Evangelium und die Liebe Christi lerne. Nirgends hat Christus befohlen, den Ablaß zu predigen: aber das Evangelium zu predigen, hat er nachdrücklich befohlen.«

Bevor Luther die Bitte ausspricht, der Erzbischof möge Tetzel und seine Unterkommissare zu einer maßvolleren Predigtweise anhalten und das Instruktionsbüchlein, das dem Ablaß so weitgespannte Vollmachten zuspreche, einziehen, versetzt er dem mächtigen Herrn von Mainz noch einen Stich: »Schande für einen Bischof, und überdies, wie gefährlich ist es für ihn, wenn er für das Evangelium kein Wort übrig hat und bloß den Ablaßlärm in sein Volk ausgehen läßt und sich darum mehr bekümmert als um das Evangelium! Wird nicht Christus zu ihnen sagen ›Ihr seihet Mücken und verschluckt Kamele?‹ ja noch mehr, hochwürdigster Vater in dem Herrn. In der Instruktion der Kommissare, die unter Eurem Namen ausgegangen ist, heißt es – ohne Zweifel, hochwürdigster Vater, ohne Euer Wissen und Euren Willen – ›eine der vornehmsten Gnaden sei dieses unschätzbare Geschenk Gottes, dadurch der Mensch mit Gott versöhnt und alle Strafen des Fegfeuers ausgetilgt werden‹; auch Reue hätten die nicht nötig, die Ablaß oder Beichtprivilegien erwürben.«[63]

Der Erzbischof von Mainz war gerade erst siebenundzwanzig Jahre alt, und seine Begabungen hatten mit der Ansammlung von Titeln und Befugnissen kaum Schritt gehalten. Als weltlicher Fürst mit Kurstimme bei der Wahl eines neuen Kaisers widmete er sich den Künsten und Wissenschaften, förderte Maler wie Matthias Grünewald und begeisterte sich für den Humanismus. Als geistlicher Herr erfüllte er, wie es hieß, gewissenhaft seine Weihpflichten, sammelte Reliquien und liebte Kirchenmusik. Das Predigen lag ihm dagegen gar nicht, und von Theologie verstand er nur das, was seine Ratgeber ihm in akuten Fällen erklärten.

Ein solcher Fall schien mit dem Brief des »trotzigen Mönchs« aus Wittenberg verdrießlicherweise gegeben. Albrecht, der sich im November 1517 gerade in Aschaffenburg aufhielt, nahm das eindringliche Schreiben Luthers erst Anfang Dezember in Empfang. Ob er die beigefügten Ablaßthesen überhaupt jemals las, ist sehr fraglich. Da er sich die Sache schnell vom Halse schaffen wollte, denn immerhin ging es um seine hohen Ablaßeinnahmen, die seine noch höheren Schulden verringern sollten, beauftragte er am 13. Dezember Mainzer Theologen und Juristen mit einem Gutachten, das dem aufsässigen Mönch Behinderung des päpstlich geschützten Ablaßhandels nachweisen und ihm jede weitere Störung verbieten sollte.

Gleichzeitig ging ein Brief an Leo X., dem darin die Verirrungen eines deutschen Augustiners angezeigt wurden, was man in Mainz als

Eingriff in die päpstlichen Rechte und in die Kirchenlehre verstehe. Im übrigen wolle man die Ablaßthesen dieses Martin Luther der Prüfung der römischen Kurie überlassen, da man sich dem päpstlichen Verbot, so argumentierten die Mainzer Theologen, die sich nicht in die Nesseln setzen wollten, in Demut füge. Damit war von Albrechts Seite alles getan. Er widmete sich wieder seinem Musenhof, transferierte die Gelder aus der Schatulle von Tetzel in die Schatullen der Fugger und des Papstes und kümmerte sich nicht mehr ernsthaft um diesen unerfreulichen Zwischenfall aus Wittenberg.

Luther erfuhr von diesen Mainzer Maßnahmen erst Anfang des Jahres 1518, als Rom sich bereits der Angelegenheit angenommen hatte. Seine Ablaßthesen begannen inzwischen zu zirkulieren und trafen in viele offene Herzen und hellwache Gemüter. Die erste dieser 95 Thesen wurde vor allen anderen berühmt, denn sie wirkte wie eine Wahrheit, die sich sofort mitteilte, ohne daß man den Sinn sogleich verstand: »Wenn unser Herr und Meister Jesus Christus sagt: ›Tut Buße‹, so will er, daß das ganze Leben seiner Gläubigen auf Erden eine stete Buße sein soll.«[64]

Jetzt mußte Luther nur noch in aller Öffentlichkeit diese Wahrheit erklären, die er durch Paulus und dessen Römerbrief erkannt hatte: daß allein durch den Glauben an die Sündhaftigkeit des Menschen, die steter Einsicht bedarf, Gottes Gnade ohne jede fromme Leistung wirksam ist.

Vom Revolutionär des Glaubens zum Promoter der Reformation

(1518–1520)

Alles drehte sich um die Gnade. Luther hatte seit seinen frühesten Jugendjahren und dann als Student und als Mönch zunehmend unter ihr gelitten. Weder intensive Glaubensversenkung noch theologische Studien befreiten ihn von der tiefen Angst, daß sein Büßen niemals genügen könne, um von Gott Gnade zu erlangen. Erst durch seine Glaubenserkenntnis, die sich während seiner Klosterzeit allmählich vorbereitet hatte und ihn schließlich am Text des Römerbriefs visionsartig überfiel, fühlte er sich erlöst. Die Lösung lautete: Die Gerechtigkeit Gottes, von der Paulus in seinem Römerbrief schreibt, daß sie im Evangelium offenbar werde, bedeutet nicht, daß der Gläubige Gerechtigkeit durch Büßen erwerben muß oder sogar erwerben kann, sondern daß sie ein Geschenk Gottes an ihn ist, er also aus Glauben gerecht lebt.

Für Luther mußten daher die alte Buße und der sie tilgende Ablaß unnötig, überflüssig, ja schädlich im Sinne einer Vorenthaltung der wahren Gnade Gottes sein. Buße bedeutete für ihn und seinen im neuen Glauben lebenden Menschen den lebenslangen Dienst am Nächsten. Bis Luther die Buße der alten Kirchenlehre zu den guten Werken der Nächstenliebe umgewandelt hatte, hielt er zögernd an ihr als Sakrament fest. Erst in seinen 1520 verfaßten Schriften tat er auch als Theologe den Schritt, den er im Glauben längst getan hatte.

Für den Papst als Inhaber der höchsten Schlüsselgewalt, der zusammen mit seinen Priestern den von der alten Kirchenlehre so bezeichneten »Gnadenschatz Christi und seiner Heiligen« verwaltete und in Form von Ablässen austeilte, mußte Kritik an der Buß- und Ablaßpraxis gleichbedeutend sein mit einem Angriff auf die Kirche überhaupt. Sobald er sich auf den neuen Bußbegriff Luthers einließe, würde der Ablaß seinen Sinn verlieren, der »Gnadenschatz« wäre wertlos – und damit auch die höchste Schlüsselgewalt. Das bedeutete in letzter Konsequenz, daß auf dem Stuhl Petri nur noch ein Priester säße, ein Prediger, ein Seelsorger, ein an die Gnade und die Liebe Gottes glaubender fehlbarer Mensch. Die Kirchenlehre, die Dogmen und der durch sie gestützte päpstliche Machtapparat aus Besitz, geistlicher Autoritätshierarchie und frommer Anhängerschaft bildeten einen Komplex, den niemand, selbst mit besten Absichten nicht, von heute auf morgen umgestalten oder auf seinen urchristlichen Zustand, den auch die Protestanten bei allem Bemühen nicht erreichten, zurückführen konnte. Es mußte daher zwischen Luther, dem ungeduldigen, aus sich selbst schöpfenden Glaubensrevolutionär, und dem Papst, dem gewählten Vorsteher einer schwerfälligen, traditionsreichen Institution, zwangsläufig zu einer Kampfsituation kommen, in der kompromißlos die eigene Sache verteidigt wurde.

Trotz seiner vielfältigen Tätigkeit als Professor, Distriktvikar und Prediger begann Luther, nicht zuletzt in der Befürchtung, bald aus der Öffentlichkeit verbannt zu werden, seine phänomenale Arbeitskraft zu entfalten, die sich während jeder neuen Kampfphase noch steigerte und nur während seiner späten häuslichen Jahre mäßiger nach außen drang. Er bemühte sich zusammen mit seinen Sympathisanten Andreas Karlstadt und Georg Spalatin um eine Reform der Wittenberger Universität, an der klassische Philosophie und Dogmatik freier gelehrt werden sollten. Die mit den Ablaßthesen eingenommene Position verstärkte er, indem er die Thesen in Predigten vereinfachte und verdeutliche. Obwohl er seinem geistlichen Vorgesetzten, dem Bischof von Brandenburg, Hieronymus Schulze oder humanistisch: Scultetus, versprochen hatte, in dieser Angelegenheit Zurückhaltung zu üben, erschien im März 1518 eine dieser Predigten unter dem Titel »Ein Sermon von dem Ablaß und von der Gnade« im Druck. Luther betonte darin abermals, »daß Reue und Buße eine herzhafte Sache des ganzen Menschen seien, daß man Strafe nicht scheuen dürfe, sondern sie als Kreuz zu tragen habe, und daß die Werke, die dem Christen geboten seien, nicht Werke zu seiner persönlichen Vervollkommnung oder gar zur Lösung der von Gott verhängten, dem Menschen förderlichen Strafe sein dürften, sondern Dienst am Nächsten.«[65] Gleichzeitig arbeitete er an einer theologischen Erläuterung seiner Ablaßthesen, deren Veröffentlichung sich teils aus Gehorsam gegenüber Bischof Schulze, teils aus drucktechnischen Gründen verzögerte und erst im August 1518 mit dem Titel »Resolution oder Erklärung und Beweis der Thesen von der Kraft der Ablässe« erfolgte.

Daneben entwickelte sich seit Beginn des Jahres 1518 ein Streit, der viel Zeit, Energie und Nerven kostete. Johann Tetzel, der Ablaßkommissar des Erzbischofs von Mainz, wehrte sich energisch gegen die Diffamierung seiner von höchster Stelle gebilligten Tätigkeit. Man wechselte Schriften und Gegenschriften, korrespondierte mit Kollegen und Vorgesetzten, um sich abzusichern, und redete aneinander vorbei. Luther ging es um seine neue Gnadensicht und Tetzel um Anklage wegen Ketzerei aus Ungehorsam gegenüber dem Papst. Am 21. März

1518 schrieb Luther an seinen Freund Johannes Lang in Erfurt: »Die Ablaßkrämer donnern mächtig gegen mich von der Kanzel und finden kaum genug Schimpfnamen, mich damit zu belegen. Außerdem drohen sie und behaupten dem Volk gegenüber, ich würde innerhalb von vierzehn Tagen oder, wie ein anderer sagt, innerhalb eines Monats verbrannt werden. Gegen meine Thesen veröffentlichen sie Gegenthesen, so daß man fürchten kann, sie möchten noch einmal vor gar zu vielem und großen Zorn bersten.«

Anschließend schildert er anschaulich und mit versteckter Genugtuung einen Vorfall, der sich kurz zuvor in Wittenberg zugetragen hatte und in der Verbrennung von Tetzels Gegenthesen durch einige Studenten gipfelte, wodurch Luthers Sorge bestätigt wurde, als Aufrührer gebrandmarkt zu werden, noch bevor über die eigentliche Sache entschieden war.

»Um Euch im voraus zu unterrichten, falls etwa ein Gerücht von der Verbrennung der Tetzelschen Thesen zu Euch gelangen sollte, und damit man nicht wie gewöhnlich mehr hinzutun könne, als wirklich geschehen ist, so sollt Ihr die Geschichte hier erfahren. Es geschah durch unsere Studenten in ihrem Überdruß an der alten sophistischen Wissenschaft, in ihrer Liebe zur heiligen Bibel, vielleicht auch als Zuneigung zu mir. Sie hörten, daß ein Mann aus Halle von Tetzel, dem Verfasser der Gegenthesen, eingetroffen war. Sofort suchten sie ihn auf und machten ihm angst und bange, daß er solches Zeug nach Wittenberg zu bringen wagte; manche kauften ihm Exemplare ab, andere nahmen ihm einfach welche weg; dann ließen sie die öffentliche Aufforderung ergehen, ›wer der Verbrennung und Bestattung der Tetzelschen Thesen beiwohnen wolle, möge sich um zwei Uhr auf dem Markt einfinden‹, und daselbst verbrannten sie fast den gesamten Rest von etwa achthundert Exemplaren, ohne Vorwissen des Kurfürsten, des Rats, des Rektors und überhaupt von uns allen. Ich, und wir alle, mißbilligen bei Gott das schwere Unrecht, das unsere Jugend dem Manne zugefügt hat. Ich bin ohne Schuld, fürchte aber, man wird mir alles zuschreiben. Überall macht man eine große Geschichte aus dem Vorfall, besonders aber sind unsere Gegner, und nicht ohne Recht, entrüstet. Was daraus werden wird, weiß ich nicht; ich weiß nur, daß die Gefahr dadurch für mich wachsen wird.«[66]

Die päpstliche Untersuchung des »Falls Martin Luther«, die nur sehr allmählich in Gang kam, beendete schließlich im Herbst 1518 diesen Streit mit Tetzel auf einer höheren Ebene. Ein zweiter Streit, zu dem sich Luther durch den ihm vermeintlich wohlgesonnenen Ingolstädter

Theologen Johannes Eck herausgefordert sah, nahm dagegen an Schärfe zu und kulminierte im Juni 1519 in einer öffentlichen Disputation in Leipzig. Eck, der als Wunderkind galt, seit er mit vierzehn Jahren die Magisterprüfung bestanden hatte, trat mit der Schrift »Obelisken« gegen Luther an, in der er ihm mehr oder weniger wie Tetzel vorwarf, die Autorität des Papstes angegriffen zu haben. Auch er bezog zu der neuen Glaubenssicht, die in den Thesen deutlich durchschimmerte, keine Stellung. Eitel und von Ehrgeiz getrieben, wollte er seine Karriere als brillanter Theologe nicht wegen eines »rebellischen, vermessenen, frechen, dazu verschlafenen, unbedarften und ungelehrten Ketzers und Böhmen also Hussiten«[67] aufs Spiel setzen. Luther traf dieser Freundschaftsbruch tief. In einem Begleitschreiben zu seiner Gegenschrift »Asterisken« drückte er seine Enttäuschung mit der Offenheit eines bis ins Herz verletzten Menschen aus:

»In meine Hände ist ein Buch mit dem Titel ›Obelisken‹ gelangt, in dem Ihr versucht habt, meine Thesen vom Ablaß abzutun. Das ist also der Beweis für die treue Freundschaft, die Ihr von Eurer Seite mir angeboten habt, der Beweis der christlichen Liebe, mit der wir unsere Brüder lieber ermahnen sollen als beschuldigen. Wie hätte mir in meiner Einfalt der Verdacht aufsteigen können, Ihr, der Ihr mit dem Bruder so schön tatet, hättet im Sinn, mir in den Rücken zu fallen; aber auch Ihr habt das Schriftwort erfüllt von den Übeltätern, die freundlich reden mit ihrem Nächsten und haben Böses im Herzen. Ich weiß, daß Ihr dies nicht von mir erleiden möchtet, und doch habt Ihr es mir antun können; merkt auf, was Euch Euer Gewissen darüber zuraunt.«[68]

Für April 1518 war eine routinemäßige Ordensversammlung der Augustiner, diesmal in Heidelberg, anberaumt worden. Luther, der als Distriktvikar an dieser Kongregation teilzunehmen hatte, erhielt für seine Reise in das Gebiet des pfälzischen Kurfürsten den in Brief und Wagen ausgedrückten Begleitschutz des sächsischen Kurfürsten. Friedrich der Weise war als eifriger Reliquiensammler sicher nicht begeistert über die Unruhe, die die Ablaßthesen mit ihrer Tendenz gegen veräußerlichte Frömmigkeitsübung hervorgerufen hatten. Da ihm seine ausgedehnten, wirtschaftlich florierenden Territorien jedoch die nötige Sicherheit gaben, und da er in den Glaubensquerelen der Theologen keinen Angriff auf seine Herrschaft sah, übte er sich in Langmut und Duldsamkeit. Ein übriges tat sein Sekretär Spalatin, der als Freund und Anhänger Luthers das Ablaßproblem eher diskret vortrug, als es aufzubauschen. Geschickt lenkte er die Aufmerksamkeit seines Landesherrn auf dessen Lieblingsobjekt, die Universität von Wittenberg, die mit den Magneten Luther und Karlstadt stand oder fiel. Wie groß Friedrichs Interesse war, einflußreiche und nützliche Institutionen seines Landes zu fördern, hatte er nicht nur durch die Gründung der Universität, sondern auch durch die Unterstützung der von Staupitz angestrebten Vereinigung aller reformwilligen Augustinerklöster bewiesen.

Am 9. April machte sich Luther, der das kurfürstliche Gefährt als gehorsamer Mönch ablehnte, mit einem Ordensbruder auf den Weg nach Heidelberg, wo er am 21. April ankam. Die letzte Wegstrecke hatten die Brüder im zufällig vorbeikommenden Wagen von Johannes Lang und Arnoldi von Usingen zurückgelegt. Der Bruder des pfälzischen Kurfürsten, Pfalzgraf Wolfgang, den Friedrich der Weise um gute und sichere Betreuung seines gefährdeten Starprofessors gebeten hatte, zeigte Luther die Reliquien der Schloßkapelle, das Schloß und die Verteidigungsanlagen. Am Abend führte man bei einem ausgiebigen Mahl eine ausgezeichnete Unterhaltung, an der, wie bereits bei der Besichtigung, Johannes Lang und Johann von Staupitz teilnahmen.

Die leibliche Gefährdung Luthers war zu diesem Zeitpunkt schon sehr real, denn einerseits hatte sich die Nachricht verbreitet, daß man den ketzerischen Mönch aus Wittenberg gern in Rom sähe, um ihn zum Schweigen zu bringen, andererseits gab es genug Gehorsamsbeflissene, die den Unruhestifter pflichtgemäß der päpstlichen Gerichtsbarkeit ausliefern wollten. Der konkrete Schutz durch den sächsischen und den pfälzischen Kurfürsten bedeutete daher eine erste Parteinahme deutscher Landesherren in oberster Kirchenangelegenheit. Diese früh einsetzende Politisierung des »Falls Martin Luther« bewirkte schließlich, neben dem Unverständnis und dem Ungeschick des Papstes und seiner Umgebung, die verhängnisvolle Wendung von der Sache des Glaubens und der Kirchenreform zu einer Sache der Macht und Vorherrschaft und damit zur unaufhaltsamen Spaltung der Kirche.

Luther nahm die Hilfe der Landesherren von Anfang an ohne Bedenken hin. Sie bedeutete ihm zu Beginn der Auseinandersetzung mit der Kirchenlehre und ihren Vertretern die Garantie, sich hinreichend artikulieren zu können, ehe konservative Dogmatiker seine neue Glaubenssicht durch autoritären Druck aus der Welt schaffen konnten. Als dann der Kampf entbrannte und sich die Fronten verhärteten, war er weder bereit noch in der Lage, auf den Schutz des Landesherren zu verzichten. Der neue Glaube wurde dadurch ebenso von Sachwaltern eigener Interessen gestützt wie der alte Glaube.

Vor seiner Reise nach Heidelberg schrieb Luther im Bewußtsein seiner gehobenen Bedeutung im öffentlichen Machtgeflecht an Johannes

Lang: »[Man rät] mir von allen Seiten, die Reise nach Heidelberg zu unterlassen, damit mir die Feinde nicht einen Hinterhalt legen und so erreichen, was sie mit Gewalt nicht erreichen können. Ich werde jedoch trotzdem, meiner Pflicht gemäß, die Reise zu Fuß ausführen. Unser Fürst, der unserm neu und fest gegründeten Studium der Theologie sehr geneigt ist, nimmt ungebeten mich und Karlstadt tatkräftig in seinen Schutz und will mich auf keine Weise nach Rom schleppen lassen. Das wissen die Gegner zu ihrem Ärger gar wohl«[69]

Die in Heidelberg tagende Augustinerkongregation besprach die üblichen Ordensangelegenheiten, bestätigte Staupitz erneut als Generalvikar und ernannte Johannes Lang zum Nachfolger Luthers als Distriktvikar für Sachsen und Thüringen. Am 26. April erfolgte eine Disputation über einige von Luther aufgestellte Thesen, die wegen ihrer Scharfsinnigkeit und gegen Aristoteles gerichteten Argumentation auffielen und später in einer Kurzfassung veröffentlicht wurden. Sonst gab es nichts, was auf eine besondere Kritik an den Ablaßthesen oder auf eine Distanzierung von Luther hindeutete. Einige Ordensbrüder, wie Martin Bucer aus dem Elsaß, begeisterten sich sogar noch nachträglich an Luthers verbindlichem Auftreten und seinen auf die Bibel gestützten Beweisführungen und bekannten sich zu seiner antidogmatischen Haltung. So kehrte Luther am 15. Mai unbeschwert nach Wittenberg zurück, diesmal im kurfürstlichen Wagen, in dem es zu dem letzten freundschaftlichen Gespräch mit Usingen kam, der über die neuen Ideen seines ehemaligen Erfurter Studenten nur noch den Kopf schütteln konnte.

In Wittenberg hielt Luther im Mai 1518 eine Predigt über den Kirchenbann, den er nur noch als Mahnung und Hilfe für zweifelnde Gläubige gelten lassen wollte, nicht aber als Mittel, einen Christen zu vernichten. Diese neue abweichlerische Aussage löste auch neue Aufregung aus, aber Luther wiederholte sie bis ins Jahr 1520, was ihm wahrscheinlich mehrere Anzeigen wegen Ketzerei beim päpstlichen Gerichtshof einbrachte.

Noch im gleichen Monat wandte er sich mit dem Kommentar seiner Ablaßthesen – den »Resolutionen«, die im August gedruckt erschienen – an Bischof Schulze, dem er auf dessen Wunsch versprach, über die gerade vorgetragenen Bannthesen vorerst nicht zu disputieren, an seinen Ordensoberen und schließlich an den Papst. In dem Begleitschreiben an Leo X. benutzte Luther die gleiche rhetorische Form der indirekten Beschwerde wie gegenüber dem Erzbischof von Mainz. Um sicher zu sein, daß die »Resolutionen« und der Begleitbrief den

Papst auch wirklich erreichten, bat er Johann von Staupitz um Vermittlung, der einwilligte und einen weiteren Begleitbrief mit nach Rom schickte.

Der auf den 30. Mai 1518 datierte Brief Luthers an Leo X. beginnt in dem empörten Ton eines zu Unrecht Beschuldigten: »Ich habe vernommen über mich ein gar böses Gerücht, daß etliche Freunde vor Dir, seligster Vater, und vor den Deinigen meinen Namen aufs ärgste stinkend gemacht haben, als der ich die Gewalt der Schlüssel und des obersten Pontifex zu verkleinern unternommen hätte; darum werde ich als ein Ketzer, Abtrünniger, Treubrüchiger und mit tausend anderen Namen und Schmähungen angeklagt. Meine Ohren entsetzen sich, und meine Augen starren, aber fest steht mir die einzige Stützte meiner Zuversicht, ein unschuldiges und ruhiges Gewissen.«

Anschließend schildert Luther den von Tetzel und seinen Unterkommissaren geführten Ablaßhandel und die Folgen dieser mißbräuchlich eingesetzten Kampagne: »Man fing in jüngster Zeit bei uns an, jenen apostolischen Jubelablaß [Generalablaß] zu predigen; und es kam so weit, daß seine Prediger – in der Meinung, unter dem furchterweckenden Schutz Deines Namens sei ihnen alles erlaubt – die gottlosesten Ketzereien öffentlich zu lehren wagten, zum schwersten Ärgernis und Spott der Kirchengewalt, als ob sie die Dekretalen [Richtlinien] über die Mißbräuche der Händler gar nichts angingen ... Alles ging damals gut ab, das Volk wurde durch falsche Hoffnungen ausgesogen, und wie der Prophet sagt: ›Sie schanden ihnen die Haut ab und das Fleisch von ihren Beinen und weideten sich indessen gar fett und lieblich.‹ Ein Mittel war es, wodurch sie allein den öffentlichen Anstoß niederhielten: der Schrecken, der von Deinem Namen ausging; die Androhung des Scheiterhaufens und die Anklage der Ketzerei.«

Auf die suggerierte Frage, warum denn niemand gegen diesen Mißbrauch seine Stimme erhoben habe, antwortet Luther: »Darum ermahnte ich persönlich eine Reihe von Kirchenfürsten [unter anderen den Erzbischof von Mainz und den Bischof von Brandenburg]. Von den einen wurde ich angehört, den anderen erschien ich lächerlich, usw. Denn es überwog die Furcht vor Deinem Namen und dem drohenden Bann. Als endlich nichts anderes übrigblieb, beschloß ich, wenigstens ganz im stillen dagegen anzugehen, indem ich ihre Lehrsätze in Frage stellte und zum Gegenstand einer Disputation machte. Daher trat ich mit meinen Disputationsthesen [den 95 Thesen über den Ablaß] hervor, indem ich lediglich Gelehrte, die sich etwa mit mir darüber auseinandersetzen wollten, einlud.«

Nicht mehr und nicht weniger, so fährt Luther dem Sinn nach fort, habe er sich zuschulden kommen lassen. Und vor einer floskelhaften Beteuerung demutsvoller Ergebenheit macht er schon jetzt, in Vorausahnung der Entwicklung, deutlich, was er wiederholt während des Prozesses gegen sich ausrufen wird: »Was soll ich nun tun? Widerrufen kann ich nicht und sehe doch, daß aus diesem Bekanntwerden für mich eine außerordentliche Gegnerschaft erwächst. Gegen meinen Willen gerate ich in all die Gefahren und Wechselfälle der öffentlichen Meinung, gerade ich ungelehrter, geistesarmer, bildungsloser Mensch, und das in unserem so herrlich erblühten Jahrhundert, das mit seinen Erfolgen in Wissenschaft und Erfindungen selbst einen Cicero beiseite drängen könnte, der sich doch sonst nicht zu scheuen brauchte, ans Licht und in die Öffentlichkeit zu streben. Aber die Not zwingt mich, wie eine Gans unter Schwänen zu schnattern.«[70]

Trotz der devoten Selbstbezichtigungen, nur ein dummer Mönch zu sein, und trotz der an den päpstlichen Hof, ein Zentrum der Renaissancekultur, gerichteten Schmeichelei über das blühende Jahrhundert, gab es auf Luthers Brief und die »Resolutionen« keine direkte Antwort, was er wohl auch nicht erwartet hatte. Leo X., der 1513 mit achtunddreißig Jahren Nachfolger von Julius II. geworden war, stammte aus dem Haus Medici in Florenz. Nach seiner Ausbildung durch führende Humanisten und einem Studium in Theologie und Kirchenrecht reiste er, da seine Familie Florenz zeitweise verlassen mußte, durch Frankreich, Holland und Deutschland und widmete sich in Rom der Literatur, Kunst und Musik. Ab 1511 gewann er politischen Einfluß am päpstlichen Hof, und als es ihm 1512 gelang, die Macht der Medici in Florenz wiederherzustellen, strebte er nur noch danach, diese Familienmacht zu erweitern und Italien von fremder Herrschaft freizuhalten.

Diese Ziele verfolgte er auch als Papst, indem er möglichst viele hohe geistliche Ämter an seine Verwandten vergab und Frankreich, das erbrechtliche Ansprüche auf italienische Gebiete besaß, diplomatisch und militärisch zu bezwingen versuchte. Der einzige eindeutige Erfolg, den er erzielte, war die Erhaltung von Florenz für seine Familie. Als geistiges Oberhaupt der römischen Kirche setzte er zwar eine Reformkommission ein und ließ Reformbeschlüsse veröffentlichen, aber die Reformen selbst blieben in den erstarrten Rechtsverhältnissen der Kirche stecken. Der Aufruf zu einem Kreuzzug gegen die Türken, den er 1517 mit einer dreijährigen Pfründensteuer zur Finanzierung verband, drängte die zaghaften Reformbemühungen zusätzlich in den Hintergrund und erregte bei den Kritikern kirchlicher Mißbräuche das alte

Mißtrauen: Würde Leo, der für den Neubau der Peterskirche einen Plenarablaß genehmigt hatte, der für sein Mäzenatentum, seine Kriege mit den Gegnern der Medici und luxuriöse Lustbarkeiten Ämter und Kardinalshüte verkaufte und gelegentlich sogar Möbel und Geschirr aus seinem Palast verpfändete, die Pfründensteuer wirklich für den Kreuzzug verwenden?

In dieser Situation, als ihm Finanzsorgen, künstlerische Pläne und seine florentinischen Familieninteressen über den Kopf zu wachsen drohten, erhielt Leo X. die schlechten Nachrichten aus Deutschland. Verärgert und irritiert schrieb er am 23. August 1518 an seinen Legaten in Augsburg, Kardinal Cajetan: »Neuerdings aber ist zu Unserer Kenntnis gelangt, daß dieser Martin unter Mißbrauch Unserer Güte immer frecher geworden ist und, hartnäckig in seiner Ketzerei verharrend, eine Schandtat zur an deren hinzugefügt hat, indem er noch einige Lehrsätze [über den Bann] und gleichermaßen auch Schmähschriften veröffentlichte [Luthers gereizte Antworten, auf polemische Unterstellungen von Johann Tetzel, Johannes Eck und dem päpstlichen Hoftheologen Prierias], die mehrere weitere Ketzereien und Irrtümer enthalten, was Uns nicht wenig beunruhigt.«[71]

In gereiztem Ton forderte Leo X. Kardinal Cajetan auf, Luther zu zwingen, nach Augsburg zu kommen, und, sollte er dort seine Irrlehren nicht widerrufen, ihn und seine Anhänger »wohlverwahrt« nach Rom zu schicken, damit sie gerichtet und bestraft werden könnten. Daß man mit Komplikationen rechnete, verrät der Zeitpunkt dieser päpstlichen Anordnung. Luther erhielt zwei Wochen vorher, am 7. August 1518, eine Vorladung nach Rom, der er innerhalb von sechzig Tagen Folge zu leisten habe. Die Frist von zwei Monaten war nicht annähernd verstrichen, sondern um diese zweite Maßnahme ergänzt worden, um sicherzustellen, daß der Spuk so schnell wie möglich enden würde.

Die Vorladung versetzte Luther einen heftigen Schreck. Aufgrund seiner noch immer tief verwurzelten Sohnestreue gegenüber dem Heiligen Vater hatte er es für möglich gehalten, daß seine auf dem Evangelium beruhende Glaubenserkenntnis die Seele des Papstes treffen oder zumindest eine Nachdenklichkeit auslösen würde. Außerdem sah er sich jetzt wirklich einer Gefahr gegenüber, die ihn während seiner Reise nach Heidelberg nur schattenhaft begleitet hatte: Er sollte von der Inquisition in Rom zum Schweigen gebracht werden, noch bevor sich sein Glaube durch Wort und Schrift weiter ausgebreitet hatte. Dieser aus dem Evangelium geschöpfte Glaube galt nichts gegenüber der Treue zum Papst.

In einer Druckschrift mit dem Titel »Dialog über die Macht des Papstes gegen Luthers Thesen«, die der Vorladung beigefügt war, stand in den Worten des päpstlichen Hoftheologen Prierias, der auch das Gutachten über die Ablaßthesen für den Prozeß angefertigt hatte, ganz deutlich, was man von den Gläubigen erwartete und was Luther, »dieser Sohn der Bosheit und Verächter Gottes« – so Leo X. in seinem Brief an Cajetan –, anzuzweifeln wagte: »Die Kirche hat ihr Haupt und Zentrum im Papst. Dieser ist in seinen Aussagen über Glauben und Sitte unfehlbar. Wer nicht den Lehren der römischen Kirche und des Papstes als unfehlbarer Glaubensregel, durch die auch die Schrift autorisiert wird (!), anhängt, ist ein Ketzer. Die römische Kirche kann über Glauben und Leben Festsetzungen machen. Wer über die Glauben und Sitte betreffenden Lehren und Taten der Kirche schlecht denkt, ist ein Ketzer.«[72]

Der erste vernünftige Gedanke, den Luther wieder fassen konnte, galt dem Kurfürsten. Würde dieser ihn weiterhin schützen? Durfte er überhaupt erwarten, daß sein Landesherr sich seinetwegen mit dem Papst anlegte? Er schickte einen Hilferuf an Spalatin, der die politische Lage sondieren sollte. Als er sich so den weltlichen Händlern übergeben hatte, fiel die Angst von Luther ab. Seine Glaubensgewißheit machte ihn wieder so stark, daß er seine Vorlesungen und Bibelstudien mit innerer Ruhe fortsetzen konnte, als wäre nichts geschehen. Sollten Papst, Kaiser und Kurfürst sich auseinanderraufen. Es ging ja nur um sie, nicht um Gott, Jesus Christus und das reine Evangelium.

Und man raufte sich auseinander, indem man sich gegenseitig in seinen Schwächen und Stärken überprüfte und einer den andern auf seine Seite zu ziehen versuchte. Mitentscheidend für den Ausgang der ersten Runde war der Schauplatz Augsburg, wo im August 1518 ein Reichstag stattfand. Man verhandelte vor allem zwei gewichtige Angelegenheiten, deren wechselnde Verlagerung auch Luther hin- und herwarf. Bald sollte er vor der Inquisition in Rom erscheinen, bald vor dem Kardinallegaten Cajetan in Augsburg und bald vor einem deutschen Gelehrtengremium.

Die Verhandlungen betrafen einerseits die Pfründensteuer für den Kreuzzug gegen die Türken, andererseits das Ansinnen Kaiser Maximilians I., seinen Enkel Karl, der seit 1516 König von Spanien war, zum deutschen König wählen zu lassen, was nichts anderes hieß, als den Habsburgern vorzeitig die Kaiserkrone zu sichern. Die Pfründensteuer stieß bei den Reichsständen, vor allem bei Friedrich dem Weisen, auf resoluten Widerstand, denn man hielt sie für eine neue Geldschneiderei Roms und des Hauses Medici. Leo X., vertreten durch Cajetan, ließ daraufhin drohend durchblicken, daß er Luther in Rom haben wolle. Als man dann die Königswahl besprach, schwenkte Leo zu Friedrich zurück, denn ihm wurde bange bei dem Gedanken, ein Spielball der Habsburger zu werden, wenn diese durch Karl ihre Hausmacht bis nach Spanien, Burgund, den Niederlanden und schließlich bis nach Unteritalien und Sizilien – ebenfalls ererbte Gebiete der spanisch-habsburgischen Linie – ausdehnten. Er schlug daher den sächsischen Kurfürsten zur Königswahl vor, was diesen veranlaßte zu fragen, ob man »seinen Professor« nicht vor ein deutsches Gelehrtengremium stellen wolle, um seine Lehren in einem öffentlichen Disput auf ketzerische Ansätze zu überprüfen. Leo schwankte, aber schließlich überredete er sogar den romantisch-frommen Kaiser Maximilian dazu, die Luthersache besser in Deutschland abhandeln zu lassen.

Man einigte sich schließlich darauf, daß Luther vor dem Kardinallegaten Cajetan in Augsburg erscheinen sollte, geschützt durch die kaiserliche Zusage, ihn nicht gefangennehmen und an Rom ausliefern zu lassen. Friedrich der Weise, dessen Ansehen durch den Reichstag noch gestiegen war, der aber keine öffentliche Konfrontation mit dem Papst riskieren wollte, erklärte sich bereit, auf das Gelehrtengremium zu verzichten und dafür einem Verfahren in Deutschland zuzustimmen. Cajetan saß jetzt zwischen zwei Stühlen. Einerseits hatte er von Leo X. die geheime Anweisung erhalten, Luther als überführten Ketzer zu betrachten, ihn ohne Aussprache zu verhören und seinen Widerruf entgegenzunehmen oder ihn zu verurteilen, also festzusetzen. Andererseits hatte er Friedrich dem Weisen die Zusage machen müssen, Luther milde zu behandeln und ihn wieder zu entlassen. Friedrich und seine Ratgeber nahmen also an, daß es in Augsburg nur zu einem väterlichen theologischen Gespräch kommen würde.

Luther, der vom Kurfürsten die Aufforderung erhielt, sich nach Beendigung des Reichstages Ende September 1518 bei dem Kardinallegaten Cajetan einzufinden, reagierte erleichtert auf die Abwendung des römischen Strafgerichts, denn er ahnte noch nichts davon, daß seine Situation trotz mächtiger Absprachen alles andere als gesichert war. Während er sich auf die Unterredung mit dem päpstlichen Gesandten vorbereitete, lernte er in dem neuen Universitätskollegen Philipp Melanchthon einen Mann kennen, dem er sich auf Anhieb verbunden fühlte. Melanchthon war vierzehn Jahre jünger, stammte aus dem angesehenen Haus des pfälzisch kurfürstlichen Waffenmeisters Georg Schwarzert und fand aufgrund von intensivem Privatunterricht bereits mit zwölf Jahren Aufnahme an der Heidelberger Universität. Auf Empfehlung seines Großonkels, des berühmten Gelehrten der hebräischen Sprache Johannes Reuchlin, wurde er im Sommer 1518 als Griechischprofessor an die Wittenberger Universität berufen. Seine hervorragenden Fähigkeiten im klaren Denken und systematischen Erfassen, die ihn später zum brillantesten Formulierer der reformatorischen Lehre werden ließen, standen in auffälligem Gegensatz zu seiner zarten physischen Konstitution und charakterlichen Zaghaftigkeit.

Zwei Tage nach Melanchthons Antrittsvorlesung über die Verbesserung des Studienprogramms schrieb Luther am 31. August einen begeisterten Brief an Spalatin, in dem er auch sehr menschliche Anteilnahme an dem jungen hochbegabten Gelehrten bekundete: »Eure Wünsche wegen unseres Freundes Melanchthon sind teils bereits erfüllt, teils sollen sie es gewiß werden. Vier Tage nach seinem Eintreffen hat er eine tiefgelehrte, wundervolle Rede gehalten, die ihm bei allen so große Gunst und Bewunderung eingetragen hat, daß Ihr ihn uns nicht mehr erst zu empfehlen braucht. Rasch legten wir das Vorurteil ab, das seine schmächtige Erscheinung wachgerufen hatte, wir preisen und bewundern seine Leistungen und danken dem erlauchtesten Kurfürsten und Euch für seine Berufung. Ihr könnt eher in Verlegenheit kommen, welches Gebiet seiner Gelehrsamkeit Ihr dem Fürsten am meisten empfehlen sollt. Ich wünsche mir jedenfalls, solange wir ihn haben können, keinen anderen Lehrer des Griechischen. Nur fürchte ich, seine schwache Gesundheit möchte dem Leben in unserem rauhen Landstrich nicht gewachsen sein, und dann höre ich, er sei mit so niedrigem Gehalt berufen, daß die Prahlhänse in Leipzig schon der Hoffnung leben, ihn uns baldigst wegzuholen. Sie haben sich bereits um ihn bemüht, bevor er zu uns kam.«[73]

Das sich schnell entwickelnde gute Verhältnis zwischen Luther und Melanchthon leitete die fast klassische Entwicklung ein; durch die ein Pionier, ein Meister, ein Prophet, ein Revolutionär nach dem Tod von seinem ersten Jünger zu einem Monument gemacht wird. Philipp Melanchthon, der Luther um vierzehn Jahre überlebte, sah sich als Testamentsvollstrecker des Wittenberger Reformators, wobei er vergaß, daß er immer nur ein Sammelgefäß war und kein auf freiem Feld Handelnder und Entscheidender. Er ordnete endgültig, was als Fließendes angelegt war, und verteidigte Unvollendetes, das der Klärung bedurfte. So trennten sich schon bald nach Melanchthons Tod 1560 die »wahren Lutheraner« von den »Philippisten« und schufen damit ein weiteres klassisches Phänomen: das Sektierertum, das die Auflösung der gemeinsamen Substanz fördert und zu dem Paradox einer im Konservativismus, das heißt im Formalismus der Abgrenzung erstarrenden Fortschrittlichkeit führt. Der Glaubenslehre Luthers wurde durch Pseudodogmatismus und Beugung unter die jeweiligen politischen Verhältnisse der revolutionäre Schwung genommen, dem die Kühnheit der Gotteserkenntnis innewohnte.

Als Luther, ausgestattet mit zwanzig Gulden aus der kurfürstlichen Schatulle, Ende September 1518 mit seinem Ordensbruder Leonhard Beier nach Augsburg aufbrach, war seine Aussicht, auf Denkmalsgröße anzuwachsen, noch ungewiß, denn sie hing von sehr realen Gegebenheiten ab. Trotz des kaiserlich zugebilligten Reichsschutzes und Cajetans Zusicherung an Friedrich den Weisen, den Vorgeladenen wieder ziehen zu lassen, herrschte nicht nur bei Luther Ungewißheit über die wahren Absichten des Kardinallegaten. Bereits vor seiner Abreise hatte Johann von Staupitz, der sich in Salzburg aufhielt, Luther angeboten, zu ihm zu kommen und mit ihm zu leben und zu sterben. In Weimar, wo Luther am 29. September Station machte und dem vom Reichstag zurückkehrenden kursächsischen Hof begegnete, warnten ihn die gastfreundlichen Franziskaner vor einer drohenden Verbrennung wegen Ketzerei. Ab Nürnberg wurde er zusätzlich von einem alten Freund, Wenzeslaus Link, der ihm eine neue Kutte schenkte, begleitet, zum Schluß notgedrungen in einem Wagen, da Luther an einer nervösen Magenverstimmung litt. In Augsburg, wo die kleine Gesellschaft am 7. Oktober eintraf und, einer Vereinbarung mit dem Kurfürsten folgend, im Karmeliterkloster St. Anna Quartier nahm, wunderten sich schließlich einige Domherren darüber, daß Luther ohne kaiserliches Geleit kam. Sie vermittelten ihm in letzter Minute durch einige kaiserliche Räte diesen Schutz, den Cajetan als Ausdruck unnötigen Mißtrauens pikiert zur Kenntnis nahm.

Cajetan eigentlich Thomas de Vio aus Gaeta, daher Cajetanus –, wie Johann Tetzel Dominikaner, war ein gebildeter Theologe, erfahrener Verteidiger der Papstkirche und seit 1517 Kardinal von S. Sisto in Rom. Ernst und wortkarg, galt der neunundvierzigjährige Legat den einen als hochmütig, den anderen als streng und gerecht. Er hatte sich ebenfalls nicht ohne Nervosität auf die Gegenüberstellung mit Luther vorbereitet, denn Leo X. erwartete eine Verurteilung ohne viel Federlesens und Friedrich der Weise ein ermahnendes Gespräch.

Das Verhör, das Cajetan an drei aufeinanderfolgenden Tagen, vom 12. bis 14. Oktober 1518, durchzuführen versuchte, geriet bereits am ersten Tag ins Stocken, da Luther auf eine sachliche Auseinandersetzung drängte, während Cajetan den Vorgeladenen auf Ungehorsam gegenüber dem Papst festnageln wollte. Am zweiten Tag erschien Luther mit Staupitz, der inzwischen aus Salzburg eingetroffen war, vier kaiserlichen Räten, einem Notar und weiteren Zeugen, um zu wiederholen, daß er seine Ablaßthesen nur widerrufen könne, wenn er durch die Heilige Schrift und durch die Kirchenväter irgendwelcher Irrtümer überführt würde. Die von Cajetan am Tag zuvor bemühte Bulle Unigenitus von Papst Clemens VI. aus dem Jahr 1343, die den Ablaß damit begründe, daß der Papst den durch das Verdienst Christi erworbenen Schatz der Kirche zum Erlaß der zeitlichen Strafen verwenden dürfe, genüge nicht zur Rechtfertigung des Ablasses. Er unterstelle sich aber bereitwillig etwaigen Einwänden des Kardinals oder eingeholten Urteilen der Universitäten Basel, Freiburg, Löwen und Paris. Staupitz bat seinerseits um die Erlaubnis, daß Luther sich schriftlich verantworten dürfe, worauf Cajetan lächelnd erwiderte, daß er keineswegs die Absicht habe, mit Luther zu disputieren ihn aber auch nicht davon abhalten wolle, sich mit dem Papst und der Kirche zu versöhnen. Damit hob er die Sitzung auf.

Am dritten Tag trat Luther mit einer um zwei sächsische Räte erweiterten Gefolgschaft vor Cajetan und übergab sein schriftliches Plädoyer. In diesem Text, den Luther im Dezember 1518 mit anderen Dokumenten über das Augsburger Verhör, darunter das inzwischen bekanntgewordene geheime Schreiben Leos X. an Cajetan vom August 1518, als »Acta Augustana« herausgab, beharrte er darauf, daß die Bulle Unigenitus ein nicht in der Heiligen Schrift begründetes Papstgesetz sei und daß nicht der Papst, sondern das Generalkonzil die oberste Autorität der Kirche bilde, denn viele Papstgesetze hätten schon korrigiert werden müssen. Emphatisch fügte er hinzu: »Die Wahrheit der Heiligen Schrift geht vor, und dann mag man prüfen, ob eines Menschen Wort überhaupt Geltung haben kann.«[74] Zum Schluß gab er Cajetan zu verstehen, daß er keine kirchenrechtliche, sondern eine inhaltliche Auseinandersetzung erwartet habe, und schlug dabei in lauten Tönen das Konzilsthema an, das im Sommer 1519 in der Disputation mit Karlstadt und Eck in Leipzig eine sensationelle Wendung nehmen sollte.

Die für Cajetan entscheidende Passage, hier in der erhalten gebliebenen verschärften Fassung aus den »Acta Augustana«, lautete: »die Juristen mögen also ihre Überlieferungen in Ehren halten; wir Theologen haben die Reinheit der Schriftauslegung zu pflegen, und das um so mehr, als in unserer Zeit verderbliche Schmeichler auftreten, die den

Papst über die Konzilien stellen. Und zwar geschieht es in der Weise, daß ein Konzil durch das andere verworfen wird, bis uns nichts Zuverlässiges übrig beibt und schließlich ein einziger Mensch, der Papst, alles unter die Füße treten kann, indem er zugleich über und unter dem Konzil steht: darüber, wenn er seine Beschlüsse verwerfen kann; darunter wenn er von einem Konzil wie von einer höheren Macht sich eine Befugnis erteilen läßt, durch die er sich über das Konzil erhebt.«[75]

Cajetan las aus allem nur zweckdienlich heraus, daß Luther dem Papst Mißbrauch der Schrift vorwerfe, sich also gegen die päpstliche Autorität vergehe. Erregt darüber, daß Luthers Argumentation nicht so ohne weiteres zu widerlegen und ein Widerruf schon gar nicht mehr zu erwarten war, kehrte der Kardinal nun doch den seit zwei Tagen zurückgehaltenen Richter heraus. Er bezichtigte Luther, mehr wissen zu wollen als die Kirche und sich neue Lehren anzumaßen, worauf Luther, nach mehreren vergeblichen Versuchen, das Wort zu erhalten, den Satz herausschrie: »Wenn gezeigt werden kann, daß die Bulle Unigenitus besagt, die Verdienste Christi sind der Schatz der Ablässe, werde ich widerrufen!«[76] Cajetan drohte Luther und seinen Freunden nun unverhüllt mit Bann und Interdikt, ließ sich aber hinreißen, zur Belegung der Bulle Bibelstellen auszutauschen, was beinahe die nicht erwünschte Disputation einleitete, so daß er mit dem Hinweis, die beiderseits vorgetragenen Belege seien vorerst nicht ausreichend, das Rededuell abbrach und Luther mit den Worten entließ: »Geht! Entweder widerruft oder erscheint nicht wieder.« Luther setzte später in einer Darstellung dieser Szene hinzu: »Er wußte nicht, daß ich im Herzen fest genug war, um mir nichts aus seinen Drohungen zu machen, und er hat auch nicht vermutet, daß ich mich nach seinem: ›Erscheint nicht wieder!‹ gerichtet habe.«[77]

Luther kehrte nicht noch einmal in das Fuggerhaus, in dem die Verhöre stattgefunden hatten, zurück, denn ein Widerruf kam für ihn nicht in Frage. Statt dessen appellierte er direkt an den Papst, in der Ablaßsache zu urteilen, ein Rechtsmittel, das für schwierige Fälle vorgesehen war. Außerdem richtete er an Cajetan einen in demütigem Ton gehaltenen Brief, in dem er sich wegen seiner Unehrerbietigkeit und Schärfe entschuldigte und versprach, künftig über das Ablaßthema zu schweigen, wenn das auch seine Gegner täten. Cajetan antwortete auf diesen Brief nicht, was Schlimmstes befürchten ließ. Da sich außerdem das Gerücht verbreitete, Luther und mit ihm Staupitz und Link sollten auch auf Wunsch der Ordensleitung der Augustiner gefangengesetzt werden, löste Staupitz das Gehorsamsgelübde und verließ, ebenso wie

Link, überstürzt Augsburg. Luther, der noch mehrere Tage vergeblich auf eine Antwort von Cajetan wartete, ergriff schließlich am Abend des 20. Oktober ebenfalls die Flucht, beschützt von einem Augsburger Reichsdiener. Das Pferd, auf dem er diesmal reiten mußte, hatte Staupitz ihm noch verschafft. »Da bin ich denn ohne Waffen, ohne Sporen, ohne Beinschienen, mit nichts angetan als mit meiner Kutte und einem Leinenhemd, Filz und Mantel dahingeritten, versunken in meine Gedanken, in Begleitung eines Augsburger Reiters, bis ich nach Kremberg [südlich von Wittenberg] kam.«[78]

Am 31. Oktober erreichte Luther Wittenberg, wo er gleich einen Brief an Spalatin schrieb, den er ebenso wie seinen neuen Freund Melanchthon von Augsburg aus über den Gang der Dinge unterrichtet hatte. Er wußte nicht, wie es weitergehen würde, aber er wollte nicht stillhalten, sondern seine Verteidigung aufbauen und seinen neuen Glauben bezeugen, solange es ging. »Ich bin heute durch Gottes Gnaden wohlbehalten in Wittenberg eingetroffen, ohne doch zu wissen, auf wie lange Zeit, denn meine Sache steht so, daß ich zugleich fürchten muß und hoffen darf … Inzwischen will ich bei meinem Aufenthalt in Wittenberg eine zweite Appellation an ein künftiges Konzil aufsetzen und mich der Pariser Universität anschließen für den Fall, daß der Papst meine erste Appellation aus der Fülle seiner Macht oder besser seiner Tyrannei verwirft. Ich bin voll Freude und Friede und wundere mich, daß diese meine Anfechtung auf eine so große Zahl bedeutender Männer so großen Eindruck hat machen können.«[79]

Die Turbulenzen, die sich um Luther zu entwickeln schienen, schliefen allmählich wieder ein, obwohl die Spannung hinter den Kulissen anhielt und sich immer mehr Anhänger um den Urheber der Ablaßthesen sammelten. Cajetan erreichte beim Papst, daß dieser am 9. November 1518 durch ein Dekret die gängige Ablaßlehre dogmatisierte. Durch diese nachträgliche Verfügung war der Ablaß für Rom als Diskussionsthema vom Tisch, denn von nun an drohte jedem, der das neue Dogma nicht gläubig annahm, der Bann. Bei Friedrich dem Weisen richtete Cajetan trotz eifriger Bemühungen noch weniger aus als beim Verhandeln um Ort und Bedingungen des Verhörs. Er wollte Luthers Auslieferung nach Rom oder mindestens die Ausweisung aus Kursachsen erwirken, aber er stieß beim Kurfürsten nur auf beharrliche Ablehnung, die von Spalatin genährt wurde.

Nach Cajetans Scheitern warf die römische Kurie, die Friedrich weiterhin wegen der Türkensteuer und der ungeklärten Königswahl umschmeichelte, eine nächste Karte ins Spiel. Diesmal hatte man den theologisch und auch sonst nicht sonderlich gebildeten päpstlichen Kammerjunker Karl von Miltitz, der sich seit mehreren Jahren aus Karrieregründen in Rom aufhielt, zum Mittelsmann ausersehen, weil er über seinen Vater, einen sächsischen Adligen, Beziehungen zu Friedrich dem Weisen hatte. Miltitz' eigenwillige Diplomatie verhinderte zwar ein Umkippen der Animositäten und Gereiztheiten in offene Konfrontation, aber die Luthersache blieb festgefahren, nicht zuletzt, weil seit dem päpstlichen Dekret über den Ablaß eine Verständigung in dieser Frage unmöglich geworden war.

Luther wußte seit Anfang Dezember 1518, daß ihn sein Landesherr nicht im Stich lassen würde. Ihn beunruhigte nur der Gedanke, daß er aus Dankbarkeit gegen den Kurfürsten nicht mehr frei genug sein würde, zu schreiben und zu reden wie bisher. Er trug sich ernsthaft mit dem Plan, nach Frankreich oder anderswohin zu gehen, denn, so schrieb er an Spalatin, »gehe ich hinweg, kann ich jeden Gedanken unverhohlen äußern und Christus für mein Leben sorgen lassen.«[80]

Doch weder Luthers Temperament noch seine Glaubenskraft ließen zögerndes oder ausweichendes Verhalten zu. Nicht ohne Entsetzen bei Hofe auszulösen, veröffentlichte er noch im Dezember die Dokumentation zum Augsburger Verhör, »Acta Augustana«, unterdrückte aber vorerst eine Publikation, in der er den Papst erstmals als Antichrist bezeichnen wollte. Man rang in Wittenberg die Hände, doch der Kurfürst stand zu seinem versierten Theologen, dem die Studenten mehr denn je zuliefen.

An Wenzeslaus Link schrieb Luther nach Nürnberg: »Ich schicke Euch hier meine ›Acat‹, die schärfer ausgefallen sind, als der Legat [Cajetan] wohl erwartet hat. Aber schon trage ich mich mit viel größeren Plänen. Ich weiß nicht, woher mir diese Gedanken kommen. Und so hat denn meines Erachtens der Kampf noch nicht einmal richtig begonnen; so wenig dürfen die großen Herren zu Rom schon an ein Ende denken. Ich will Euch meine Schrift senden; urteilt, ob ich mit Recht verkünde: der wahre Antichrist, von dem der Apostel spricht, herrscht in der römischen Kurie! Ich kann, denke ich, den Beweis erbringen, daß der Papst heutzutage schlimmer ist als der Türke.«[81]

Luther wußte, daß er jetzt, da das Ablaßthema für den Papst nicht mehr zur Debatte stand und er nur noch ein Fall für die Kirchenjustiz war, aufs Ganze gehen mußte. Der Papst, das sollte klargestellt werden, verfälscht mit seinen Dogmen und seiner Kirche den Zugang zum reinen Evangelium und verhindert dadurch den Empfang der wahren Gnade Gottes, die sich den Gläubigen in der Schrift als Geschenk offenbart. Mit der notariell beglaubigten Appellation an ein zukünftiges Konzil wollte Luther das höchste Entscheidungsgremium der Christenheit als einzige Instanz, die auch der Papst anerkennen müsse, in Erinnerung bringen. Die »versehentliche« Veröffentlichung dieser Appellation, die er leider nicht habe verhindern können, kam Luther mehr als gelegen, und der kursächsische Hof wurde ein weiteres Mal in seiner diplomatisch ausbalancierten Gutwilligkeit strapaziert.

Der Bann aus Rom, der spätestens seit dem Ablaßdekret vom 9. November 1518 fällig war, ließ auf sich warten. Einerseits betrachtete Leo X. die Luthersache weiterhin als bloßes Ärgernis, dem nur einige zänkische Theologen in Deutschland Gewicht beimaßen. Andererseits hatte er Miltitz losgeschickt, der Friedrich den Weisen hinhielt und ihn vielleicht davon überzeugen würde, daß ein »armes Mönchlein« es nicht wert war, die Landespolitik nach ihm auszurichten. Hatten sich die Gemüter in Sachsen und einigen Reichsstädten wie Nürnberg und Augsburg erst wieder beruhigt, würde der Bann nur noch den treffen und vernichten, der ihn als Verursacher der ganzen unnötigen Lärmereien verdient. Ein Konzil, lästig wie nur irgend etwas, würde man ebenso verhindern wie den Amoklauf eines einzelnen Augustiners. Und das gelang tatsächlich bis zum Konzil von Trient, das erst 1545 mühsam in Gang kam.

In der Atempause, die ihm die Verzögerung des Bannstrahls aus Rom gewährte, schien Luther täglich mehr Rücksicht und Hemmung abzustreifen. Die ohne Verhandlung getroffene harte Entscheidung des Papstes, die dazu noch vor dem Verhör feststand, entband ihn vollends vom inneren Gehorsam als geweihter Priester. Kataraktartig stürzte die alte Kirche mit ihren Institutionen, Bräuchen und Traditionen in ihm zusammen, und ihn packte eine berauschende Schöpferlust, auf dem geschauten Trümmerfeld eine neue Kirche, ein neues Glaubensleben, einen neuen Menschen aufzubauen. Seinen aus dem Evangelium geborenen Glauben, den er anfangs vorsichtig zurückgehalten hatte, sollte jetzt, da er vielleicht bald auf dem Scheiterhaufen stehen würde, alle Welt fürchten oder verstehen lernen.

Demut, Glück und Liebe, die ihn seit seiner Erkenntnis der wahren Gottesgnade erfüllt hatten, verwandelten sich während seiner atemlosen und verzweifelten Entäußerungen in Stolz, Hochmut und Haß. Die Frohe Botschaft wurde im Kampf zum flammenden Schwert, das alle niederschlug, die sich nicht der visionären Glaubenssicht beugten. Luther witterte seine Macht, als die ersten Anzeichen auf Sturm deuteten. Nun sollte der Sturm auch losrasen, Gott war auf seiner Seite.

Seine leiseren Töne, seine Zärtlichkeit in der Nächstenliebe empfingen nur noch wenige Freunde oder flüchtig Vorbeiziehende, deren menschliche Not ihn zurückriß in das Mysterium seines Glaubens, wo das Verhältnis zwischen Gott und Mensch unergründlich bleibt. In einem kurzen Brief an seinen geistlichen Vater Johann von Staupitz, zu dem er als einzigem ein fast kindhaftes Vertrauen hatte, öffnete Luther für einen Augenblick seine in Aufruhr geratene Natur: »Das nenne ich nicht mehr bloß Führung Gottes; Gott reißt mich fort und treibt mich vorwärts; mein Tun ist nicht mehr in meiner Gewalt; ich sehne mich nach Ruhe und werde mitten hinein in Kampf und Streit getrieben ... Ihr aber betet für mich. Denn ich bin in der Zuversicht, Gott treibt Euch selbst, mich auf sorgendem Herzen zu tragen. Ich bin ein Mensch, gar leicht verstrickt in schlimme Gesellschaft, Rausch, Ruhmsucht, Fahrlässigkeit und andere Laster, abgesehen von den Sünden, die ich in meinem Beruf auf mich lade.«[82]

Dieses in seiner Schonungslosigkeit beinahe wollüstige Bekenntnis von Gotterwähltheit und Lebensgier legte Luther bereits im Februar 1519 ab, als der Sturm noch im Anzug war. Im selben Jahr veröffentlichte er neben seiner Prediger- und Lehrtätigkeit zweiunddreißig dichtgefügte Texte, im Jahr darauf waren es vierzig. Die Fülle dessen, was es zu zertrümmern gab, und die Fülle dessen, was es zu errichten gab, boten ein unausschöpfliches Reservoir an Gegensätzen, die unwiderstehlich zu Spott, Sarkasmus, Witz, Heiterkeit, zu jeder Art Komik und Polemik reizen mußten. »Ich habe eine rasche Hand und ein promptes Gedächtnis«, bekannte Luther einmal. »Wenn ich schreibe, so fließt mir's nur so zu. Ich brauche nicht zu pressen und zu drücken.«[83] Er schwamm selig in seiner schriftstellerischen Begabung, für die er als Material Himmel und Erde und deren Vertreter zur Verfügung hatte.

In diesen beiden Jahren der Aufrüstung für den bevorstehenden Kampf, den er jetzt aus Ungeduld über die ausbleibenden Reaktionen geradezu provozierte, hielt Luther nur selten in seiner harten und sich beschleunigenden Gangart inne. Nach seiner ersten Schriftenkampagne schrieb er in Erwartung der nächsten Offensive im Februar 1519 selbstbewußt an Spalatin: »Ich beschwöre Euch, lieber Herr Spalatin, hegt doch nicht allzu schwere Furcht und tötet nicht Euer Herz durch menschliche Gedanken. Ihr wißt, wenn nicht Christus mich und meine Sache führte, so hätte ich mich schon längst zu Grunde gerichtet, erst durch meine Disputation vom Ablaß, dann durch den deutschen Sermon darüber, schließlich durch die Resolutionen und meine Erwiderung an Silvester Prierias, eben wieder durch die Acta Augustana, vor allem aber durch meine Reise nach Augsburg. Denn welcher Sterbliche hätte nicht bei jeder einzelnen von diesen Handlungen je nachdem gefürchtet oder gehofft, sie würden mir den Tod bringen? ... Darum hofft nicht, daß ich in Frieden und Sicherheit bleiben werde, Ihr wolltet denn, daß ich ganz und gar aussetze mit aller Theologie. Laßt also die guten Freunde denken, ich sei närrisch geworden. Diese Sache wird nicht gedämpft werden, so sie aus Gott ist, es sei denn, daß so wie Christus seine Jünger, so auch mich alle meine Freunde verlassen würden, und allein bliebe die Wahrheit, die sich dann schützen möge mit ihrer eigenen Hand, nicht mit meiner, nicht mit Eurer, nicht mit irgendeines Menschen, und auf diese Stunde habe ich von Anfang an gewartet.«[84] Eine kühne, Gott anfordernde Schlußwendung, die einen Hauch dämonischer Mitwisserschaft suggeriert.

Ein erzwungenes Verweilen, ein Innehalten, ein sich Versenken in den an seiner innersten Verlassenheit leidenden Menschen bewirkte im Mai 1519 Spalatins Bitte, für einen Hofrat des sächsischen Kurfürsten einige tröstliche Worte zur Vorbereitung auf den Tod niederzuschreiben. Luther schob diesen Freundschaftsdient längere Zeit vor sich her, fand dann aber doch noch einmal zu seiner Vergangenheit zurück, in der er sich nach dem fernen Gott gesehnt hatte, anstatt ihm im selbstgezogenen Gewissenskreis nahe zu sein. Das Ergebnis seiner stillen Betrachtung war der »Sermon von der Bereitung zum Sterben«, eine Trostschrift, die zu den schönsten Luthers und der gesamten frühevangelischen Erbauungsliteratur gezählt wird.

In der Einleitung faßt Luther das menschliche Erdenleben mit wenigen ineinander verschlungenen Metaphern zusammen: »Wann so jedermann Urlaub auf Erden geben ist, soll man sich dann allein zu Gott richten, da der Weg des Sterbens sich auch hinkehret und uns führet. Und hie hebt an die enge Pforte, der schmale Steig zum Leben, des muß sich ein jeglicher fröhlich erwägen, denn er ist wohl sehr enge, er ist aber nicht lang und es geht hie zu, gleichwie ein Kind aus der kleinen Wohnung seiner Mutter Leib mit Gefahr und Ängsten geboren wird in diesen weiten Himmel und Erden, das ist auf diese Welt. Also geht der Mensch durch die enge Pforten des Todes aus diesem Leben; und wiewohl der Himmel und die Welt, darin wir jetzt leben, groß und weit angesehen wird, so ist es doch alles gegen den zukünftigen Himmel viel enger und kleiner, denn der Mutter Leib gegen diesen Himmel ist. Darum heißt der lieben Heiligen Sterben ein neu Geburt und ihre Fest nennet man auf lateinisch Natale, einen Tag ihrer Geburt. Aber der enge Gang des Tods macht, daß uns dies Leben weit und jenes eng dünkt. Drum muß man das glauben und an der leiblichen Geburt eines Kindes lernen, wie Christus sagt: ›Ein Weib, wann es gebiert, so leidet es Angst, wann sie aber genesen ist, so gedenkt sie der Angst nimmer, dieweil ein Mensch geboren ist von ihr in die Welt.‹ Also im Sterben auch muß man sich der Angst erwehren und wissen, daß darnach ein großer Raum und Freud sein wird.«[85]

Während sich für den Juni 1519 eine brisante öffentliche Disputation in Leipzig ankündigte, bei der Andreas Karlstadt die Wittenberger Theologie, also Luthers bisher verbreitete Thesen, und Johannes Eck die Dogmatik verteidigen sollte, geriet die gesamte europäische Politik mit einem Ruck in Bewegung und der »Fall Luther« erneut ins Stocken. Am 12. Januar 1519 war Kaiser Maximilian I. gestorben, und die Wahl des neuen deutschen Königs und damit auch Kaisers wurde zum Thema Nummer eins für alle maßgeblichen Machtträger. Wahlberechtigt waren die sogenannten Kurfürsten. Seit einem Beschluß aus dem Jahr 1257 lag dieses Recht bei den Erzbischöfen von Mainz, Köln und Trier, dem Pfalzgrafen bei Rhein, dem Herzog von Sachsen (1519, seit Kaiser Maximilians Entscheidung, bei Friedrich dem Weisen aus der albertinischen Linie), dem Markgrafen von Brandenburg und, seit 1289, dem König von Böhmen.

Die beiden Kandidaten, die sich bereits im Sommer 1518 in Augsburg zur Wahl angeboten hatten – Karl, König von Spanien aus dem Hause Habsburg, und Franz I., König von Frankreich –, waren seitdem nicht untätig geblieben. Um die Kurfürsten ihren jeweiligen politischen Argumenten geneigter zu machen, hatten sie sogenannte Subsidien oder, wie man heute sagen würde, Bestechungsgelder verteilt. Als es nun ernst wurde, stellte sich heraus, daß der französische König im finanziellen Rennen um eine Runde vorn lag. Das Bankhaus Fugger, das dem spanischen König bereits hohe Schuldscheine ausgestellt hatte und fürchtete, daß Karl diese Darlehen bei einem Sieg Franz I. nicht zurückzahlen würde, verdoppelte daraufhin seine Anstrengungen. Das Wahlergebnis vom 28. Juni 1519 in Frankfurt lautete schließlich: sechs kurfürstliche Stimmen für Karl, eine Stimme, die von Joachim von Brandenburg, für Franz I. Nach der Krönung des neuen deutschen Königs zum Kaiser des Heiligen Römischen Reiches am 23. Oktober 1519 in Aachen addierte Jakob Fugger unter der Rubrik »Was Kaiser Carolus dem V. die römische Königswahl kostete« die Zahlen und kam auf die damals astronomische Summe von 851.918 Goldgulden.

Einen Tag vor der Wahl in Frankfurt fand in Leipzig ein Ereignis statt, das für die Öffentlichkeit weniger sensationell war, in seinen Auswirkungen aber schon bald das Interesse des ganzen Reichs und ganz Europas erregte. Am Nachmittag des 27. Juni 1519 begann das Rededuell zwischen Karlstadt und Eck, das vormittags mit einer eigens komponierten zwölfstimmigen Messe in der Thomaskirche feierlich eingeleitet worden war. Die Vorbereitungen zu dieser Disputation, bei der es um Luthers Ablaßthesen, indirekt aber um seine Einstellung zum Papst und zur Kirchenlehre ging, hatte sich über ein Jahr hingezogen. Nach einer Phase schriftlicher theologischer Auseinandersetzungen zwischen Karlstadt, Eck und Luther verhärteten sich die Fronten, und man kam überein, sich in einer öffentlichen Disputation zu messen. Eck, dem Luther die Wahl zwischen Erfurt und Leipzig gelassen hatte, entschied sich für Leipzig, was zu neuen Verzögerungen führte, denn die dortige Universität – das heißt, die Theologische Fakultät und der Rektor, Bischof Adolf von Merseburg – verweigerte ihre Räume für einen Auftritt der »Ketzer« aus Wittenberg. Schließlich kümmerte sich Herzog Georg von Sachsen persönlich um die Angelegenheit und lud die Kontrahenten auf sein Schloß, die Pleißenburg, ein, nachdem er vorher sicheres Geleit zugesagt hatte. Seinen Ärger über die ängstlichen Leipziger Professoren drückte er mit den Worten aus, daß er lieber alte Weiber zum Spinnen besolden als Hunde füttern würde, die nicht bellen und sich vor einem Wolf fürchten. Die beiden Wagen, Karlstadt in dem einen, Luther und Melanchthon in dem andern, wurden von über hundert Wittenberger Studenten eskortiert, als sie am 22. Juni in Leipzig ankamen.

Vom 27. Juni bis zum 3. Juli fand die Disputation über den Ablaßkomplex unter großem Andrang und zeitweise in Anwesenheit des Herzogs zwischen Eck und Karlstadt statt. Eck, selbstbewußt und mit nahezu absolutem Gedächtnis begabt, argumentierte ironisch und mit großer Lässigkeit, denn er verteidigte kompromißlos das bestehende Kirchenrecht und brauchte wegen seines guten Gedächtnisses kaum einen schriftlichen Text. Karlstadt, gehemmt und hinter Bergen von Büchern versteckt, dazu angeschlagen von einem Unfall mit seinem Wagen, vertrat stockend und blätternd Luthers Thesen, die eine besonders gute Kenntnis der Bibel und der Schriften der Kirchenväter verlangten.

Luther, der selber nicht unbedingt in die Arena steigen wollte – teils aus Angst, die Beherrschung zu verlieren, teils aus Bedenken, seinem Gegner geistig und rhetorisch nicht gewachsen zu sein –, löste entgegen der ursprünglichen Planung den ungeschickten Karlstadt schließlich doch noch ab und sagte später über ihn, er sei ein unglückseliger Disputator von ungeschlachtem und stumpfem Geist gewesen.

Die Umbesetzung gelang mit einer Predigt, die Luther auf Wunsch des ebenfalls anwesenden Wittenberger Universitätsrektors, Herzog Barnim von Pommern, in der Schloßkapelle hielt. Da die Predigt auf den Peter-und-Paul-Tag fiel und Herzog Georg, der die Predigt eines »Ketzers« kaum geduldet hätte, gerade abwesend war, wählte Luther, der jetzt seine Chance gekommen sah, die Verse 18 und 19 aus dem 16. Kapitel des Matthäus-Evangeliums, über die er sich bereits mehrfach mit Eck gestritten hatte und die diesen aufs neue reizen mußten, da sie das Herzstück der Papstkirche bildeten: »Und ich sage dir auch: Du bist Petrus, und auf diesen Felsen will ich meine Kirche bauen … und ich will dir des Himmelreichs Schlüssel geben …«

An die frühen Diskussionen über diesen Text anknüpfend, sagte Luther in seiner Predigt endlich das, was er schon lange dachte und bisher nicht gewagt hatte, so deutlich auszusprechen: »Ja, es ist wahr, daß die Schlüssel dem heiligen Petrus gegeben worden sind, aber nicht ihm, der einzelnen Person, sondern der christlichen Kirche und dir und mir, zum Trost unseres Gewissens. Sankt Peter oder der Priester ist ein Diener an den Schlüsseln, die Kirche aber ist die Braut Christi, und ihr sollen sie mit der Gewalt der Schlüssel dienen.«[86] Die Zuhörer aus Wittenberg waren tief beeindruckt, und Eck sprühte vor Kampflust und forderte Luther in die Arena der Pleißenburg.

Vom 4. bis 13. Juli erreichte die Leipziger Disputation trotz ermüdender Längen mit dem Gefecht zwischen Eck und Luther ihren Höhepunkt und ihre Ziel. Eck verhielt sich kühl und war von ironischer Höflichkeit, Luther wirkte frisch und voll männlicher Jugendkraft. Selbst einige Leipziger Professoren bewunderten seine mit heller und klarer Stimme vorgetragene Gelehrsamkeit und Kenntnis der Bibel. Eck, ein Meister der Redekunst und des Diskutierens, dazu wie wenige seiner Kollegen in Kirchengeschichte bewandert, gelang es, Luther von den Themen Buße und Ablaß, die dieser in einem dreizehn Punkte umfassenden Thesenpapier für Leipzig vorbereitet hatte, wegzulocken und ihn zu zwingen, nur den letzten Punkt zu erklären und zu verteidigen, denn er enthielt die Schlußfolgerung: »Daß die römische Kirche über allen anderen sei, wird wohl aus den kahlen Dekreten der römischen Päpste begründet, die seit 400 Jahren aufgekommen sind; dawider aber stehen die beglaubigten Historien von 1100 Jahren, ebenso der Wortlaut der Heiligen Schrift und der Beschluß des Konzils von Nizaea, des heiligsten von allen.«[87]

Seit dem Verhör durch Cajetan war Luthers revolutionäre Glaubenserkenntnis von offizieller Seite ignoriert worden. Anstatt über sie zu diskutieren, wie Luther es in Augsburg und in der Zeit danach gehofft hatte, tat man so, als hätte man es nur mit einem Attentäter auf den Papst und dessen Schlüsselgewalt zu tun. Die Vorverurteilung als Ketzer zwang Luther immer mehr, sich nicht wegen seines neuen Glaubens, sondern wegen Ungehorsams gegen den Papst und die Kirche zu verteidigen. Daß er dabei jedes Maß verlor – in dem Grade, in dem die Kirche seine Glaubensbotschaft durch Machtträgheit zerstörte –, hatte nicht nur mit der ihm zugefügten innersten Verletzung zu tun, sondern auch mit der durch Roms Taubheit beschleunigten Erkenntnis, daß durch die unmittelbare Gnade Gottes die Mittlerrolle der Kirche und die Vorrechte des Papstes hinfällig wurden. An ihre Stelle setzte Luther die Gemeinschaft der Gläubigen und Heiligen.

Eck brachte die Leipziger Disputation genau auf diesen Punkt der Papstrechtfertigung. Er legte im Lauf der beiderseitigen Beweisführungen, die Luther, wie von Eck beabsichtigt, immer mehr in die Nähe von Jan Hus geraten ließen, eine weitere Fangfessel, indem er das Konzil von Konstanz in die Diskussion warf, das die Lehren von Hus – u. a.: Die Seligkeit eines Christen ist nicht an die Unterordnung unter den Papst gebunden, sondern an die Zugehörigkeit zu der einen heiligen christlichen Kirche, deren Haupt Jesus Christus ist und sonst niemand – als Irrlehren verurteilt hatte.

Luther schilderte den Eklat, der sich daraus ergab und ihn vollends zum Ketzer stempelte, wenige Tage später Spalatin in einem Brief, der noch vor Erregung und Erleichterung darüber, daß die Katze nun aus dem Sack war, vibrierte: »Er [Eck] kam nun bald ans Letzte und stützte sich mit seinem ganzen Gewicht auf das Konzil zu Konstanz, darum daß es den Artikel Hußens verdammte, da er gesagt hatte, das Papsttum wäre vom Kaiser, wo es doch göttlichen Rechtes sein soll. Hier stapfte er nun so recht mutig als auf seinem alten Kampfplatz umher, hielt mir die Böhmen entgegen und bezichtigte mich offen der Ketzerei und Begünstigung der böhmischen Ketzer. Denn er ist nicht weniger unverschämt, wie er ein durchtriebener Sophist ist. Seltsam genug nur kitzelten diese seine Verdächtigungen die Leipziger mehr denn die Disputation selbst.

Ich meinerseits hielt ihm die Tausend Jahre der griechischen Christenheit und alten Väter entgegen, die nicht unter des Papstes Gewalt gestanden, wiewohl ich ihm seinen Ehrenprimat nicht vorwarf. Und endlich haben wir noch über die Autorität des Konzils disputiert. Da habe ich offen bekannt, es seien etliche Artikel unbillig verdammt worden, da sie ja von Paulus, Augustin, auch selbst von Christus mit offenen und klaren Worten gelehrt seien. Da aber schwoll diese Giftnatter an und bauschte dies Verbrechen von mir ganz unmäßig auf, und wurde auf der anderen Seite ganz närrisch vor lauter Schöntun mit den guten Leipzigern. Schließlich bewies ich ihm mit den eigenen Worten jenes Konzils, daß dort nicht alle Artikel als ketzerisch verdammt seien, also daß seine Vorwendungen ganz umsonst gewesen. Und so steht die Sache jetzt.«[88]

Luthers Anzweifeln von Konzilsbeschlüssen brachte das Faß zum überlaufen. Eck konnte nun mit voller Beweiskraft in Rom aktiv werden. Luther habe, so schreibt er in einem Brief über die abgeschlossene Leipziger Disputation, nicht nur geleugnet, »daß der Kirche Gehorsam von göttlichem Recht herkomme«, sondern auch gesagt, »daß ein Concilium, weil es Menschen wären, irren könnte.«[89]

Am 4. Juli 1519, dem Eröffnungstag der Disputation zwischen Eck und Luther, war Johann Tetzel im Leipziger Dominikanerkloster gestorben. Luther hatte dem Kranken tröstend geschrieben, er möge sich wegen der Ablaßfehde nicht grämen, denn sie sei nicht gegen ihn, sondern gegen ganz andere Personen gerichtet gewesen. Jetzt, nach der Leipziger Veranstaltung und dem Tod des indirekten Verursachers der offensiven Reformanmahnung, übernahm Eck die Aufgabe, den endlich öffentlich der Ketzerei Überführten zur Strecke zu bringen. Er fuhr nach Rom, wo er im Auftrag des Papstes und der Kurie bis zum Juni 1520 den Text der Bannandrohungsbulle zusammenstellte. Gleichzeitig arbeiteten einige der angesehensten europäischen Universitäten auf Wunsch Herzog Georgs von Sachsen an Gutachten über die Leipziger Protokolle, namentlich über Luthers ketzerische Aussagen. Die Universitäten von Erfurt und Paris zögerten lange und enthielten sich schließlich einer dezidierten Stellungnahme. Die Universitäten von Löwen, Lüttich, Köln und Mainz dagegen verbrannten im Oktober und November 1520 Luthers Schriften in eindeutiger Ablehnung.

Luther selbst fühlte den Druck von seiten der Gegner bedrohlich anwachsen und setzte in fieberhafter Übersteigerung seine Veröffentlichungen fort, die teils ausgereift, teils spontan formuliert aus ihm heraussprudelten. An Spalatin, der ihn im Namen des Kurfürsten gebeten hatte, einige Predigten für einen Sammelband zu verfassen – man fürchtete bei Hofe, durch Luthers verdoppelten Eifer in neue diplomatische Schwierigkeiten mit dem Papst zu geraten –, schrieb er am 18. Dezember 1519: »Ihr drängt mich heftig zu einer Auslegung der Fastenevangelien und -episteln. Ob ich das leisten kann, weiß ich nicht; es ist eine weitschweifige Aufgabe, und ich bin sehr überlastet. Bedenkt doch: die Psaltervorlesung erfordert eine ganze Manneskraft, und ebensoviel das öffentliche Predigtamt, in dem ich mich durch Evangelium und Genesis hindurcharbeite; eine Vollkraft erfordern drittens die Gebete und Gottesdienste, die mir mein Orden auferlegt, und nicht weniger viertens Eure neue Aufgabe, um von den Briefen zu geschweigen, die geschrieben sein wollen, und von den Mühen mit fremden Angelegenheiten, worunter ich sogar den Umgang mit Freunden rechne, von dem ich sozusagen umgarnt werde und der mir eine Menge Zeit nutzlos verdirbt.«[90]

Auch im Jahr 1520 kam der »Fall Luther« nur schleppend voran. Luther forderte mehrmals ein allgemeines Konzil für seine Thesen und, mit Unterstützung des sächsischen Kurfürsten, eine Bestellung vor das Reich, um sich wenigstens vor denen zu rechtfertigen, die zwar dem kirchlichen Gericht verpflichtet waren, aber geistliche Angelegenheiten objektiver, vielleicht sogar in seinem Sinn beurteilen würden. Trotz der günstigen Stimmung an der Wittenberger Universität und am kursächsischen Hof bekannten sich nur wenige Personen so offen zu ihm, daß sie im Juni 1520 – Eck hatte seine Feindesliste mit nach Rom genommen – ebenfalls mit dem Bann bedroht wurden. Dazu gehörten neben Karlstadt in Wittenberg der Professor Johannes Doelsch, in Zwickau der Prediger Johannes Wildenauer, in Nürnberg der Ratsschreiber Lazarus Spengler und der Humanist und Patrizier Willibald Pirckheimer und in Augsburg der Domherr Bernhard Adelmann. Johann von Staupitz, dem die Ordensleitung der Augustiner in Rom schwer zusetzte, weil es ihm offensichtlich nicht gelang, den Bruder Martinus zur Räson zu bringen, entzog sich dem Konflikt zwischen Pflicht und Neigung, indem er sein Amt als Generalvikar niederlegte und sich zu den Benediktinern nach Salzburg zurückzog, wo er 1522 Abt des Petersklosters wurde und zwei Jahre später in stiller Aussöhnung mit seinem liebsten und schwierigsten Ordenszögling starb. Luther kommentierte die abwartende Haltung seiner Umgebung 1537 mit den Worten: »Als das Papsttum noch in der Blüte stand, da schwiegen sie allesamt still. Da war ich länger denn drei Jahre von Oktober 1517 bis April 1521 gar verlassen; keiner reichte mir die Hand.«[91]

Luther schrieb in diesem Jahr 1520 sein reformatorisches Hauptwerk nieder, angesichts seiner zahlreichen polemischen Traktate, seiner Korrespondenz und zweifachen amtlichen Tätigkeit als Professor und Prediger eine ungeheure geistige und schriftstellerische Leistung, auch wenn die Themen bereits seit Jahren durchdacht und skizziert waren. Die Freiheit, die ihm das sich verzögernde Urteil aus Rom verschafft hatte, war seit Ecks öffentlicher Denunzierung zu einer Art Narrenfreiheit geworden, denn eine härtere Strafe als den Kirchenbann konnte es ohnehin nicht geben. Von seelsorgerlicher Seite, also vor allem von Staupitz, wurde Luther ermahnt, sich aller radikalen Formulierungen zu enthalten. Von weltlicher Seite, also vom sächsischen Kurfürsten und seinem Sekretär – neuerdings auch Hofprediger – Georg Spalatin, kam weiterhin Schützenhilfe, die sich Mitte des Jahres 1520 noch durch Männer reichsdeutscher Gesinnung wie Ulrich von Hutten und Franz von Sickingen verstärkte und die religiöse Auseinandersetzung immer eindeutiger zu einer politischen machte, mit der Losung: Weg von Rom, weg von den Welschen, weg vom Papst, weg von der katholischen Kirche.

Dieses reformatorische Hauptwerk, das reißenden Absatz fand und eine wahre Begeisterung für Luther als den Befreier Deutschlands vom Joch der römischen Papstmacht auslöste, baute sich aus vier Einzelschriften auf. Im Mai 1520 erschien der »Sermon von den guten Werken«, adressiert an die Gemeinde, im August »An den christlichen Adel deutscher Nation von des Christlichen Standes Besserung«, adressiert an die weltlichen Herren, im Oktober »Vom babylonischen Gefängnis der Kirche. Ein Vorspiel«, adressiert an Gelehrte und Theologen, und im November »Von der Freiheit eines Christenmenschen«, adressiert an jeden Christen.

Im Text »Von den guten Werken« ging Luther von seiner ureigenen Glaubenserfahrung aus, die den Römerbrief von Paulus zur Grundlage hatte und den Anstoß zur Rebellion gegen die alte Kirche und zum Aufbau einer neuen Kirche bildete. Hier stellte Luther elementare Richtlinien für eine reformatorische Ethik auf, der er 1529 im kleinen und großen Katechismus die endgültige Fassung gab. Hier schrieb Luther als Revolutionär des Glaubens, hier ging es um die Befreiung und Rettung des Glaubens vor Veräußerlichung und Erlöschen durch materielle Interessen.

Luther versuchte zuerst die Frage zu beantworten: Wann handelt der neue Gläubige sittlich gut? Und er erklärte: Im Sinn des Evangeliums ist nur das Handeln gut, das der Glaube bewirkt, das geleitet wird von dem durch Christus gestifteten Vertrauen auf Gott. Nichts ist in sich selber gut, allein der Glaube ist es, der alles gut machen kann. In ihm getan, ist alles gut – ohne ihn getan alles Sünde. Alles, was nicht aus diesem Glauben entsteht, ist Sünde, das heißt alles Tun, das aus irgendwelchen anderen Beweggründen erfolgt als dem durch Gottes Liebe entzündeten Vertrauen zu ihm. Darum müssen gerade die Werke nichtig werden, die nur eigener Leistung entspringen. Ichhaft begründet stehen sie unter dem Gesetz, während der Glaube keines Zwangs und keiner Vorschrift bedarf. Der Glaube ist also keine ruhende, durch magisch wirkende Sakramente vermittelte Beschaffenheit des menschlichen Wesens, sondern etwas Lebendiges, Tätiges und ständig Wirkendes. Der Glaube kann niemals ruhen, wie Gott selber auch kein ruhendes Sein, sondern ein unablässig Wirkender ist.[92]

Diese Selbstverantwortung des Gläubigen war eine Forderung, die die innere Trägheit des Menschen kaum zu berücksichtigen schien, denn wie leicht ließen sich die evangelischen Gebote durch Selbstgerechtigkeit trügerisch erfüllen, wie leicht rückte vor das Fernziel eines auf Mysterien beruhenden Glaubens das Nahziel eines »Glaubens als subjektives Erlebnis«. Aus dem Gott der Welt und des Universums wurde durch Heranziehung nicht nur ein individueller Hausgott, sondern auch ein nationaler Gott, der durch Luther in deutscher Zunge redete. Die Kirche in Frankreich, die Luther als positives Beispiel für eine von Rom unabhängigere Kirche nannte, hatte einige Sonderrechte erwirkt, ohne dafür den gesamten äußeren Glaubensapparat umzugestalten. In Deutschland kam es aus Mangel an zentralistischer Macht, die dem Kaiser zugleich gewünscht und verwehrt wurde, und aus irrationaler Gegnerschaft zu den romanischen Völkern – die Humanisten hatten den »Germanicus« von Tacitus wiederentdeckt – durch die starke Leitfigur Luthers zwangsläufig zu einer Personifizierung und Nationalisierung der Kirchenreform, die von der Glaubenskrise eines einzelnen ausging und sich in eine politische Unabhängigkeitsbewegung verwandelte.

In dem Traktat »An den christlichen Adel deutscher Nation« wandte sich Luther mit nicht zu überbietender Schärfe gegen die Papstkirche, die seinen Gehorsam und seine Liebe so hartnäckig ignoriert hatte. Daß er vielen Deutschen aus der Seele sprach, bewies das Interesse an seinem Traktat, der bereits zwei Tage nach der Veröffentlichung – die Erstauflage betrug 4000 Exemplare – nachgedruckt werden mußte. Da las man zum Beispiel die kaum nachprüfbare, aber die verbreitete antirömische Stimmung anheizende Polemik: »Wozu ist das Volk nütze in der Christenheit, das da heißet die Kardinäle? Das will ich Dir sagen! Welsch- und Deutschland haben viele reiche Klöster, Stiftungen, Lehen und Pfarren, die hat man nicht gewußt besser gen Rom zu bringen, als daß man Kardinäle machte und denselben die Bistümer, Klöster, Prälaturen zu eigen gäbe und Gottes Dienst also zu Boden stieß. Darum sieht man jetzt, daß Welschland fast wüst ist, Klöster zerstöret, Bistümer verzehret, Prälaturen und aller Kirchen Zins gen Rom gezogen, Städte verfallen, Land und Leute verdorben, da kein Gottesdienst noch Predigt mehr geht. Warum? die Kardinäle müssen die Güter haben! Kein Türke hätte Welschland [Italien] so können verderben und Gottes Dienst niederlegen. Nun Welschland ausgesogen ist, kommen sie ins deutsche Land, heben fein säuberlich an, aber sehen wir zu, das deutsche Land soll bald dem welschen gleich werden. Wir haben schon etliche Kardinäle; was darinnen die Römer suchen, sollen die ›trunkenen‹ Deutschen nicht verstehen, bis sie kein Bistum, Kloster, Pfarre, Lehen, Heller und Pfennig mehr haben. Der Endchrist [Anspielung auf den Papst] muß die Schätze der Erde haben, wie es verkündet ist.«[93]

In wütendem Rasen, ohne Rücksicht auf Altgläubige, die in der Stille den klerikalen Mißständen entgegenwirkten, nahm Luther theoretisch den »Flächenbrand« vorweg, der ihm nach der Leipziger Disputation attestiert worden war und den er, fast geschmeichelt, in Briefen zitierte. »An den christlichen Adel deutscher Nation« enthielt ein Programm, das schon bald weitgehend realisiert wurde: Abschaffung des Zölibats, Einsetzung der Bischöfe im eigenen Land, Aufhebung der kirchlichen Gerichtsbarkeit, des geistlichen Besitzes und der geistlichen Lehen, Einstellung aller Zahlungen an Rom, freie Wahl und Entlassung der Geistlichen durch die Gemeinden, Auslegung der Bibel durch jeden einzelnen Christen, Streichung fast aller Kirchenfeiertage, Verbot der Ablässe und Wallfahrten und Ablehnung der Eide gegenüber dem Papst, der dem Kaiser grundsätzlich untertan ist und dessen Funktion auf die eines Schiedsrichters bei Differenzen zwischen hohen Kirchenmännern beschränkt bleibt.

Für den sozialen Bereich empfahl Luther den Landesherren Änderung der Erziehung, des Bildungswesens, der Armenpflege und der Kapitalspekulationen. Also eine hellhörige Befürwortung des Bildungsbürgertums, die der neuen Klasse der Arbeiter im 19. Jahrhundert den Zugang zum Luthertum allerdings erschwerte, und eine verhängnisvolle Verurteilung des Zinswesens zugunsten handwerklicher Arbeit, die den Lutheraner der kapitalistischen Gesellschaft in immer sublimere moralische Heuchelei trieb. Auf der Habenseite stand letztlich für den neuen Gläubigen der Zwang zur Selbstverantwortung und zur persönlichen Entscheidung mit der alleinigen Hilfe der Bibeltexte, ein innerer Zwang, dem zu folgen und den zu ertragen es eines fast utopischen Menschentyps bedurfte.

Anfang Juni 1520 verdichteten sich die Gerüchte, daß das Papsturteil gegen Luther und seine Anhänger fixiert worden sei, durch briefliche

Bestätigungen zu voller Gewißheit. Am 4. Juni schrieb der dreiunddreißigjährige Humanist und Mitverfasser der vielgelesenen antiklerikalen »Dunkelmännerbriefe«, Ulrich von Hutten, an Luther: »Es heißt, Du bist in den Bann getan. Wie groß, o Luther, wie groß bist Du, wenn das wahr ist! Sei stark! Doch sieh Dich vor und halte Augen und Sinn auf die Feinde gerichtet!! Aber was mahne ich, so es nicht nottut. Mich hast Du zum Helfer, wie es auch kommt, deshalb kannst Du mir alle Deine Pläne ruhig anvertrauen. Wir wollen für die gemeine Freiheit fechten, wir wollen unser so lange geknechtetes Vaterland befreien. Gott ist auf unserer Seite: und Gott ist für uns – wer will gegen uns sein?«[94] Luther vernahm das Schutzangebot des jungen Ritters nicht ungern, nur kam es unbehaglicherweise aus dem Lager derjenigen, die durch die nationalen Töne in seinen Schriften angelockt wurden, ohne der Melodie des neuen Glaubens folgen zu wollen.

Von einem Bann konnte noch gar keine Rede sein. Erst einmal wurde eine Bannandrohungsbulle, datiert auf den 15. Juni 1520, herausgegeben und am 24. Juli 1520 durch Anschlag an der Peterskirche und an der päpstlichen Kanzlei auf dem Campo dei Fiori in Rom veröffentlicht. Ungewöhnlicherweise fehlten die Unterschriften des Papstes und der beratenden Kardinäle, und anstelle der üblichen Siegelschnur aus Hanf hatte man eine bunte verwendet – Anzeichen eines letzten Zögerns, einen Ketzer ohne Verhandlung und Aussprache zu verurteilen. Auch Luther, der die Bulle »Exsurge Domine« (Erhebe Dich, Herr) am 10. Oktober erhielt, nachdem Eck sie bereits im September in Meißen, Merseburg und Brandenburg bekanntgemacht hatte – für diese Bekanntmachung sorgte im Westen Deutschlands der päpstliche Nuntius, Kardinal Hieronymus Aleander –, hielt ein letztes Mal auf seinem Weg inne. Er ließ sich von dem Zwischenhändler Karl von Miltitz überreden, einen in versöhnlichem Ton gehaltenen Brief an Leo X. zu schreiben. Um ihn nicht als Reaktion auf die Anfang Oktober überbrachte Bannandrohungsbulle erscheinen zu lassen, datierte er den »Sendbrief« auf den 6. September zurück und fügte ihm, ebenfalls auf Miltitz' Wunsch, die Schrift »Von der Freiheit eines Christenmenschen« bei.

In dem »Sendbrief« wiederholte Luther seine Anklagen gegen die Institutionen Papst und Kirche, die den wahren Glauben behinderten und nicht förderten, nahm aber die persönlichen Amtsträger, das war das Versöhnliche, von seinen Beschuldigungen aus. In der begleitenden Schrift, die etwas später in Deutschland veröffentlicht wurde, erklärte Luther den schwer zu fassenden Begriff der »christlichen Freiheit«, der ihn in den folgenden Jahren in immer größere Distanz zu den Humanisten und philosophischen Idealisten brachte. Freiheit gibt es, so sah es Luther, weil das Reich Gottes nahe gekommen ist. Nur wer diese Botschaft hört und ihr glaubt, hat Anteil an dieser Freiheit. Versteht man unter Freiheit, wie die Humanisten, eine natürliche Anlage des Menschen, so verstrickt man sich und die Welt in Irrtum und Verwirrung; versteht man unter Freiheit eine Überlegenheit, die sich der Mensch durch philosophische Selbstzucht oder mystische Versenkung erwirbt, so stärkt man im Gegensatz zu dem, was das Evangelium meint, einen Wahn. Nach der »Seele«, nach dem »inneren Menschen« ist der Christ frei, sofern er Gott zugewandt lebt. Der Christ ist »untertan« in der Aufmerksamkeit zu Jesus, was für diese Welt bedeutet: »dienstbar dem anderen«.[95]

Der »Sendbrief« und die Schrift »Von der Freiheit eines Christenmenschen«, in denen die Kirche weiter grundsätzlich in Frage gestellt wurde, boten Leo X. und der römischen Kurie keine Möglichkeit einzulenken. Ebensowenig konnte Luther einlenken, der in der Bannandrohungsbulle zum letztenmal die Gelegenheit erhielt, seine Thesen und Lehren binnen sechzig Tagen zu widerrufen, andernfalls seine Schriften feierlich zu verbrennen und in Zukunft mit allen Mitteln zu unterdrücken seien. Als Luther erfuhr, daß solche Verbrennungen an den Universitäten Löwen und Köln voreilig stattgefunden hatten, wählte er dieselbe Methode, um sich von der Bulle »Exsurge Domine« zu befreien. Einen Tag vor Ablauf der gesetzten Frist, am 10. Dezember 1520, warf er, umgeben von Studenten und Professoren, vor dem Elstertor in Wittenberg, wo gewöhnlich die Kleidung von Pesttoten verbrannt wurde, die Bulle zusammen mit Werken der Scholastiker und Streitschriften seiner Gegner auf einen brennenden Scheiterhaufen.

Zwei Wochen später veröffentlichte Luther eine Rechtfertigung dieses Ereignisses mit dem Titel »Warum des Papstes und seiner Jünger Bücher von Doktor Martino Luther verbrannt sind«. Einleitend erklärte er: »Zum ersten ist's ein althergekommener Brauch, giftige, böse Bücher zu verbrennen, wie wir lesen in der Apostelgeschichte 19,19, da sie für fünftausend Pfennige Bücher verbrannten nach der Lehre Sankt Pauli.«[96] Dann schleuderte er im Kulminationspunkt der kurzen Schrift seinen eigenen Bannstrahl: »Es ist Summa Summarum: der Papst ist ein Gott auf Erden über alle Himmlischen, Irdischen, Geistlichen und Weltlichen, chen, und alles ist sein eigen. Ihm darf niemand sagen: Was tust du? Das ist der Greuel und Stank, davon Christus sagt: ›Wenn ihr werdet sehen den stinkenden Greuel, der alle Dinge wüst macht, daß er steht in der heiligen Stätte, davon Daniel gesagt hat – wer da liest, der versteht es wohl‹, und Sankt Paul: ›Er wird sitzen in demTempel Gottes (das ist in der Christenheit) und sich dort geben, als sei er ein Gott‹ … Also mummelt man jetzt auch: ›Wenn der Endchrist erst kommt, wie kann er mehr Böses tun, als des Papstes Regiment getan hat und täglich tut?‹ Ist es doch nicht glaublich, daß er, wenn sein Regiment aus Gott wäre, also viel Verderben und Sünd daraus kommen und den bösen Geist so gar gewaltig drinnen regieren lassen sollte. Dennoch glauben wir's nicht, bis daß wir verloren sind und allzu langsam den Endchrist erkennen.«[97] Der Papst als Endchrist, als Antichrist – der polemische Donner hallte den Zerstörungen, Aufständen und Religionskriegen voraus.

Der Bann aus Rom war nun mehr als überfällig, aber er verzögerte sich wie die Androhung und wurde erst im Oktober 1521 erlassen. Noch hatten Kaiser und Reich nicht eingewilligt, dem Kirchenbann auch die Reichsacht folgen zu lassen. Den durch die gekoppelte Gerichtsbarkeit von Kirche und Reich als Ketzer Verurteilten erwartete, wie in totalitären Regimen späterer Epochen, die völlige Vernichtung: die seines Körpers durch Hinrichtung, die seines Geistes durch manipuliertes Vergessen.

Luther war sich über seine Situation im klaren, doch er entschied als Mann des Glaubens, dessen Botschaft vom Gnadengeschenk Gottes bereits viele Seelen mit Trost und Hoffnung erfüllte. An Spalatin schrieb er am 29. Dezember 1520: »Fliehen will ich nicht und widerrufen noch viel weniger. Dazu stärke mich der Herr Jesus. Denn ich könnte beides nicht tun ohne Gefahr des Christentums und des Seelenheils vieler Menschen.«[98]

Der Reichstag zu Worms 1521: Die Politisierung der Reformation und Luthers Aufstieg zum deutschen Helden

Als der Kaiser am 1. November 1520 einen Reichstag auf den 6. Januar 1521 nach Worms einberief, lag ihm nichts ferner, als sich mit dem Wittenberger Ketzer Martin Luther zu befassen. Auf der Tagesordnung standen die Errichtung eines Reichsregiments, die Organisation und Finanzierung des Reichskammergerichts und die verfassungsmäßige Festsetzung des Landesfriedens.

Karl V., der in Spanien und in den Niederlanden, im Reich aber nirgendwo unmittelbar Landesherr war, stieß mit seinen Bestrebungen, eine zentralistische Universalmonarchie zu errichten, nicht nur bei den meisten deutschen Territorialherren, denen er auf den Reichstagen Konzessionen abzuringen versuchten, sondern auch beim Papst und beim französischen König, die um ihre Macht fürchteten, auf andauernden Widerstand. An diesem Komplex realer Interessen, die durch Landbesitz, Wirtschaftsvermögen und militärische Stärke bestimmt wurden, mußte jede religiöse Bewegung, ob fortschrittlich oder konservativ, wirkungslos abprallen, es sei denn, sie entwickelte sich zu einem politischen Störfaktor.

Die Schriften Luthers aus den Jahren 1517 bis 1520, die in Deutschland bereits erhebliche Verbreitung gefunden und für Unruhe im Kirchenvolk gesorgt hatten, nötigten Papst und Kaiser wenig mehr als das Bedürfnis ab, dem ungehörigen Autor so unaufwendig und unauffällig wie möglich das Handwerk zu legen. Daß dieser Mann weder von dem sächsischen noch von dem pfälzischen Kurfürsten oder der Reichsstadt Augsburg an die kirchliche Gerichtsbarkeit ausgeliefert worden war, empfand man allenfalls als übertriebenes, aber verständliches Pochen auf die eigenen Rechte. Nichts deutete schließlich auf ein Problem hin, dem nicht mit den gewohnten Disziplinierungsmitteln wie Bann und Reichsacht beizukommen wäre. Erst auf dem Wormser Reichstag, genauer gesagt, unmittelbar nach der wie üblich durch eine Messe eingeleiteten Eröffnung am 27. Januar 1521, wurde allen Parteien bewußt, daß der »Fall Luther« durch den Bann keineswegs erledigt war, sondern ein Fall ohne Ende zu werden drohte.

Das ganze Hin und Her, das sich bereits in unterschiedlicher personeller Besetzung, aber aus immer gleichen Eifersüchteleien und Kompetenzstreitigkeiten heraus anläßlich der Heidelberger Disputation, des Augsburger Verhörs, der Leipziger Disputation und der Kaiserwahl in Frankfurt hinter den Kulissen abgespielt hatte, wiederholte sich aufs neue. Auslöser der nächsten Pokerrunde war weder das »arme Mönchlein« aus Wittenberg, das man niemals wirklich ernstgenommen hatte, noch der Kaiserschacher, den man, Gott sei Dank, den Fuggern anlasten konnte, sondern die erst jüngst der Druckerkunst entwachsene Hydra der öffentlichen Meinung, deren Gift und Feuer sprühenden Kopf die Publizistik und deren bedrohlich kraftvollen und mobilen Leib die Volksmasse bildete.

Als nach dem Wormser Reichstag das Gerücht aufkam, daß Luther entgegen anderslautenden Abmachungen gefangengenommen oder sogar getötet worden sei, nahm die öffentliche Meinung gefährliche Ausmaße an. Der über dieses ungewohnte Phänomen erschrockene päpstliche Nuntius, Hieronymus Aleander, schrieb an Leo X.: »Wir schwebten in der größten Gefahr, da die Lutheraner das Volk mit dem zwiefachen Vorgeben aufwiegelten, daß Luther ein Mann voll des Heiligen Geistes sei, und sodann, daß wir das ihm zugesicherte Geleit gebrochen hätten … Dieser ganze Hof [der in Worms Versammelten] tobte und besonders gegen uns, indem man die Drohung aussprach, daß, wenn sichs so verhielte, das Volk zuerst uns und dann alle Priester erwürgen würde.«[99]

Bereits vor dem Wormser Reichstag hatte es wegen Luther Anzeichen von Empörung in der Bevölkerung gegeben. In einigen Städten war der Nachdruck der Bannandrohungsbulle von den Kirchentüren heruntergerissen oder die Verbrennung von Luthers Schriften verhindert worden. Man hatte gehört und gelesen, daß es nicht rechtens sei, einen Angeklagten ohne Verhör zu verurteilen, und selbst der Papst – man nickte beifällig – dürfe sich ein solches Unrecht nicht anmaßen. Die deutschen Landesherren registrierten den aufkommenden Unmut als erste, einige nicht eben erfreut, andere, wie Friedrich der Weise, der durch die Druckerlaubnis für Luthers Schriften das neue Rechtsempfinden förderte, mit Genugtuung. Nach Rom gelangten böse Nachrichten, aber wer sie pflichtgemäß zur Kenntnis nahm, hielt sie für das Ergebnis übertriebener Aufgeregtheit oder frommer Exaltation. Beides würde sich geben, wenn Luther und seine Schriften erst verschwunden waren.

Die beiden päpstlichen Nuntien, Hieronymus Aleander und Marinus Caracciolo, nahmen daher, ohne sich viel dabei zu denken, nur ihre Aufgabe wahr, als sie vom Kaiser verlangten, der am 3. Januar 1521 von Leo X. ausgestellten Bannbulle die Reichsacht folgen zu lassen. Auch der Kaiser war nicht geneigt, an die Luthersache viele Gedanken zu verschwenden, aber seine Ratgeber, der Großkanzler Antonio di Gattinara und der französische Franziskaner Jean Glapion, hatten dem noch unerfahrenen Einundzwanzigjährigen die politisch-kirchliche Kleinwelt in Deutschland erklärt und ihn zu der Meinung veranlaßt, daß Luther vorgeladen werden müsse, bevor man die Reichsacht über ihn verhänge. Man sollte gerade jetzt, da man die Kurfürsten zur Festigung des Reichs brauche, nicht ihren Eigensinn herausfordern, indem man unkorrekt angewandtes Kirchenrecht – Verurteilung ohne Verhör – durch Reichsrecht – Verhängung der Reichsacht – bestätige. Man sei in Deutschland in aufgewiegelten Kreisen – zum Beispiel um Ulrich von Hutten, den die römische Kurie vorsichtshalber gleich mit auf die Bannbulle gesetzt habe – ungehalten genug über die Eigenmächtigkeit der Welschen.

Die Absprachen zwischen den kaiserlichen Räten, päpstlichen Nuntien, Kurfürsten, deutschen Territorialherren und Vertretern der Reichsstädte verschlangen sich zu einem so undurchsichtigen Knäuel wechselseitiger Konzessionen, daß trotz der Zusicherung freien Geleits niemand außer Friedrich dem Weisen, der eigene Pläne mit seinem »Professor« hatte, Luther hätte raten mögen, der am 6. März beschlossenen Vorladung zu folgen. Luther wurde die Aufforderung, sich innerhalb von einundzwanzig Tagen in Worms vor dem Kaiser einzufinden, in Wittenberg am 26. März durch einen Reichsherold überreicht, der zusammen mit dem Diener für den Schutz und die angemessene Behandlung des Befohlenen sorgen sollte.

Um Luther nicht unnötig mißtrauisch zu machen, war in dem kaiserlichen Kanzleischreiben von dem »ehrsamen, unseren lieben, frommen Doktor Martin Luther« die Rede, und er möge nach Worms kommen, um wegen »der Lehren und Bücher, die von Dir seit einiger Zeit ausgegangen sind, Erkundigung von Dir zu empfangen«.[100] Nuntius Aleander, der die Anrede für völlig unpassend hielt, berichtete nach Rom: »Diesen Titel gibt man einem offenkundigen Ketzer gegen Gott und alle Vernunft. Auf meine Beschwerde erwiderte man, das sei nun einmal der Stil, und wenn man eine schroffe Fassung hätte wählen wollen, so hätte das einfach geheißen, er solle nicht kommen.«[101]

Luther interessierten die politischen Intrigen, soweit sie ihm bekannt wurden, nicht. Im Dezember 1520, als er noch auf eine Antwort des Kaisers wartete, den er vier Monate vorher um eine Anhörung gebeten hatte – Karl V. zerriß den Brief ungelesen –, schrieb er ohne Zorn und ohne Polemik als einfacher Gläubiger, dem Gott näher war als die Welt, an seinen immer hilfreichen und verschwiegenen Freund Spalatin:

»Werde ich vorgeladen, so werde ich, soviel an mir liegt, erscheinen, und wenn mich die Gesundheit verläßt und ich nicht gesund kommen kann, so werde ich mich noch krank hinfahren lassen. Denn ich darf nicht zweifeln, daß ich vom Herrn gerufen werde, wenn der Mund des Kaisers mich entbietet. Will man sodann Gewalt anwenden, was ja wahrscheinlich ist, da sie noch meine Vorladung nicht betreiben, um sich eines Besseren belehren zu lassen, so muß ich meine Sache Gott befehlen ... Denn hier ist die Frage nicht Gefahr oder Rettung eines Menschenlebens; das muß vielmehr unsere Sorge sein: Das Evangelium, für das wir einmal eingetreten sind, nicht dem Spott der Gottlosen auszuliefern, nicht unsern Gegnern Ursache zu geben, sich wider uns zu rühmen, als wagten wir nicht, frei zu bekennen, was wir gelehrt haben, als fürchteten wir nicht, frei zu bekennen, was wir gelehrt haben, als fürchteten wir uns, unser Blut dafür zu vergießen. Vor solcher Feigheit und vor diesem Triumph der Feinde bewahre uns Christus in seiner Barmherzigkeit, Amen!«[102]

Drei Monate später, als der Reichsherold die kaiserliche Botschaft nach Wittenberg überbrachte, hatte sich Luthers Einstellung zu der dringlich erwünschten und rechtlich notwendigen Anhörung nicht geändert, wohl aber das Verhandlungsklima in Worms, wo sich ein europäisches politisches Spannungsfeld um den »Fall Luther« aufbaute, als sei plötzlich jeder um sein Seelenheil besorgt. Ein großes Glück für Luther und die Reformation, die durch das Wormser Spektakel zu einer kirchlichen Spaltungstragödie mit glaubensrevolutionärem Vorspiel wurde, war die nüchterne, menschlich zurückhaltende Persönlichkeit Friedrichs des Weisen, dessen Frömmigkeit, im Gegensatz zu Luther, jede öffentliche Auseinandersetzung über religiöse Dinge scheute. Für ihn ging es seit den Ablaßthesen vom Oktober 1517 bis hin zu der Feilscherei in Worms um rechtliche Fragen, und er achtete vor allen anderen deutschen Landesherren peinlich genau darauf, daß das Territorialrecht vom Kirchenrecht und vom Reichsrecht unabhängig blieb. Sein energisches Eintreten für den drangsalierten Wittenberger Professor enthielt jedoch auch ein persönliches Motiv, das sich (nicht) bis ins letzte erklären läßt.

Während in Worms noch um eine Entscheidung zwischen Verhör oder einfacher kaiserlicher Bestätigung des Kirchenbanns – wodurch die Tagesordnung wieder geglättet worden wäre – gerungen wurde, schrieb Luther an seine treuesten Freunde, um sich von seiner Nervosität und dem physischen Unbehagen abzulenken, die das ungewisse Warten zunehmend verursachten. Der Druck, der auf ihm lastete, ging jetzt nicht nur vom Papst und der gesamten Kirchenhierarchie aus, sondern auch vom Kaiser und den sich in nationalem Geist formierenden deutschen Fürsten und Herren. Die einen wollten ihn aus dem Verkehr ziehen, die anderen als Feldzeichen im Unabhängigkeitskampf gegen Rom verwenden.

An Johann von Staupitz, der den radikalen Weg der Kirchenerneuerung nicht mitgehen konnte, schrieb Luther am 14. Januar 1521: »Als wir bei unserem Zusammensein in Augsburg [Oktober 1518] uns verschiedentlich über meine Sache besprachen, sagtet Ihr unter anderem zu mir: ›Seid eingedenk, Bruder, daß Ihr dies Werk im Namen unseres Herrn Jesu Christi angefangen habt. Und das war nicht Euer Wort, sondern Gott sprach durch Euren Mund, und ich habe es treu im Herzen bewahrt. So sind Eure eigenen Worte, mit denen ich Euch heute bitte‹. Seid auch Ihr eingedenk, daß Ihr einst jenes Wort zu mir gesprochen habt. Bisher wars ja nur Scherz und Spiel, nun aber wird es bitterer Ernst, und wie Ihr gesagt habt, wo Gott nicht das Werk hinausführt, so ists unmöglich, es zu Ende zu führen. Sichtlich liegt nun alles allein in Gottes Hand; niemand kann das noch leugnen. Wer will hier raten? Was vermöchten Menschengedanken? Der Aufruhr steht in hellen Flammen, und ein Ingrimm lodert auf beiden Seiten, daß es aussieht, als könne es kaum am Jüngsten Tage gedämpft werden …

Unter Zagen und Beten habe ich die päpstlichen Bücher und seine Bannbulle verbrannt; jetzt aber bin ich darüber froher, als je über eine Tat in meinem ganzen Leben. Denn sie sind verderblicher, als ich zu glauben wagte. Der Kaiser hat mich durch ein Schreiben an den Kurfürsten vorgeladen; dieser hat es aber abgeschlagen [der Kurfürst sollte Luther unter seinem, nicht unter kaiserlichem Schutz nach Worms bringen lassen] und auch der Kaiser hat alsbald in einem zweiten Brief den ersten widerrufen. Gott allein weiß, was daraus werden soll. Hutten hat die Bulle mit den beißendsten Bemerkungen wider den Papst angegriffen und trägt sich noch mit mancherlei Plänen über diesen Gegenstand.«[103]

Gegenüber seinem ehemaligen Beichtvater, mit dem ihn trotz aller Unterschiede die Sehnsucht nach Erfüllung im Glauben unauflösbar verband, mochte Luther sich nicht ausführlicher über Hutten äußern, denn dessen Unterstützung ließ allzu deutlich die politische Dimension erkennen, die sich in seinen Schriften »An den christlichen Adel deutscher Nation« und »Von der babylonischen Gefangenschaft der Kirche« bereits ausgeprägt hatte. Ulrich von Hutten war als Vertreter der ins historische Abseits geratenen Ritterschaft, die sich durch Betonung deutscher Interessen einen Wiederaufschwung versprach, und als Anhänger der humanistischen Lehre 1520 auf Luther zugegangen, um gemeinsam das Papsttum aus dem Reich zu verdrängen. Luther liebäugelte mit diesem Hilfsangebot, obwohl er wußte, daß von der Seite Huttens und dessen Freundes Franz von Sickingen ein zu scharfer Wind in die falsche Richtung blies. Er brauchte zu diesem Zeitpunkt jeden, der seine Position vor den Mächtigen stärkte, denn allein durch den Glauben und mit dem Evangelium in der Hand bewege sich in dieser Welt nichts.

Als Hutten drängte, Luther möge sich doch endlich in von Sickingens »Herberge der Gerechtigkeit«, auf Burg Landstuhl bei Kaiserslautern, vor den päpstlichen und kaiserlichen Häschern in Sicherheit bringen und mit ihnen für die Losung »Rächen wir die gemeinsame Freiheit, befreien wir das schon lange unterdrückte Vaterland« kämpfen, distanzierte sich Luther am 16. Januar 1521 in einem Brief an Spalatin von jeder Gewaltanwendung: »du siehst, was Hutten von mir erbittet. Aber daß mit Gewalt und Mord für das Evangelium gestritten würde, möchte ich nicht. In diesem Sinne habe ich auch an ihn geschrieben. Durch das Wort wurde die Welt überwunden, durch das Wort wurde die Kirche erhalten, durch das Wort wird sie auch wiederhergestellt werden. Aber auch der Antichrist hat ›ohne Hand‹ angefangen und wird auch ›ohne Hand‹ zerbrochen werden, durch das Wort.«[104] (Ulrich von Hutten und Franz von Sickingen starben beide 1523, Sickingen nach der vergeblichen Belagerung von Trier tödlich verwundet auf seiner Burg, Hutten nach seiner Flucht nach Zürich verlassen und mittellos auf der Insel Ufenau.)

Zwei Wochen später hatte sich die Wormser Reichstagsrunde erneut gegen ein Verhör und für eine Verurteilung ohne nochmalige Vorführung des Ketzers geeinigt. Luther schrieb am 3. Februar 1521 an Wenzeslaus Link nach Nürnberg: »Täglich erwarten wir Nachricht aus Worms. Denn die Päpstischen wünschen nicht mein Erscheinen vor dem Reichstag, sondern einfach meine Verurteilung und meinen Untergang. Wie Spalatin berichtet, hat sich Aleander vermessen zu sagen: ›Wenn Ihr Deutschen, die Ihr an den Römischen Stuhl am wenigsten von allen gezahlt habt, auch das Joch der römischen Knechtschaft abschüttelt, so wollen wir doch dafür sorgen, daß Ihr Euch im Bruderzwist aufreibt und Euch selbst hinmordet.‹ So weit Spalatin. Und daß eben diese Greuel von Rom gegen uns geschürt werden, habe ich stets gesagt und geschrieben. Jetzt seht Ihr, wie der Papst die Lämmer Christi weidet.«[105]

Luther, der aus Glaubensnot gegen Rom polemisiert hatte, begann jetzt, bei sich verhärtenden Fronten, das für wahr und wahrhaftig hinzunehmen und zu verbreiten, was seine Polemik bestätigte. Nachsicht und christliche Liebe, die er auf päpstlicher Seite vermißte, brachte auch er schon längst nicht mehr auf. Die persönliche Glaubenskrise von einst, die er einschließlich ihrer Überwindung schriftlich fixiert und veröffentlicht hatte, nahm während der einsetzenden religionspolitischen Kämpfe den Charakter einer allgemeinen nationalen Krise an. Die Glaubensrevolution, die aus dem ewig strafenden einen ewig liebenden Gott gemacht hatte, mußte durch ihre Verstrickung mit der realen Macht einen Teil ihrer prophetischen Kraft verlieren. Die Reformation, oder vielmehr die Lutherbewegung, entwickelte sich zu einem regionalen, einem deutschen Phänomen, das weniger von der Sehnsucht nach Erneuerung des Glaubens als von dem Wunsch nach Unabhängigkeit getragen wurde. Am Ende blieb als Preis für eine zerteilte Kirche ein zerteiltes Land, und der allein dem Evangelium verpflichtete Glaube erstarrte in nationaler Enge.

Für eine abermalige Wendung sorgte Karl V., der, beschworen von dem päpstlichen Nuntius Aleander, die Mehrheit des Reichstags für eine sofortige Gefangennahme Luthers und die Verbrennung seiner Bücher zu gewinnen versuchte. Da jedoch einige Fürsten vor den Unruhen warnten, die ein solches Vorgehen unter den Deutschen auslösen könnte, einigte man sich schließlich doch darauf, Luther vorzuladen, ihn einige »Artikel« aus seinen Schriften widerrufen zu lassen und ihn in »andern Punkten und Sachen« anzuhören. An Spalatin, der ihm laufend über den Reichstag berichtete, schrieb Luther am 19. März gereizt und unruhig zugleich: »Ich habe die Artikel für meinen Widerruf und die Vorschriften für mein Verhalten empfangen. Aber seid versichert, daß ich keine Silbe widerrufen werde, nachdem ich sehe, daß sich meine Gegner einzig und allein auf den törichten Beweis stützen, ich hätte wider Brauch und Herkommen ihrer vorgeblichen Kirche geschrieben. Darum werde ich dem Kaiser Karl antworten, ich gedächte nicht zu erscheinen, falls es lediglich auf einen Widerruf abgesehen sei; denn das wäre ja dann ebensogut, als ob ich schon in Worms gewesen und wieder nach Wittenberg zurückgekehrt sei; widerrufen könne ich auch hier, wenn nur das vonnöten sei. Will er mich aber in Worms töten und um meiner Antwort willen als Feind des Reichs ansehen, dann erbiete ich mich, zu kommen. Denn durch Christi Gnade will ich nicht fliehen und sein Wort in Gefahr lassen. Und das weiß ich ja ganz gewiß, daß jene Mordbuben keine Ruhe haben, bis sie mich getötet haben. Freilich ist es mein Wunsch, daß, wenn möglich, niemand an meinem Blut schuldig wird als die Papisten.«[106]

Nachdem Luther am 26. März die Vorladung vom Reichsherold entgegengenommen hatte, predigte er noch von Gründonnerstag bis Ostermontag täglich zweimal in der Stadtkirche, ohne seine bevorstehende Reise zu erwähnen. Am 2. April bestieg er mit seinem Universitätskollegen Nikolaus von Amsdorf, einem Neffen von Staupitz, und zwei weiteren Begleitern – Melanchthon mußte wegen Lehrverpflichtungen in Wittenberg bleiben – einen vom Magistrat gestellten Wagen, um endlich die so lange erhoffte und geforderte Anhörung hinter sich zu bringen. Daß sie am Urteil gegen ihn nichts mehr ändern würde, wußte er, aber er konnte vor der ganzen in Worms versammelten Welt noch einmal seinen Glauben bekennen. Alles weitere lag in den Händen Gottes und des sächsischen Kurfürsten.

Die Fahrt im Wagen, dem der Reichsherold mit einer Fahne voranritt, dauerte mit mehreren Unterbrechungen zwei Wochen. In fast allen Dörfern und Städten, durch die sie kamen, hatten sich Schaulustige versammelt, die den vor den Kaiser zitierten Luther einmal mit eigenen Augen sehen wollten. Es gab begeisterte Zurufe und allgemeinen Jubel, und die Honoratioren beeilten sich, ihre Aufwartung zu machen. Auf Luther wirkte dieser Zuspruch nicht nur tröstlich und stärkend. Seit der Veröffentlichung seiner Ablaßthesen hatte er öffentlichen Aufruhr gefürchtet, und der Gedanke, seine Glaubenslehre könnte als Rechtfertigung für Aufstände gegen die bestehende gesellschaftliche Ordnung dienen, war ihm zuwider. Daher nahm er die Ehrungen, die ihm Kollegen, Geistliche, Ordensmänner und Vertreter der Gemeinderäte zuteil werden ließen, mit größerer Genugtuung entgegen, denn sie galten eher dem Glaubensstreiter als dem volkstümlichen Helden, der Freiheit von jedem Joch zu bringen versprach.

In Leipzig wo man sich nur ungern an die Disputation mit dem Ketzer erinnerte, aber vor dem Reichsherold die Form wahren wollte, wurde Luther vom Rat der Stadt zu einem Umtrunk eingeladen. In Naumburg gab sich der Bürgermeister persönlich die Ehre, ihn zu bewirten, und in Weimar überreichte man ihm im Namen des Herzogs Johann, des Bruders von Friedrich dem Weisen, ein Zehrgeld. In Weimar erfuhr Luther auch, daß bereits am Tag seiner Abreise aus Wittenberg der kaiserliche Befehl ergangen war, seine Schriften einzuziehen und nicht mehr zu drucken. Als der Reichsherold ihn fragte, ob er die Fahrt unter diesen veränderten Umständen fortsetzen wolle, bejahte er. Jetzt gab es für ihn keinen Zweifel mehr: Ebenso wie Cajetan hatte auch Karl V. ihn bereits vor der Aussprache verurteilt. Das Reiseklima wurde frostiger.

In Erfurt empfing Crotus Rubeanus, Luthers einstiger Bursengenosse und damaliger Rektor der Universität, die anrückende Gesellschaft mit vierzig Berittenen vor der Stadt. In den Straßen drängten sich so viele jubelnde Menschen, daß Luther seinen triumphalen Einzug mit dem Jesu in Jerusalem verglich. Er dachte dabei wohl weiter bis zur Passion, die ihm womöglich als Martyrium in Worms bevorstand. Dem Empfang folgten während des zweitägigen Aufenthalts festliche Mahlzeiten mit zahlreichen Gästen, man rezitierte Lobgedichte auf ihn und hielt Ansprachen, die – wieder der Mißton – auch dem galten, »der als erster nach so vielen Jahrhunderten gewagt hat, mit dem Schwert der Heiligen Schrift den römischen Übermut zu züchtigen«.[107] Letzter Höhepunkt war Luthers Predigt am 7. April in der überfüllten Klosterkirche. Dort, wo er vor so vielen Jahren büßend um die Gnade Gottes gerungen hatte, erklärte er seinen Zuhörern – unter ihnen Johannes Lang, der Prior des Klosters –, daß täglich geübter Gottesdienst darin bestehe, dem Nächsten zu dienen, auf den Schwachen Rücksicht zu nehmen und auf Eigennutz zu verzichten. Er, der seit der Veröffentlichung der gegen ihn gerichteten Bannbulle formell nicht mehr zur Ordengemeinschaft der Augustiner gehörte, hatte längst die Last des Gehorsams gegen die Last der Eigenverantwortlichkeit getauscht. In Erfurt schloß sich der Reisegruppe noch Justus Jonas an, ein Jurist, der wenige Monate später an die Wittenberger Universität berufen wurde und sich schon bald zur Reformation bekannte.

Je näher Luther Worms kam, desto bedrückter fühlte er sich. In Gotha und Eisenach, wo sich die Begeisterung von Erfurt in kleinerem Rahmen wiederholte, besaß er noch soviel Kraft, die Predigten zu halten, zu denen er aufgefordert wurde. In Frankfurt steigerte sich sein Unwohlsein dann derartig, daß ein Arzt ihn zur Ader lassen mußte. Danach ging es ihm wieder etwas besser, und er soll sogar mit Freunden gezecht und ihnen auf der Laute vorgespielt haben.

»Wir kommen, obwohl Satan mich durch mehr denn eine Krankheit daran zu hindern versucht hat«, schrieb er am 14. April an Spalatin, der ihm in Worms ein Quartier besorgen sollte. »Denn auf der ganzen Reise von Eisenach bis hierher habe ich mich in einem Zustand von Schwäche befunden, wie ich ihn noch nie an mir kennengelernt habe und der auch jetzt noch anhält. Ferner merke ich wohl, daß man das kaiserliche Mandat [die Anordnung über die Einziehung von Luthers Schriften] veröffentlicht hat, um mich damit einzuschüchtern. Aber Christus lebt, und wir wollen nach Worms, wenngleich alle Pforten der Hölle und alle Gewaltigen der Luft sich widersetzen. Eine Abschrift des kaiserlichen Briefs [die Vorladung] schicke ich mit. Ich habe beschlossen, erst wieder zu schreiben, wenn ich mit eigenen Augen sehe, was zu tun ist. Denn wir wollen den Satan nicht stolz machen; ich beabsichtige vielmehr, ihm beizukommen, indem ich ihm Schrecken einjagen und ihn verachten will. Besorgt eine Herberge für mich. Lebt wohl.«[108]

Ein letztes, von der Entourage des Kaisers vorbereitetes Manöver, das Luther dazu verleiten sollte, die Schutzfrist verstreichen zu lassen, um ihn dann rechtmäßig gefangennehmen zu können, spielte sich am 15. April fünfzig Kilometer nördlich von Worms in Oppenheim ab. Dort erhielt Luther den überraschenden Besuch von Jean Glapion, dem Beichtvater Karls V., der ihn mit Hinweis auf das vermeintliche Wohlwollen des Kaisers zu einem Versöhnungsgespräch auf die nahe gelegene Ebernburg Franz von Sickingens einlud. Glapion befand sich in dem guten Glauben, daß dieses Gespräch, gleichsam als Ersatz für die Anhörung in Worms, Luther eher zu Kompromissen hinsichtlich seiner Schriften veranlassen könnte und der öffentliche Wirbel um ihn damit ausgestanden sei. Für dieses Verhör im intimen Kreis hatte er Martin Bucer, den Kaplan Sickingens und künftigen ersten Reformator von Straßburg, und Ulrich von Hutten gewonnen. Man wolle lediglich, so Glapion zu Bucer und Hutten und jetzt zu dem erstaunten Luther, das gemeinsame Interesse an einer Kirchenreform bekunden. Das würde genügen. Detailfragen dieser Reform könne man später klären.

Luther, dem noch drei Tage bis zum festgesetzten Termin für sein Erscheinen vor dem Reichstag blieben, mußte Glapions Angebot verlockend vorkommen. Er zögerte. Als seine Gedanken dann wieder zu Hus auf dem Scheiterhaufen in Konstanz, zu dem kaiserlichen Verbot seiner Schriften und zu dem Doppelspieler Cajetan in Augsburg wanderten, folgte er lieber seinem Mißtrauen als dem so klug und vernünftig wirkenden Plan seines hohen Gastes und lehnte den Ausflug zur Ebernburg dankend ab. Da er nach geheimen Absprachen zwischen dem Kaiser und den päpstlichen Gesandten tatsächlich bereits verurteilt war, trog ihn sein Mißtrauen weniger, als er zu diesem Zeitpunkt wissen konnte. Nur eine öffentliche Anhörung würde ihn und seine Sache retten, denn wie auch immer anschließend verfahren werden sollte, alle deutschen Fürsten wären herausgefordert und hätten ein Wort mitzureden.

Als Luther am Vormittag des 16. April in Worms eintraf, säumten fast zweitausend Menschen die Straßen. Seine Person erregte mehr Aufsehen als alle anderen illustren Teilnehmer des Reichstags, denn nur durch ihn, der in einigen seiner in deutscher Sprache zirkulierenden Schriften ihren Unmut gegen die lastende geistliche und weltliche Obrigkeit ausgedrückt hatte, fühlten sie sich vor dem Kaiser vertreten. Einige kursächsische Adlige sorgten dafür, daß Luther nicht in das kaiserliche Hauptquartier geführt wurde, wo man ihn hätte isolieren können, sondern in dem bereits von Gefolgsleuten Friedrichs des Weisen belegten »Johanniterhof« unterkam. Noch am selben Tag sprachen viele Besucher vor, unter ihnen der junge Landgraf Philipp von Hessen, der sich für die neue Glaubenslehre und die sich aus ihr entwickelnde reformatorische Bewegung aufgeschlossen zeigte.

Das Verhör, das gleich nach Luthers Ankunft für den nächsten Tag vier Uhr nachmittags festgelegt worden war, fand am Bischofshof neben dem Dom statt. Luther litt unter Magenbeschwerden, und sein Schwächezustand fiel allen Anwesenden deutlich auf, denn er sprach zu leise und machte insgesamt einen kümmerlichen Eindruck, den seine Unerfahrenheit mit der höfischen Etikette noch verstärkte. Karl V. soll bei seinem Anblick gesagt haben: »Der soll mich nicht zum Ketzer machen«, und einer seiner Höflinge beschrieb den Ankömmling mit den abschätzigen Worten: »Vierzig Jahre alt, etwas darüber oder darunter, derb von Körperbau und Antlitz, mit nicht besonders guten Augen, die Mienen beweglich, die er leichtfertig wechselte [was als Respektlosigkeit vor dem Kaiser galt]. Er trug als Kleidung ein Gewand des Augustinerordens mit seinem Ledergürtel, die Tonsur groß und frisch geschoren, das Haupthaar verschnitten und zwar weiter als das gewöhnliche Verhältnis ist.«[109]

Zu der schlechten Verfassung, in der sich Luther in diesem Moment seiner Vorführung vor Kaiser und Reich – den Kurfürsten, Fürsten, Markgrafen, Grafen und Vertretern der Städte – befand, kam noch hinzu, daß sich seine Erwartung, zu den einzelnen ihm übersandten »Artikeln« vernommen zu werden, als Irrtum herausstellte. Johann Eck, Erzbischof von Trier und Verhandlungsführer, stellte statt dessen nur die pauschalen Fragen, ob sich der Vorgeladene zu seinen Schriften bekenne und ob er etwas aus ihnen widerrufen wolle. Nach offiziösen Berichten antwortete Luther »mit gesenkter, leiser Stimme, als ob er erschrocken und entsetzt wäre, mit wenig Ruhe in Mienen und Gebärden, auch wenig Gefälligkeit in seiner Haltung und in seinem Antlitz«.[110] Entsprechend den Reichstagsprotokollen sagte Luther, dessen vorbereitetes Konzept auf theologischen Kernproblemen aufgebaut war, daß er es für unbedacht halte, sich ohne Bedenkzeit allgemein über seine Schriften zu äußern, denn sie beträfen den Glauben, das Seelenheil und das göttliche Wort, das das Größte auf Erden und von allen zu verehren sei. Trotz der allgemeinen Überraschung, daß dem Professor, der so kühne Schriften in Umlauf gesetzt hatte, plötzlich die Argumente zu fehlen schienen, wurde nach kurzer Beratung mit Karl V. der Bitte um Bedenkzeit stattgegeben. Mit der Ermahnung, sich doch lieber zu seinen Irrtümern zu bekennen als wiederholt umstürzlerische Meinungen zu äußern, entließ der Offizial, Johann Eck, den verstummten »Antichrist« aus Wittenberg, wie der päpstliche Nuntius Aleander, in der neubelebten Hoffnung auf einen zerknirschten Widerruf, frohlockend und bissig schrieb. Friedrich der Weise konnte seine Enttäuschung nur mit Mühe verbergen.

Am nächsten Tag mußte Luther, der sich inzwischen ein völlig neues Konzept zurechtgelegt hatte, zwei Stunden in einer sich drängenden Menschenmenge auf seinen Aufruf warten. Wegen der sensationellen Fortsetzung des Verhörs – immerhin widmete sich die kaiserliche Majestät ein zweites Mal persönlich dem Ketzer – war das Interesse dermaßen gestiegen, daß man in einen größeren Verhandlungsraum umziehen mußte. In dem durch Fackeln erleuchteten Saal wurde die Luft schnell so heiß und stickig, daß Luther bei seinen Ausführungen in Schweiß geriet. Das verständnisvolle Angebot, seinen Text nicht in Lateinisch zu wiederholen, wie protokollarisch vorgesehen war, lehnte er jedoch ab. Später faßte Luther diesen für ihn persönlich und den Fortgang der Reformation entscheidenden Auftritt in nur wenigen Sätzen zusammen. Für ihn zählte vor allem das Ergebnis: die Rettung seines Glaubens, vor sich, vor dem Kaiser und vor Gott.

»Als ich nun wieder vor den Rat des Reiches gefordert wurde, da war im Saal eine große Menge Volk, denn jedermann wollte meine Antwort hören, und es waren viele brennende Fackeln oben, denn es war Nacht. Solches Getümmel und Wesen war ich nicht gewohnt. Aber als man mich reden ließ, hob ich an und sprach: Allergnädigster Kaiser, gnädigste Kurfürsten, Fürsten und Herren, die Bücher, die man mir hier vorgelegt hat, die sind von mir, und es sind einige darunter, die sind Lehrbücher, die legen die Heilige Schrift aus; von denen bekenne ich, daß sie von mir sind, und es ist nichts Böses darin. Die anderen sind Streitbücher, in denen ich mich mit dem Papst und Widersachern gestritten habe; wenn darin etwas Böses sein würde, könnte ich es wohl ändern. Die dritten sind Bücher, worin ich über die christliche Lehre diskutiere, die sind nur disputationes: Bei denen will ich bleiben, es gehe darüber her, wie der liebe Gott wolle. Als ich so redete, begehrten sie von mir, ich sollte es noch einmal auf Lateinisch wiederholen, aber ich schwitzte sehr und es war mir heiß wegen des Getümmels und weil ich direkt vor den Fürsten stand. Da sagte Herr Friedrich von Thun zu mir, könnte ich es nicht tun, so ist's genug, Herr Doktor! Aber ich wiederholte alle meine Worte lateinisch; das gefiel Herzog Friedrich, dem Kurfürsten, überhaus gut. Als ich ausgeredet hatte, ließ man mich gehen.«[111]

Das Reichstagsprotokoll enthält zwar nicht Luthers legendäre Schlußworte: »Hier stehe ich, ich kann nicht anders, Gott helfe mir, Amen«, aber seine für echt verbürgte Antwort auf die Frage, ob er seine Bücher und die in ihnen enthaltenen und von ihm verbreiteten Irrtümer nun widerrufen wolle oder nicht, nimmt sich in ihrer gewissen Umständlichkeit noch würdiger aus, denn sie gibt das aus seinem Innersten herausgepreßte Bekenntnis seines Glaubens wieder: »Wenn ich nicht durch Zeugnisse der Schrift oder einsichtige Vernunftgründe widerlegt werde – denn ich glaube weder dem Papst noch den Konzilien allein, da feststeht, daß sie öfter geirrt und sich widersprochen haben –, bin ich durch die von mir angeführten Schriftworte bezwungen. Und solange mein Gewissen in Gottes Worten gefangen ist, kann und will ich nichts widerrufen, weil es unsicher ist und die Seligkeit bedroht, etwas gegen das Gewissen zu tun. Gott helfe mir. Amen.«[112] Karl V. verließ nach Luthers letzten Worten brüsk den Saal, und Friedrich der Weise sagte zur Spalatin: »Wohl hat der Pater Martinus geredet.« Aber, so habe er hinzugefügt, er sei ihm viel zu kühn.

Dieses Glaubensbekenntnis Luthers, das einzig und allein auf dem persönlichen Gewissen und der Heiligen Schrift beruht, wurde vor der damals höchsten politischen Instanz, dem vom Kaiser präsidierten Reichstag, abgelegt und erst dadurch zu einer wirklich offiziellen Angelegenheit. Von diesem Zeitpunkt, also vom 18. April 1521 an, verlief die Reformation auf zwei verschiedenen Wegen, der eine gekennzeichnet durch Machtkämpfe, soziale Aufstände und nationale Bewegungen, der andere durch seelsorgerliche Tätigkeit und den Aufbau einer neuen Kirche. Luther hatte aus seinem Glauben für seinen Glauben gesiegt, die meisten seiner Anhänger sahen dagegen in diesem Sieg einen Triumph über die päpstliche und kaiserliche Macht. Aufständische Bauernverbände drohten bereits auf Flugblättern mit der dreifachen Wiederholung ihres angsteinflößenden Namens: »Bundschuh, Bundschuh, Bundschuh«.

Beim Verlassen des Bischofshofs riefen spanische Gefolgsleute des Kaisers Luther hinterher: »Ins Feuer mit ihm!« Umringt von seinen

Wittenberger und kursächsischen Anhängern, gelangte er jedoch sicher in den »Johanniterhof« zurück, wo er nach Landsknechtssitte eine gespreizte Hand hochreckte und rief: »Ich bin hindurch, ich bin hindurch!« Abreisen durfte er allerdings noch nicht, denn die Ständevertreter verhandelten nicht nur mit dem Kaiser über die aus dem mißlungenen Verhör zu ziehenden Konsequenzen, sie kamen auch zu ihm, dem von der Reichsacht Bedrohten, um ihn in letzter Minute zu mildernden Konzessionen zu bewegen.

Am Abend des 25. April erschien Johann Eck mit einem Notar und teilte Luther mit, was Karl V. bereits einen Tag nach dem zweiten Verhör den Ständen als seinen Entschluß unterbreitet hatte: »Weil wir denn gestern Alle Luthers hartnäckige Antwort vernommen, so eröffne ich auch meine Gedanken: daß mich nämlich reue, daß ich so lange angestanden, gegen denselben Menschen und seine falsche Lehre zu verfahren, und daß ich ihn weiter in nichts hören wolle, was er auch immer vorbringen möchte. Gebiete demnach, daß er sogleich nach der Vorschrift des Befehls wieder heimgebracht werde, und sich laut des öffentlichen Geleits in Acht nehme, daß er nirgend öffentlich predige, noch dem Volk seine falschen Lehren weiter vorzutragen fortfahre, noch durch ihn weiter ein Lärmen oder Zerrüttung entstehe. Denn ich habe, wie gesagt, fest beschlossen, wider ihn als Ketzer zu verfahren, und begehre daher von euch, daß ihr in dieser Sache dasjenige beschließet, was rechten Christen gebühret und wie ihr zu tun versprochen habt.«[113]

Luther hatte sich innerhalb der vier Tage, die vom Kaiser als zusätzliche Frist für die Verhandlungen mit den Ständen gewährt worden waren, ebensowenig von seinem Standpunkt abbringen lassen. Wie hätte er auch sich und seinen Glauben aus politischem Kalkül aufgeben können. Am selben Abend, an dem ihm abermals einundzwanzig Tage kaiserlicher Geleitschutz für die Rückreise zugesagt wurde, ließ Friedrich der Weise, der dem Kaiser nach seiner Entscheidung nicht mehr traute, aber auch keine Konfrontation mit ihm herausfordern wollte, Luther verschleiert wissen, daß man für seine Sicherheit sorgen werde. Dieser brachte den Plan fast zum Scheitern, denn in einem Brief an den in Wittenberg lebenden Maler Lucas Cranach schrieb er: »Ich laß mich eintun und verbergen, weiß selb noch nicht, wo.«[114] Wie leicht hätte der Bote abgefangen werden können.

Am 26. April reiste Luther, dem Friedrich noch vierzig Gulden Zehrgeld hatte aushändigen lassen, zusammen mit Justus Jonas, Nikolaus von Amsdorf, dem Augustiner Johannes Petzensteiner, der ihn seit der

Abreise aus Wittenberg begleitete, dem kurfürstlichen Rat Hieronymus Schurf und dem pommerschen Adligen Peter von Suaven aus Worms ab. Vom Stadttor bis Oppenheim, wo der Reichsherold den Schutz übernehmen sollte, wurden die beiden Wagen von zwanzig Reitern eskortiert, die vermutlich Franz von Sickingen gestellt hatte. In Friedberg, nördlich von Frankfurt, entließ Luther den Reichsherold. Er sagte ihm, daß er sich nun sicher fühle, und übergab ihm eine schriftliche Bestätigung dieses freiwilligen Verzichts. In Wirklichkeit wollte man nur den einzigen Zeugen loswerden.

Über Grünberg in Hessen ging es weiter nach Hersfeld, wo Luther trotz des ihm auferlegten Verbots am i. Mai in der Kirche des Benediktinerklosters predigte. Das Wort Gottes, so verteidigte er sein Zuwiderhandeln, dürfe nicht unterdrückt werden. In Berka in der Werra war die kursächsische Grenze erreicht, und wenige Stunden später predigte Luther am Abend des 2. Mai in der Georgenkirche in Eisenach. Danach schrieb er an den Grafen Albrecht von Mansfeld einen Bericht über den Wormser Reichstag und deutete erneut an: »Ich muß mich lassen eintun eine Zeitlang, weiß selb nicht, wie es bestellt ist, und also muß ich anderer Leute Rat hierin, wiewohl ungern, folgen.«[115]

Während Hieronymus Schurf am 3. Mai mit den anderen Gefährten direkt nach Gotha weiterfuhr, verließ Luther, der mit Amsdorf und Petzensteiner im zweiten Wagen saß, bei dem Dorf Rothenstein die große Heerstraße und nahm den Umweg über Möhra, Altenstein und Waltershausen. In Möhra übernachtete er bei seinem Onkel Heinz Luther und predigte am 4. Mai in der Dorfkirche. Am Nachmittag desselben Tages kam es schließlich in der Nähe der Burg Altenstein zu dem bereits ungeduldig erwarteten Vorfall, der als Überfall inszeniert wurde. Mehrere Reiter zwangen den Fuhrmann in einem Hohlweg zum Halten, und während Petzensteiner in den Wald flüchtete, konnte Luther gerade noch nach dem Neuen Testament und der hebräischen Bibel greifen, ehe er unter derben Landsknechtsflüchen vom Wagen gezerrt wurde. Amsdorf protestierte laut gegen das rohe Vorgehen, doch schon zogen die Reiter Luther mit sich fort. Sobald sie außer Sichtweite waren, gaben sie ihm ein Pferd und brachten ihn auf weiten Umwegen, um etwaige Verfolger zu täuschen, auf die Wartburg, wo sie ihn um elf Uhr abends dem kursächsischen Burgamtman Hans von Berlepsch übergaben.

Vier Tage später, am 8. Mai 1521, erließ Karl V. das »Wormser Edikt«, das aber, da es nicht als Reichstagsbeschluß galt, erst einen Tag nach Beendigung des Reichstags, am 26. Mai, vorgetragen, unterzeichnet und publiziert wurde. Am 29. Mai wurden in Worms Luthers Schriften offiziell verbrannt. Das »Wormser Edikt«, über dessen Ausführung noch lange zwischen Kaiser und Reichsständen gestritten wurde, verhängte über Luther und seine Anhänger die Reichsacht, die ebenso wie die Bannbulle auf Lebenszeit gültig blieb. Es war eine grausame Strafe, die starke Gegenmaßnahmen erforderte, um ihrer vernichtenden Wirkung zu entgehen. Allerdings konnte Luther sich nie wieder frei bewegen. Er blieb bis zu seinem Tod ein Gefangener der protestantischen Landesfürsten, deren Territorien sein Gefängnis bildeten.

Das so feierlich als »Wormser Edikt« bezeichnete Vernichtungsurteil enthielt folgende Anweisungen, wie mit Luther und seinen Anhängern zu verfahren sei: »Wenn nun die Sache dermaßen verlaufen ist und Martin Luther so ganz verstopft und verkehrt in seinen offenbaren Ketzereien verharrt und dadurch von allen denen, die Gottesfurcht und Vernunft haben, als unsinnig oder mit dem bösen Geist besessen betrachtet wird, haben wir ... den gedachten Martin Luther als ein von Gottes Kirche abgesondertes Glied und einen verstopften Zertrenner und offenbaren Ketzer ... erkannt und erklärt und tun das wissentlich in Kraft dieses Briefs. Und gebieten darauf Euch allen und jedem einzelnen bei seiner Pflicht ... nach den zwanzig Tagen, die nach dem 14. Tag dieses gegenwärtigen Monats Mai enden, den genannten Luther nicht zu behausen, bei Hofe zu empfangen, zu nähren, zu tränken noch zu verstecken noch ihm mit Worten oder Werken heimlich oder öffentlich irgendwelche Hilfe, ... Beistand oder Vorschub zu beweisen, sondern wo Ihr ihm beikommen könnt. und seiner mächtig werden mögt, ihn gefangen nehmt und uns wohlbewahrt zusendet oder das zu tun in Auftrag gebt oder uns das wenigstens, wenn er Euch in die Hand geliefert wird, unverzüglich verkündet und anzeigt und ihn inzwischen im Gefängnis behaltet, bis Euch von uns Bescheid wird, was Ihr ferner nach Ordnung des Rechts gegen ihn unternehmen sollt, ... und Ihr für solch heiliges Werk und Eure Mühe und Kosten große Genugtuung empfinden werdet.

Aber gegen seine Mitverwandten, Anhänger, Verberger, Vorschubleister, Gönner, Nachfolger und derselben bewegliche und unbewegliche Güter sollt Ihr in Kraft der heiligen Konstitution und unser und des Reichs Acht und Aberacht in dieser Weise handeln: nämlich sie niederwerfen und fangen und ihre Güter zu Euren Händen nehmen und sie in Eurem eigenen Nutz verwenden und behalten ohne jegliche Verhinderung, es sei denn, daß sie durch glaublichen Schein anzeigen, daß sie diesen ungerechten Weg verlassen und päpstliche Absolution erlangt haben.

Ferner gebieten wir Euch allen ... Daß keiner von Euch die Schriften des obengenannten Martin Luther, die von unserem Heiligen Vater Papst ... verdammt und alle anderen Schriften, die in Latein und Deutsch oder in anderer Sprache bisher durch ihn gemacht sind oder hinfort gemacht werden, weil sie [nämlich] bös argwöhnnisch und verdächtig und von einem offenbaren hartnäckigen Ketzer ausgegangen [sind], kaufe, verkaufe, lese, behalte, abschreibe, drucke oder abschreiben oder drucken lasse, sondern seiner Meinung zufalle, diese auch nicht ... predige noch beschütze noch in einem anderen Weg, wie Menschensinn erdenken kann, unterstütze, unangesehen, ob darin etwas Gutes, den einfältigen Menschen damit zu betrügen, so als sei alles gut, angeführt werde.«[116]

1523 wurden die Augustiner Johann Esch und Heinrich Voes aus Antwerpen als erste Märtyrer der Reformation in Brüssel verbrannt. 1524 schloß sich Landgraf Philipp von Hessen der reformatorischen Bewegung an. 1527 plünderte das Heer Karls V. Rom – »Sacco di Roma« – und hielt den »Heiligen Vater Papst«, Clemens VII., sechs Monate lang gefangen. Drei Jahre später krönte Clemens VII. in Bologna Karl V. zum Kaiser – es war die letzte Kaiserkrönung durch einen Papst –, nachdem er sich mit ihm auf ein gemeinsames Vorgehen gegen die Ketzerei in Deutschland und die auf Wien vorrückenden Türken geeinigt hatte.

Während Macht und Moral einmal mehr in unheiliger Allianz den Fortgang der Geschichte bestimmten, appellierte die Reformation an das Gewissen des einzelnen und führte ihn aus der politischen Realität in die Verinnerlichung. In Ermangelung einer die gemeinsamen Interessen vertretenden Zentralgewalt fiel Luther, den die harten und rechtlich nicht haltbaren Urteile der Bannbulle und der Reichsacht – beide kamen ohne ausreichende Verhöre zustande – populär gemacht hatten, automatisch die Rolle einer Leitfigur nationalen Widerstands gegen die in Deutschland verübte Willkür von Papst und Kaiser zu. Auch der neue Glaube mußte bereits irdischen Zwecken dienen.

Intermezzo auf der Wartburg

(1521–1522)

Da Luther nicht in Wittenberg ankam und niemand wußte, wo er sich aufhielt, verbreiteten sich die wildesten Gerüchte über ihn. Jeder glaubte von jedem, er halte ihn gefangen, und einige meinten sogar, seine Leiche in einer Silbermine entdeckt zu haben. Der päpstliche Nuntius Aleander, der ihn in Dänemark oder Böhmen vermutete, schickte schließlich einige Männer los, die Luthers Spuren von Worms bis in den Thüringer Wald folgten, so daß sich der Verdacht ergab, der sächsische Kurfürst habe mit dem geheimnisvollen Verschwinden des ketzerischen Bibelprofessors zu tun. Nur ließ sich der Verdacht leider nicht beweisen. Aleander schrieb an Leo X.:

»Die Berichterstatter wollten selbst in Eisenach gewesen sein und den Onkel Luthers haben klagen hören; auch waren sie einstimmig in ihren Angaben über Ort und Zeit, über die fünf Reiter, die ihn aufgriffen, und über alle schon erwähnten Umstände. Und nun legten einige die Anstiftung des Überfalls uns zur Last, andere dem Erzbischof von Mainz: wollte Gott, daß der so entschlossen gewesen wäre … viele aber glauben an einen heimlichen Anschlag des Kurfürsten von Sachsen, der ihn vor Ablauf des Geleits hätte in Sicherheit bringen, und, möchte er ihn nun in Zukunft festhalten oder entlassen, sich die Entschuldigung sichern wollen, es hätten ihn ganz andere aufheben lassen. Später meldete jemand dem Kaiser, wie ich vom Beichtvater hörte, daß er Martins Aufenthaltsort kenne: derselbe werde festgehalten von einem fränkischen Ritter, Hector Behaem, der schon vor einigen Monaten dem Kurfürsten Fehde angesagt und ihm zum Trotz sich Luther bemächtigt habe.«[117]

Albrecht Dürer, ein begeisterter Leser von Luthers Schriften, hielt sich im Mai 1521 in den Niederlanden auf. Aufs höchste bestürzt, notierte er in sein Tagebuch: »Am Freitag vor Pfingsten [17. Mai] im Jahre 1521 kam die Mähr nach Antwerpen, dass man Martin Luther so verrätherisch gefangen genommen hätte. Denn da ihm der Herold des Kaisers Karl mit dem kaiserlichen Geleite beigegeben war, so ward dem vertraut. Nachdem ihn aber der Herold bei Eisenach an einen unfreundlichen Ort gebracht hatte, sagte er, er bedürfe seiner nun nicht mehr und ritt von ihm fort. Alsbald waren zehn Reiter da; die führten verrätherisch den verkauften, frommen, mit dem heiligen Geiste erleuchteten Mann hinweg, der da war ein Bekenner des wahren christlichen Glaubens. Und lebt er noch? oder haben sie ihn gemordet – was ich nicht weiss – dann hat er das erlitten um der christlichen Wahrheit willen, weil er gezüchtigt hat das unchristliche Papstthum, das da mit seiner schweren Last von menschlichen Gesetzen der Freilassung Christi widerstrebt …

Und wenn wir diesen Mann, der da klarer geschrieben hat, als irgend einer, der seit 140 Jahren gelebt hat, und dem du solch' einen evangelischen Geist gegeben hast, verloren haben sollen, so bitten wir dich, o himmlischer Vater! dass du deinen heiligen Geist wiederum Einem gäbest, der da deine heilige, christliche Kirche allenthalben wieder versammle, auf dass wir wieder einig und christlich zusammenleben … O Gott! ist Luther todt, wer wird uns hinfort das heilige Evangelium so klar vortragen? Ach Gott! was hätte er uns noch in zehn oder zwanzig Jahren schreiben können!«[118]

Luther lebte, und leben hieß für ihn, seinen neuen Glauben schriftlich und mündlich zu verbreiten. Es fiel ihm daher während der ersten Tage auf der Wartburg nicht leicht, sich an die Einsamkeit, die nicht einmal die Abwechslung einer Klosterexistenz kannte, zu gewöhnen. Ihm fehlten die Predigten in der Wittenberger Stadtkirche, die Gesprächspartner in der Universität und seine Freunde Georg Spalatin und Philipp Melanchthon. Die Ereignisse der letzten Wochen sprudelten in Briefen aus ihm heraus, aber der Burgamtmann, Hans von Berlepsch, weigert sich aus Sicherheitsgründen, den Boten diese Briefe mitzugeben. Noch schwirrten zu viele Spione durch die Gegend, um Luthers Aufenthaltsort auszukundschaften. Erst am 14. Mai wurde eine Nachricht an Spalatin übermittelt, der mit Friedrich dem Weisen in Worms geblieben war. Luther schrieb:

»Daß ich noch nicht an Euch geschrieben habe, ist mit gutem Grund geschehen; das frische Gerücht von meiner Gefangenschaft sollte nicht Ursache sein, daß jemand meinen Brief abfinge. Hier wird mancherlei über mich erzählt; aber die Meinung gewinnt an Boden, ich sei von Freunden, die man aus Franken geschickt hätte, gefangengenommen worden. Morgen läuft die Frist des kaiserlichen Geleits ab. Was Ihr von einem harten Edikt schreibt, mit dem sie auch die Gewissen peinlich vergewaltigen wollen, das schmerzt mich, nicht um meinetwillen, sondern weil sie in ihrer Verblendung Unheil auf ihr Haupt wälzen und immer weiter sich belasten mit so gewaltigem Haß. O wie viel Haß wird diese freche Vergewaltigung gegen sie aufregen! Aber laßt gehen, die Zeit ihrer Heimsuchung steht vielleicht vor der Tür!«[119]

Für die »Heimsuchung« der Altkirchlichen gab es bereits Anzeichen, die nicht nur Luthers Abscheu vor Gewalt erregten, sondern ihm überdies deutlich machten, daß für die Neugläubigen eine eigene Kirchenlehre und Kirchenzucht geschaffen werden mußten. In einem nicht abgeschickten Brief an Melanchthon nahm er Stellung zu Übergriffen, die in Erfurt vorgekommen waren. »Ich höre, daß man in Erfurt mit Gewalt vorgegangen ist gegen die Häuser von Priestern. Ich wundere mich, daß das vom Rat zugelassen und totgeschwiegen wurde, und daß es auch unser Freund Lang verschweigt. Denn wenn es auch gut ist, daß diesen unheilbaren Sündern Einhalt geboten wird, so muß doch diese Weise unserem Evangelium Schande und gerechte Zurückweisung einbringen. Ich würde an Lang schreiben, aber noch kann ich es nicht. Denn mir ist ein großer Anstoß die Art, wie jene Menschen uns fördern wollen, aus der wir klar ersehen, daß wir vor Gott noch nicht würdig sind, Diener seines Wortes zu sein, und daß Satan mit unserer Arbeit sein Spiel und seinen Spott treibt. O wie fürchte ich, jener Feigenbaum möge ein Sinnbild unseres Tuns sein, von dem Matthäus 21 vorhergesagt wird, daß er vor dem Tage des Gerichts nur ausschlage, aber nicht zur Frucht komme. Die Wahrheit ist da, aber es sind nur Blätter und Worte, solange wir nicht tun, so wie wir lehren.«[120]

Die insgesamt zehn Monate, die Luther auf der Wartburg zubrachte, gehören zu den angespanntesten Phasen seines Lebens. Aber anders als im Jahr 1505, als er sich zum Eintritt ins Kloster durchrang, und anders als in den Jahren 1519 und 1520, als er in der Schonfrist zwischen Bannandrohungsbulle und Wormser Verhör seine evangelische Lehre in Dutzenden von Schriften herausschleuderte, quälte ihn das Bewußtsein, im Vollbesitz seiner geistigen und physischen Kräfte in einen Brunnen des Vergessens gestürzt worden zu sein.

Nachdem er gerade noch vor dem Kaiser, den Reichsständen und den hohen päpstlichen Legaten gestanden hatte, durchmaß er jetzt die wenigen Quadratmeter der ihm in der Burgvogtei zugewiesenen Wohnung, und außer dem Heulen des Windes und Vogellauten drang nichts von der Außenwelt in seine Ohren. Papst und Kaiser störte er nicht mehr, denn sie hatten ihn in aller Öffentlichkeit erledigt. Seine Anhänger, wie er durch die Erfurter Übergriffe und die reformatorischen Aktivitäten Karlstadts in Wittenberg wußte, waren dabei, auch ohne ihn seine genugsam publizierten Kampf- und Lehrparolen in Taten umzusetzen. Die Lawine, die er im Eifer seiner Glaubensverteidigung gegen die bestehende Ordnung, in der sich geistliche mit weltlicher Autorität verband, losgetreten hatte, würde seine Botschaft von dem Gnadengeschenk Gottes unter einer Flut von Irrtümern und Gewalthandlungen begraben und ihn als Aufrührer und Zerstörer in den Gerichtsakten verschwinden lassen. Bald von Depressionen und bald von Anfällen sinnlichen Aufbegehrens gepeinigt, sah er sein Werk, das den alten Glauben und die alte Kirche umstürzen sollte, in Chaos und Bedeutungslosigkeit vergehen, noch bevor es seine aufbauenden Kräfte entfalten konnte.

Unter dem Pseudonym eines Ritter Georg oder eines Junker Jörg und in der Tracht eines Edelmanns durfte er gelegentlich, als ihm standesgemäß volles Haupt- und Barthaar gewachsen war, in Begleitung eines bewaffneten Knechts Wanderungen in der Umgebung oder bis nach Eisenach hinein unternehmen. Sein gesellschaftlicher Verkehr blieb auf gemeinsame Mahlzeiten mit Berlepsch oder Ritter Sterbach, einem Mitbewohner der Burg, beschränkt. An den Jagden, zu denen ihn die Herren einluden, nahm er nur wenige Male teil. Er hielt sie für eine Beschäftigung für Müßiggänger, und ein Müßiggänger wollte und konnte er auch in seiner verzweiflungsvollen Isolation nicht sein.

Da ihn seine Korrespondenz, die ihm ab Mitte Mai in beschränktem Umfang gestattet wurde, kaum ablenkte, nahm er sich selbst als Herausforderung an und schrieb über die Nöte und Versuchungen, denen Leib und Seele in der Einsamkeit ausgeliefert sind, und über die trostbringenden Psalmen, die ihn bereits seit vielen Jahren intensiv beschäftigten. In weiteren exemplarischen Predigten, mit denen er 1520 für, die von Friedrich dem Weisen erbetene »Postille« begonnen hatte, wandte er sich an eine imaginäre Gemeinde, die ihm die Burg zur Kanzel werden ließ. Kleine polemische Gelegenheitsschriften, in denen er seinem Zorn auf die Gegner keine Zügel anlegte, ergänzten das Pensum. Erst Ende des Jahres 1521 begann er mit der Übersetzung des Neuen Testaments ins Deutsche und mit der grundsätzlichen Schrift »Eine treue Vermahnung zu allen Christen, sich zu hüten vor Aufruhr und Empörung«.

Was Luther in seinen für die Veröffentlichung bestimmten Schriften behandelte, teilte sich in seinen Briefen persönlicher und unmittelbarer mit. Er zeigte darin eine aus Seele, Geist und Körper gebildete komplexe Persönlichkeit, die er zu akzeptieren begann, mit der Aufrichtigkeit eines Menschen, der die Welt in sich besiegt hat und sich nicht mehr vor ihr fürchtet. Bissigkeiten und Grobheiten, zu denen er sich in seinen Kampfschriften hinreißen ließ, wichen einem natürlichen Ton, dessen Schwankungen den Stimmungen des Schreibers entsprachen. In fast allen Briefen machte er jedoch zum Schluß eine humorvolle

Anspielung auf seinen Aufenthaltsort. Er sah sich »in der Region der Vögel«, »auf der Insel Patmos« (Verbannungsort des Apostels Johannes und seit 1088 Sitz des Klosters des heiligen Johannes), »in meiner Wüstenei«, oder er schrieb »aus der Einsamkeit«, »aus meiner Eremitenklause«, »aus meiner Einöde«, »aus meinem Versteck«.

Am 26. Mai schickte er Philipp Melanchthon, der ihn von allen Wittenbergern am meisten vermißte, seine Auslegung des 68. Psalms, der zu Ostern, Christi Himmelfahrt und Pfingsten gesungen wurde. In seinem Begleitbrief ging er auf einige Nachrichten ein, die er über den Burgboten empfangen hatte. Einer seiner ehemaligen Studenten aus Erfurt, Bartholomäus Bernhardi, der zum Priester geweiht worden war, hatte kürzlich im kursächsischen Kemberg geheiratet. Luther kommentierte den Zölibatsverstoß, den seine eigenen Schriften bewirkt hatten, mit den zurückhaltenden Worten: »Der junge Ehemann in Kemberg hat einen erstaunlichen Mut, weil er nichts fürchtet und sich [mit seiner Hochzeit] so beeilte in dieser tumultvollen Zeit.«[121] Luther forderte durchaus die Abschaffung des elenden Zölibats, aber er erwartete auch, daß nicht Zügellosigkeit um sich griff, sondern auch die Beziehung zwischen Mann und Frau im Zeichen »evangelischer Freiheit« stand. Drei Monate später verfaßte er den Aufsatz »Von den geistlichen und Klostergelübden« – er widmete ihn seinem Vater, um seine wiedergewonnene Freiheit zu demonstrieren – und teilte Spalatin mit, daß er nunmehr entschlossen sei, gegen die Gelübde vorzugehen, um das junge Volk aus der Hölle des unreinen Zölibats zu befreien. Im Jahr 1522 folgten dann zum Thema Ehe die beiden Traktate »Welche Personen verboten sind zu ehelichen« und »Vom ehelichen Leben«, in denen die Ehe als einzige Existenzmöglichkeit für den christlichen Menschen dargestellt wird und der körperliche Akt – nicht anders als der Glaube – der freien Entscheidung entzogen ist, der Körper also seine eheliche Pflicht als ein Gebot zu erfüllen hat.

Eine andere Nachricht, auf die Luther in seinem Brief vom 26. Mai an Melanchthon einging, betraf den Tod des Kustos der Wittenberger Universität, Lupinus. Erst drei Wochen auf der Burg, schien Luther sich des göttlichen Beistands schon nicht mehr so sicher zu sein. »Ich gönne dem Doktor Lupinus den seligen Abschied aus diesem Leben. Wenn wir doch auch nicht mehr darin lebten! So groß ist Gottes Zorn, über den ich mehr und mehr nachsinne bei meiner Untätigkeit, so daß ich zweifle, ob er außer den Kindern irgendeinen Erwachsenen aus jenem Reich des Satans erretten wird. So sehr hat uns unser Gott verlassen! Sein Hinscheiden hat mich doch sehr bewegt, und ich denke an das

Wort des Propheten Jesaja: Der Gerechte ist umgekommen, und niemand ist da, der es sich zu Herzen nimmt, und fromme Leute sind hingerafft, und niemand achtet darauf.«[122]

Sechs Wochen später begann Luther seine Antwort auf ein Schreiben Melanchthons mit der langen Klage: »Dein Brief hat mir aus zwei Gründen nicht gefallen. Erstens, weil ich sehe, daß Du das Kreuz recht ungeduldig trägst, weil du Dich Deinen Gemütsbewegungen allzusehr überläßt und weich bist in Deinem Wesen. Zweitens, weil Du mich sehr herausstreichst und Dich gewaltig irrst, wenn Du der hohen Meinung bist, ich sei nur noch über den Fortgang der Sache Gottes besorgt. Es bestürzt und quält mich Deine so großartige Meinung über mich, wenn ich hier ohne besondere Empfindungen und wie erstarrt in Muße sitze und – leider! – wenig bete und nicht für die Kirche Gottes seufze und sogar im gewaltigen Feuer meines unbezähmten Leibes brenne. Kurz: der ich im Geist glühen sollte, bin versengt durch Leibeslust, durch Trägheit, Müßiggang, Schläfrigkeit und weiß nicht, ob sich Gott von mir abgewendet hat, weil ihr nicht für mich betet! Du trittst schon an meine Stelle, mit Gottes Gaben reicher und schöner versehen.

Es sind schon acht Tage, daß ich nichts schreibe, nicht bete noch studiere, teils von Versuchungen des Fleisches, teils durch andere Beschwerden gequält. Wenn mein Zustand nicht besser wird, werde ich mein Inkognito aufgeben und nach Erfurt ziehen. Dort wirst Du mich sehen oder ich Dich. Denn ich muß Ärzte oder Chirurgen konsultieren. Denn ich kann das Übel nicht länger aushalten. Zehn große Wunden könnte ich leichter ertragen als diese kleine Verletzung des Mastdarms.«[123]

Am 15. Juli bedankte sich Luther bei Spalatin für dessen Medizin. Sie habe ihm bereits geholfen, auch wenn die Schmerzen noch nicht nachließen. Zwei Wochen später mußte er aber eingestehen, daß sich seine Verstopfungsbeschwerden trotz des scharfen Mittels nicht gebessert hatten. Die Darmträgheit verschlimmerte sich sogar wieder, nicht zuletzt durch den Mangel an Bewegung und die kräftigen Mahlzeiten an der herrschaftlichen Tafel. Die Bilder, die in den späteren zwanziger Jahren von ihm gemacht wurden, zeigen nicht mehr den hageren Mönch, sondern einen schweren, fülligen Körper und ein aufgeschwemmtes Gesicht, Anzeichen der chronisch gewordenen Krankheit.

Die großzügige Gastfreundschaft bereitete Luther, der niemals viel Geld besaß – auch nicht durch seine Bücher, die er, wie er sagte, nicht für Geld, sondern für die Sache Gottes geschrieben habe –, zunehmend Unbehagen, denn er wußte nicht genau, ob der Burgamtman oder der

Kurfürst für die Kosten aufkamen. Er beschloß, sich auch mit dieser Frage an Spalatin zu wenden.

»Wie ich mein Exil ertrage, soll Dir keine Sorgen machen«, schrieb er ihm am 15. August. »Mir ist es nämlich gleich, wo ich mich aufhalte. Ich möchte nur nicht diesen Leuten zur Last fallen und beschwerlich werden. Ich glaube aber bestimmt, daß ich hier auf Kosten unseres Fürsten lebe. Sonst würde ich keine Stunde hier aushalten, wenn ich erfahre, daß ich die Habe dieses Mannes [Hans von Berlepsch] verzehre, obwohl er mir alles freundlich und gern zur Verfügung stellt. Denn Du weißt: Wenn die Mittel irgendeines Menschen vertilgt werden müssen, dann sind es die der Fürsten. Denn: ein Fürst und zugleich kein Räuber sein, das ist entweder gar nicht oder kaum möglich, und je mächtiger der Fürst ist, wird er auch ein desto größerer Räuber sein. Du würdest mir einen Gefallen tun, wenn Du mir darüber Klarheit verschaffst. Denn von diesem so freigebigem Mann kann ich nichts anderes erfahren, als daß er mich aus der Schatulle des Fürsten versorgt. Aber das ist meine Art, daß ich fürchte, zur Last zu fallen, wo ich vielleicht keine Last bin. Jedoch dies zu befürchten, ziemt sich für einen anständigen Charakter.«[124]

Im September verließ ihn wieder einmal der Mut. Ein Monat um den anderen verging, und es war nicht abzusehen, wann der Zwangsaufenthalt enden würde. Friedrich den Weisen, der durch sein Stillhalten bereits genug riskierte, mochte er nicht überfordern, indem er sich öffentlich in Wittenberg zeigte. Andererseits war zu befürchten, daß die Reformation auf falsche Wege geriet oder einschlief, wenn sie nicht vorangetrieben wurde. Die Gegner hielten das Feld nämlich noch weitgehend unter Kontrolle, allen voran Herzog Georg von Sachsen, dieses »Schwein aus Dresden«, der während der Abwesenheit Karls V. aus Deutschland das Reichsregiment führte. Er hatte Albrecht, den Erzbischof von Mainz, der sich lieber um seine Künstler in Aschaffenburg kümmerte, hartnäckig gegen die Lutheraner aufgewiegelt und den Kaiser bekniet, an den König von Dänemark, Christian II., zu schreiben, dieser solle ja nicht die Reste der lutherischen Ketzerei aufnehmen (Dänemark wurde 1536 reformiert). Luther haßte Georg den Bärtigen aus Dresden wie wohl keinen anderen deutschen Fürsten, denn er wußte, daß Georg seinen Vetter Friedrich aus der ernestinischen Linie besonders scharf beobachtete.

Die Chancen standen schlecht, es mußte in Deutschland mit dem Teufel zugehen. »Es ist Zeit«, schrieb Luther matt und hilflos an Spalatin, »gegen den Satan zu beten mit aller Kraft! So sehr bereitet er eine

Tod bringende Tragödie für Deutschland vor. Und ich fürchte, daß der Herr ihm dies erlaubt, bin aber immer noch schläfrig und faul zu Gebet und Widerstand. So bin ich mit mir selber unzufrieden und mir selber zur Last. Vielleicht weil ich allein bin und ihr mir nicht helft. Ach, laßt uns beten und wachen, damit wir nicht in Versuchung fallen.«[125]

Luther, der von der Existenz des Bösen überzeugt war, sah den Teufel in mancherlei Gestalt. Auch in der Stille seiner Gefangenschaft. »Da ich zu Wartburg war bei Eisenach«, erzählte er Jahre später, »da schoß [es] einmal zu mir aus der Hellen [aus dem Ofen] mit Nüssen, welchs auch des Teufels Werk war; darum packt' ich mich zu Bett. Das hab ich selbst erfahren. Haec vera sunt [das sind Tatsachen]. Auch ein Hund lag einmal in meinem Bett, den nahm ich und warf ihn zum Fenster hinaus, und wie er nicht schrie und ich des Morgens fragt', ob auch Hunde im Schloß wären, sagt' der Hauptmann [Hans von Berlepsch] Nein! So war es der Teufel, sagte ich.«[126] Am 1. November 1521 bekannte er Spalatin am Ende eines kurzen Briefs: »Sonst habe ich nichts weiter zu schreiben. Ihr, die Ihr so tätig seid, müßtet mir schreiben, der ich nun erst recht und eigentlich ein Mönch, das heißt ein einsamer Mann bin. Trotzdem bin ich nicht allein. Es sind nämlich viele böse und listige Dämonen bei mir, die mir, wie man sagt, die Zeit vertreiben, aber zu meinem Verdruß. Bete für mich, daß mich Christus nicht bis ans Ende verlasse!«[127]

In Wittenberg war seit dem Wormser Reichstag einiges in Gang gekommen, was Luther befriedigt registrierte. Seine Augustiner Ordensbrüder hatten die Privatmessen (ohne Gemeinde) eingestellt – »das hat mich hocherfreut als ein Werk, an dem ich spüre, daß das Wort Christi in euch wirkt und ihr es nicht umsonst empfangen habt«[128] –, und Melanchthon kämpfte um eine neue Form des evangelischen Gottesdienstes, im Sinne seines ihn energisch aus der Ferne lenkenden Freunds, der Spalatin anstachelte und reformatorisch belehrte: »Ich möchte gern, daß Philipp an den Feiertagen auch vor dem Volk predigt irgendwo in der Stadt nach dem Mittagessen, anstelle der Trinkgelage und Glücksspiele [die jetzt üblich sind]. Daraus könnte die Gewohnheit entstehen, die Freiheit [der Laienpredigt und des allgemeinen Priestertums] einzuführen und wiederherzustellen, so daß die Gestalt und Gebräuche der alten Kirche wiederkehren. Denn wenn wir alle Menschensatzung durchbrechen und jedes irdische Joch abgeworfen haben, was soll es uns kümmern, daß Melanchthon ohne Priestersalbung und ohne Tonsur als verheirateter Mann amtiert? Er ist trotzdem ein Priester und übt ein Priesteramt aus, denn es gehört zu den Aufgaben eines

Priesters, das Wort Gottes zu lehren. Sonst wäre auch Christus kein Priester, der bald in den Synagogen und bald in den Schiffen, bald am Strand, bald auf den Bergen lehrte und schließlich als ein und derselbe an allen Orten und zu jeder Stunde allen alles war.«[129]

Nach den Übergriffen auf Priesterwohnungen in Erfurt gab es im Herbst auch in Wittenberg Krawalle, bei denen junge Männer über die Antonitermönche herfielen. Zu Beginn der reformatorischen Bewegung war Luther nicht immer bereit, solche rabiaten Aktionen gänzlich zu verurteilen. Sie dienten schließlich der Evangelisation und konnten die verstockten Altkirchlichen nachdrücklich auf die wahre Heilslehre hinweisen. Mit kaum zurückgehaltenem Zorn schrieb er hinsichtlich der Wittenberger Krawalle an Spalatin, dem er eine im Namen des Kurfürsten betriebene duckmäuserische Beruhigungspolitik vorwarf: »Aber wer kann allen überall und jederzeit einen Zügel anlegen? Stellen die andern nie etwas Böses an? Auch die jünger mußten sich den Vorwurf gefallen lassen, daß ein Judas Ischarioth unter ihnen war. Und täglich müssen in den Zünften böse Menschen ertragen werden. Wir sind die einzigen, bei denen kein Hund mucksen darf! Mein Lieber, erwarte doch nicht, daß wir jedem einzelnen, dem Wittenberg nicht gefällt, eine Verteidigungsschrift schicken! Das ist einfach unmöglich! Das Evangelium wird nicht stürzen, wenn ein paar von unsern Leuten sich gegen das Normalmaß versündigen!«[130]

Anläßlich der Bauernaufstände 1524/25, als es um rein soziale Probleme ging, änderte Luther diese opportunistisch wirkende Einstellung. Unter Verweis auf das Neue Testament forderte er von jedem Christen, die von Gott gewollte Trennung zwischen dem weltlichen und himmlischen Reich zu beachten und dementsprechend Gehorsam gegen den Fürsten und gegen Gott zu üben. Von dieser Dualität der Reiche und des Gehorsams war Luther schon 1521 überzeugt. Am 13. Juli schrieb er an Spalatin: »Über das Recht [der Obrigkeit], das Schwert zu führen, denke ich wie bisher … Es sind Worte Gottes, die etwas Großes zum Inhalt haben, wenn es heißt: ›Die Obrigkeit ist von Gott, und der widersetzt sich Gottes Einsetzung, der sich der Obrigkeit widersetzt‹ [Römer 13,1ff].«[131]

Zu diesem frühen Zeitpunkt räumte er auch den Glaubensstreitern noch das Recht zum Einsatz des Schwertes ein. Im selben Brief an Spalatin, dem er häufig beim Textauslegen half, äußerte er: »Und was willst Du machen, wenn Du liest, daß Abraham, David und die alten Heiligen das Schwert aufs beste gebraucht haben? Sie waren bestimmt evangelische Männer! Freilich haben sie es nur eine Zeitlang gebraucht.

Man kann bestimmt nicht bestreiten, daß der Gebrauch des Schwertes, das einige evangelische Männer so lobenswert handhabten, recht gewesen ist.«

Ein halbes Jahr später, als die Wittenberger Krawalle gegen altkirchliche Personen und Einrichtungen zugenommen hatten, schrieb Luther empört den Traktat »Eine treue Vermahnung zu allen Christen, sich zu hüten vor Aufruhr und Empörung«, in dem er den evangelischen Rebellen kurz und bündig erklärte: »Aufruhr ist nichts anderes denn selbst richten und rächen. Das kann Gott nicht leiden.«[132] Als sich Thomas Müntzer, der ebenfalls Augustinermönch war und Theologie studiert hatte, von der lutherischen Bewegung abwandte und 1525 seine Anhänger zum Anschluß an den Bauernaufstand aufrief, setzte Luther die Schrift »Wider die räuberischen und mörderischen Rotten der Bauern« dagegen, in der er die Thesen von 1521, die er 1523 in dem Traktat »Von weltlicher Obrigkeit, wie weit man ihr Gehorsam schuldig sei« weiter ausgeführt hatte, abermals erhärtete. Die Fürsten ließ er zwar auch nicht ungeschoren, aber sie waren ein sanktioniertes unvermeidliches Übel.

Nach einem Dreivierteljahr auf der Wartburg hatte Luther seine alte Sicherheit aus den Jahren 1519 und 1520 wiedergewonnen. Karl V., der mit Leo X. ein Bündnis gegen Franz I. eingegangen war, um die Erbbesitzungen der Valois in Norditalien zu kassieren, fehlten Zeit und Mittel, die Wormser Reichsacht auch im Gebiet des sächsischen Kurfürsten durchzusetzen. So konnten sich unter Duldung Friedrichs des Weisen die evangelischen Neuerungen immer weiter ausbreiten. Ende 1521 bis Anfang 1522 kam es bei den Wittenberger Augustinern zu ersten Austritten, denen bald die Auflösung des Klosters folgte. Karlstadt hielt in der Stadtkirche ein allgemeines Abendmahl ohne besondere Beichte und heiratete die vierzehnjährige Tochter eines Landadligen. Melanchthon gab unter dem Titel »Loci communes« die erste evangelische Glaubenslehre heraus. Der äußere Schutz hatte Bestand und tat seine Wirkung. Die Schar der Anhänger wuchs und wurde selbstbewußter.

Als Luther erfuhr, daß Albrecht von Brandenburg in Halle abermals seine Reliquiensammlung ausstellte, erwachte in ihm der alte Zorn auf diesen in die Kunst und den Pomp verliebten Fürsten, der noch immer nicht begriffen zu haben schien, daß die Wittenberger Reformation die Folge seines unmäßig betriebenen Ablaßgeschäfts war. Luther hatte den Alptraum von Worms überwunden; man würde ihn und seine Glaubenslehre nicht mehr aus der Welt schaffen können. Hart und drohend, ohne Rücksicht auf den Rang des Mainzer Kurfürsten, Kardinals und Erzbischofs schrieb er am 1. Dezember 1521: »Zweifellos hat Euer Kurfürstliche Gnaden noch in guter, frischer Erinnerung, daß ich an E.K.F.G. zweimal lateinisch geschrieben habe. Das erste Schreiben geschah zu Beginn des lügenhaften Ablasses, der unter dem Namen E.K.F.G. ausging; darin warnte ich E.K.F.G. in Treue und setzte mich aus christlicher Liebe den zuchtlosen, verführerischen, geldgierigen Predigern und den ketzerischen, abgöttischen Büchern [über den Petersablaß] entgegen.

Hätte ich an einer Disziplinlosigkeit Freude gehabt, so hätte ich den ganzen Sturm auf E.K.F.G. zutreiben können als auf denjenigen, der solche Dinge unter seinem Namen und Wissen zuläßt und dessen vollständiger Titel auf den ketzerischen Büchern geschrieben steht. Aber ich habe E.K.F.G. und das Haus Brandenburg geschont in der Annahme, daß E.K.F.G. solche Dinge aus Unverstand und Unerfahrenheit tun, verführt durch andre, falsche Ohrenbläser, an welche allein ich mich gehalten habe – freilich mit mancher Mühe und Gefahr, wie E.K.F.G. wohl bekannt ist.

Es hat aber diese meine treue Ermahnung nur Spott und bei E.K.F.G. Undank statt Dank davongetragen. Als ich zum zweitenmal [am 26. Februar 1520] aufs untertänigste schrieb und mich erbot, von E.K.F.G. mich belehren zu lassen, ist mir eine harte, unartige, unbischöfliche und unchristliche Antwort zuteil geworden; die mir zu erteilende Belehrung wurde höheren Stellen zugeschoben. Obwohl nun die zwei Briefe nicht geholfen haben, lasse ich dennoch nicht nach, sondern will nach dem Evangelium [Matthäus 18,17] noch eine dritte Warnung an E.K.F.G. in deutscher Sprache richten, ob's helfen möge als überflüssiges Warnen und Flehen, zu dem ich nicht verpflichtet bin.«[133]

Eine starke Sprache, ein starkes Auftreten. Luther war sich seines Sieges gewiß. Er litt nicht mehr an Ungeduld, an Einsamkeit, an Gewissensqualen. Mochte die Zeit nun bringen, was sie wollte, ihn, den Luther, konnte sie niemals wieder aus dem Buch der Geschichte streichen. Stolz teilte er Albrecht von Brandenburg seinen und des evangelischen Gottes Triumph mit: »Was für ein greuliches Feuer ist aus dem kleinen, verachteten Fünklein geworden, vor dem doch alle Welt so sicher war und glaubte, der einzige, arme Bettler wäre dem Papst unermeßlich viel zu wenig und wage sich an Unmögliches! Dennoch hat Gott sein Urteil gefällt, dem Papst mit all den Seinen übergenug zu schaffen gegeben und gegen und über die Meinung der ganzen Welt hinweg das Spiel dahin geführt, daß der Papst es schwerlich wieder einrenken wird und es täglich schlimmer mit ihm wird; darin kann man Gottes Werk mit Händen greifen ... E.K.F.G. denke nur nicht, daß Luther tot sei. Er wird auf den Gott, der den Papst gedemütigt hat, so frei und so fröhlich pochen und mit dem Kardinal von Mainz ein Spiel anfangen, auf das nicht viele gefaßt sind ... Darum sei E.K.F.G. endgültig und schriftlich angesagt: Wenn der Abgott [die Reliquienausstellung] nicht abgetan wird, so ist für mich um göttlicher Lehre und christlicher Seligkeit willen ein nötiger, dringender und unausweichlicher Grund, E.K.F.G. wie den Papst öffentlich anzugreifen, gegen dieses Unternehmen frei heraus zu protestieren, für alle früheren Greuel Tetzels den Bischof von Mainz verantwortlich zu machen und der ganzen Welt den Unterschied zwischen einem Bischof und einem Wolf zu zeigen. Danach möge sich E.K.F.G. zu richten und zu halten wissen.«[134] Luther machte sich mit diesem Brief, den er nicht wie ein Prediger der Nächstenliebe schrieb, sondern wie ein rächender Fürst, dem ein Landsknechtsheer zur Verfügung steht, den Mainzer Erzbischof endgültig zu einem ebenso erbitterten Feind wie Georg den Bärtigen, Herzog von Sachsen.

Am 1. Dezember, als Luther sich in einem Brief nach Mainz in schrankenlosem Siegerstolz zu erkennen gab, starb Leo X. an Malaria oder, wie es gerüchteweise hieß, an nicht für ihn bestimmtem vergifteten Wein. Sein Nachfolger, der zweiundsechzigjährige Hadrian VI. aus Utrecht, besaß seit vielen Jahren das Vertrauen Karls V., dem er auch die Ernennung zum Kardinal verdankte. Als Papst stieß er jedoch den Kaiser vor den Kopf, da er sich dessen antifranzösischer Liga nicht anschließen wollte, und in der Türkenfrage legte er sich mit Franz I. an. Da er außerdem entschlossen war, die verweltlichte Kurie zu säubern, und sich weigerte, den Kardinälen wie gewohnt lukrative Pfründen zu vergeben, hatte er sich trotz seines hohen moralischen Ansehens bald isoliert. Luther und der ihn schützende Friedrich der Weise profitierten von dieser päpstlichen Schwächeposition, die die Durchsetzung des »Wormser Edikts« abermals hinausschob. Dennoch gelang es Hadrian VI., der bereits nach zwanzig Monaten Amtszeit erschöpft und enttäuscht starb, den ersten Schritt zur katholischen Reformation zu tun: Er ließ im Dezember 1522 auf dem Reichstag zu Nürnberg durch seinen Stellvertreter Francesco Chieregati das Eingeständnis machen, daß vor allem die Kurie für die in der Kirche herrschende Unruhe verantwortlich sei. Eine Revision der Glaubenslehre wurde dagegen strikt abgelehnt.

Den überlieferten Daten nach muß Luther noch am Tag seines Albrechtsbriefs übermütig seine »Wüstenei« verlassen haben, denn am

3. Dezember soll er bei dem Schankwirt Hans Wagner in Leipzig ein Mittagsmahl zu sich genommen haben. Am 5. Dezember schrieb er aus Wittenberg, »bei meinem Philippus in Amsdorfs Haus«, an Spalatin, der sich mit dem kurfürstlichen Hof in Lochau bei Torgau aufhielt: »Dem durchlauchtigsten Fürsten empfiehl mich, meine Ankunft in Wittenberg und meine Rückreise [auf die Wartburg] möchte ich vor ihm verborgen halten.«[135] Am 10. Dezember wurde er abermals von Hans Wagner auf dem Brühl in Leipzig bewirtet, und am 18. Dezember kündigte er von der Wartburg aus seinem »allerliebsten Johannes Lang« in Erfurt an: »Ich werde bis Ostern hier bleiben. Bis dahin werde ich an der Postille schreiben. Ich will auch das Neue Testament ins Deutsche übersetzen, das verlangen die Unsrigen. Ich höre, daß Du auch an einer Übersetzung arbeitest. Fahre damit fort, wie Du begonnen hast. Wenn doch jede Stadt ihren eigenen Dolmetscher hätte und dies Buch allein in aller Zunge, Hand, Augen, Ohren und Herzen wäre!«[136]

Luther übersetzte das Neue Testament in weniger als drei Monaten, vom 18. Dezember 1521 bis in die ersten Märztage 1522. Selbst wenn man die vielen Jahre berücksichtigt, die er sich als Mönch, als Prediger und als Universitätsdozent mit den Bibeltexten beschäftigt hatte, ist dies eine kaum vorstellbare Leistung. Die Übersetzung, die er nach dem endgültigen Verlassen der Wartburg noch einmal mit Melanchthon durchsah, erschien am 21. September 1522 zur Leipziger Herbstmesse in einer Auflage von dreitausend Exemplaren, die schnell verkauft waren. Noch im selben Jahr gab es zwölf Nachdrucke dieses »Septembertestaments«. Der Name des Übersetzers wurde bei den ersten Auflagen nicht genannt. Das Titelblatt enthielt nur: »Das Neue Testament Deutzsch«. Luthers vollständige Heilige Schrift, Altes und Neues Testament, kam Ende des Jahres 1534 heraus, 1541 folgte eine nochmalige gründliche Übersetzung, die »Biblia, aufs neu zugericht«.

In theologischen Kreisen wurde Luthers Bibel bis lange über seinen Tod hinaus lebhaft diskutiert, da sie, im Gegensatz zu anderen bereits in deutscher Sprache vorliegenden Übersetzungen, die als hölzern, aber korrekt galten, interpretatorische Freiheiten enthielt. Luther wollte seine neue Lehre betonen und herausarbeiten, wobei er neben der lateinischen Vulgata auch griechische und hebräische Texte benutzte, die ihm aber größere Schwierigkeiten bereiteten. Der Nuancenreichtum des Hebräischen regte ihn besonders an. In einer der Vorreden, die jeden Teil der Bibel mit theologischen Erklärungen versahen, begeisterte er sich: »Es ist die hebräische Sprache so reich, daß keine Sprache sie kann genugsam erlangen. Denn sie hat viel Wörter, die da singen, loben, preisen, ehren, freuen, betrüben etc. heißen, wo wir kaum eines haben. Und sonderlich in göttlichen heiligen Sachen ist sie reich mit Worten, daß sie wohl zehn Namen hat, womit sie Gott nennt, wo wir nicht mehr haben als das einzige Wort: Gott; daß sie wohl billig eine heilige Sprache heißen mag. Derhalben keine Verdolmetschung so frei gehen kann, als es im Hebräischen selbst lautet; ... [das betrifft ebenso die] verblümten Worte, die man Figuren nennt, darinnen sie auch alle Zungen übertrifft.«[137]

Jenseits aller theologischen Betrachtungen überzeugte die Lutherbibel in ihrer Ausdruckskraft, Anschaulichkeit und niemals nachlassenden Vitalität Anhänger und Gegner der Reformation gleichermaßen. Luther schuf aus der sächsischen Kanzleisprache und der Sprache des »gemeinen Mannes auf dem Markt« ein Deutsch, das in seiner Vereinheitlichung klassischen Standard erreichte. Gottfried Herder urteilte zweihundertfünfzig Jahre später, Luther habe »einen schlafenden Riesen aufgeweckt und losgebunden«, und Friedrich Nietzsche schrieb: »Das Meisterstück der deutschen Prosa ist das Meisterstück ihres größten Predigers: die Bibel war bisher das beste deutsche Buch.«

Die Heilige Schrift wurde zur Sprachfibel der Deutschen und damit zum am meisten gelesenen Buch. Für Luther behielt sie jedoch auch seiner Übersetzung, mit der er selbst sehr zufrieden war, einzig und allein die Aufgabe, seine Landsleute das Evangelium zu lehren.

Während Luther das Neue Testament übersetzte – »obwohl ich mir damit eine Last aufgeladen habe, die über meine Kräfte ist«, wie er am 13. Januar 1522 an Nikolaus von Amsdorf schrieb –, erschien in Wittenberg eine Schar junger Männer aus Zwickau, die sich als Jünger von Thomas Müntzer bezeichneten und mit ihrem reformatorischen Fanatismus (Vernichtung von Kirchenschmuck, Ablegung des Priestergewands) die Stadt noch mehr in Unruhe versetzten als Karlstadt mit seinen praktischen Maßnahmen. Gottes Geist, so behaupteten diese »Zwickauer Propheten«, rede direkt zu ihnen, so daß die Bibel unnötig, der Priesterstand entbehrlich und die Kindertaufe widersinnig seien. Aus Zwickau vertrieben – Thomas Müntzer ging nach Böhmen –, forderten sie jetzt die Langmut des Kurfürsten heraus. Friedrich der Weise schützte seine Wittenberger unbeirrbar, aber einige sollten es lieber nicht zu bunt treiben. Herzog Georg von Sachsen beobachtete die Vorgänge bei seinem Vetter mit höchstem Argwohn und tat alles, um das Reichsregiment gegen ihn zu verwenden.

Als Luther mit dem Rest seines kostbaren Manuskripts im Gepäck – die Übersetzung der vier Evangelien hatte er bereits Melanchthon durch einen Boten zugeschickt – seiner »Wüstenei« endgültig den Rücken kehrte, tat er dies gegen den Rat des Kurfürsten, der zwar eine ordnende Hand für das sektiererische Durcheinander in Wittenberg herbeisehnte, aber der Ansicht war, das öffentliche Auftreten seines Professors sei verfrüht. Das von Vetter Georg geführte Reichsregiment konnte leicht eine Provokation darin erblicken und sich zu einer bewaffneten Intervention entschließen. Luther schritt dennoch seelenruhig aus und entwarf dabei in Gedanken ein Beruhigungsschreiben an seinen Landesherrn.

Am 3. März 1522 aß er abends, noch immer als Ritter getarnt, in Jena im Gasthaus »Zum Schwarzen Bären«. Während er in einem Büchlein mit hebräischen Psaltern las, führte der Wirt zwei junge Reisende in den Speiseraum. Der eine erzählte später: »Da fanden wir einen Mann am Tisch allein sitzend und ein Büchlein vor ihm liegend; der grüßte uns freundlich und hieß uns herfür an den Tisch setzen. Da bot er uns zu trinken, daß wir es ihm nicht abschlagen konnten. Demnach wir seine Freundlichkeit und Holdseligkeit vernommen, setzten wir uns zu ihm, wie er geheißen, an seinen Tisch, bestellten auch eine Maß Wein aufzutragen, damit wir von Ehren wegen wiederum zu trinken boten. Wir vermeinten aber nicht anders, denn es wäre ein Reiter, so er nach Landesgewohnheit dasaß in einem roten Schlepplein [Schlapphut] in bloßen Hosen und Wams, ein Schwert an der Seite, mit der rechten Hand auf des Schwertes Knopf, mit der andern das Heft umfangend.«

Man begann sich lebhaft zu unterhalten, und die beiden Studenten aus dem »Schweizerland«, die auf dem Weg nach Wittenberg waren, staunten, daß der Ritter sie nach dem in Basel lebenden Erasmus fragte und in höchsten Tönen von Philipp Melanchthon sprach. Außerdem wunderten sie sich nicht wenig, als sie mit neugierigen Blicken die hebräischen Schriftzeichen in dem aufgeschlagenen Büchlein entdeckten. Stutzig geworden, gingen sie zu dem Wirt und fragten ihn, ob der Ritter etwa Ulrich von Hutten sei.

Inzwischen hatten sich die anderen Gäste zum Übernachten auf die Zimmer oder zur Versorgung ihrer Pferde in den Stall begeben. »Indem blieb Martinus [dem Berichterstatter lüftete sich das Geheimnis des Fremden erst Tage später in Wittenberg] allein bei uns in der Stube. Da dankten wir ihm für seine Verehrung und Geschenke und ließen uns dabei merken, daß wir ihn für Ulrich von Hutten hielten. Er sprach: ›Ich bin der nicht.‹ In dem Augenblick kommt der Wirt. Sprach Martinus: ›Ich bin diese Nacht zu einem Edelmann geworden, denn diese Schweizer halten mich für Ulrich von Hutten.‹ Sprach der Wirt: ›Ihr seid es nicht, aber Ihr seid Martinus Luther.‹ Da lächelte er mit solchem Scherz: ›Die halten mich für den Hutten, Ihr für den Luther. Ich sollte wohl bald nach Markolf [in der Dichtung des Mittelalters der Hofnarr des Königs Salomo] werden.‹ Und nach solchem Gespräch nahm er ein hohes Bierglas und sprach nach des Landes Brauch: ›Schweizer, trinken wir noch einen freundlichen Trunk zum Segen.‹ Wie ich das Glas von ihm empfangen wollte, veränderte er das Glas und bot dafür einen Stinzen [Deckelkanne] mit Wein, sprechend: ›Das Bier ist euch unheimisch und ungewohnt; trinkt den Wein.‹ Indem stand er auf, nahm den Waffenrock auf seine Achseln und nahm Urlaub, bot uns seine Hand und sprach: ›So ihr nach Wittenberg kommt, grüßt mir den Hieronymus Schurfen.‹ Sprachen wir: ›Wir wollen es willig tun, aber wie sollen wir Euch nennen, daß er den Gruß verstehe?‹ Sprach er: ›Saget nicht mehr denn: der kommen soll [die Wittenberger Unruhen zu dämpfen], läßt Euch grüßen; so versteht er die Worte bald.‹ Also schied er von uns und ging zur Ruhe.«[138]

Am nächsten Abend schrieb Luther in Borna bei Leipzig, im Haus des kursächsischen Edelmanns Michael von der Straßen – auf dem Territorium von Herzog Georg mußte er besonders vorsichtig sein –, den Brief an Friedrich den Weisen. Mit größter Selbstsicherheit und unwiderlegbaren Argumenten erklärte er dem Kurfürsten, daß dieser sich nicht die geringsten Sorgen zu machen brauche. »Ich komme gen Wittenberg in einem gar viel höheren Schutz als des Kurfürsten. Ich hab's auch nicht im Sinne, von Eurer Kurfürstlichen Gnaden Schutz zu begehren. Ja, ich halt' [dafür], ich wollte E.K.F.G. mehr schützen, denn sie mich schützen könnte. Dazu: wenn ich wüßte, daß mich E.K.F.G. könnte und wollte schützen, so wollte ich nicht kommen. Denn in dieser Sache soll und kann kein Schwert raten oder helfen; Gott muß hier allein schaffen ohne alles menschliche Sorgen oder Zutun. Darum: wer am meisten gläubt, der wird hier am meisten schützen. Dieweil ich denn nun spür', daß E.K.F.G. noch gar schwach ist im Glauben, kann ich keinerlei wegen E.K.F.G. für den Mann ansehen, der mich schützen oder retten könnte.«

Luther wollte nicht mehr versteckt bleiben, seine Bibelübersetzung hatte sein ganzes Inneres aufflammen lassen, er mußte jetzt in die Welt, koste es, was es wolle. Er beteuerte dem Kurfürsten, daß dieser vor Gott entschuldigt sei, falls man ihn, den Ketzer Martinus, gefangennehmen oder töten würde, denn ein Fürst müsse nach der Ordnung des

Reichs der kaiserlichen Obrigkeit gehorsam sein und dürfe sich ihr nicht widersetzen. Unnachahmlich beendete Luther seinen Brief in gebieterischer Demut: »Das soll geschehn' ohn' E.K.F.G. Sorgen, Tun und irgendeine Gefahr. Denn Christus hat mich nicht gelehrt, unter Schädigung eines anderen ein Christ zu sein. Werden [unsere Feinde] aber so unvernünftig sein und gebieten, daß E.K.F.G. selbst die Hand an mich lege, so will ich E.K.F.G. dann sagen, was zu tun ist. Ich will E.K.F.G. bewahren vor Schaden und Gefahr an Leib, Gut und Seele, um meiner Sache willen, es gläube [dies] E.K.F.G. oder gläub's nicht. Hiermit befehle ich E.K.F.G. in Gottes Gnade. Weiteres wollen wir baldigst bereden, wenn es nötig ist … Wenn E.K.F.G. gläubte, so würde sie Gottes Herrlichkeit sehen; weil sie aber noch nicht gläubt, hat sie auch noch nichts gesehen. Gott sei Lieb und Lob in Ewigkeit. Amen.«[139] Am 6. März 1522 traf Luther wohlbehalten, glücklich und voller Energie in Wittenberg ein.

Der eiserne Reformator: Kampfjahre und Familienglück im Wittenberger Exil

(1522–1528)

Drei Tage nach seiner Ankunft in Wittenberg warf Luther sich sein Priestergewand über – Karlstadt predigte inzwischen in einfacher Straßenkleidung –, stieg auf die Kanzel der Stadtkirche und begann das Evangelium gegen die »Schwärmer« und »Zwickauer Propheten« zu predigen. Vom 9. März, dem Sonntag Invokavit, bis zum 16. März 1522 erklärte er täglich der verunsicherten Gemeinde, welche allgemeinverbindliche Ordnung und Zucht auch der neue Glaube benötige, um nicht in falsch verstandener »Freiheit eines Christenmenschen« und in subjektiver Bibelauslegung unterzugehen. Die erste Predigt leitete er mit den mahnenden Worten ein: »Wir sind allesamt zu dem Tod gefordert und wird keiner für den andern sterben, sondern ein jeglicher in eigener Person für sich mit dem Tod kämpfen. In die Ohren können wir wohl schreien, aber ein jeglicher muß für sich selber geschickt sein in der Zeit des Tods; ich würd dann nicht bei dir sein noch du bei mir. Hierin so muß ein jedermann selber die Hauptstück, so einen Christen belangen, wohl wissen und gerüstet sein.«[140]

Die »Hauptstücke« der in Liebe geübten christlichen Freiheit trug Luther nach der seelsorgerlichen Ermahnung mit der neuen Sprachgewalt des Bibelübersetzers vor. Er wollte die radikalen Reformer wie Thomas Müntzer und Andreas Karlstadt, die eine Gemeinde sozial und geistlich Gleichberechtigter anstrebten, in ihrem beschleunigten Kurs bremsen und sie davon überzeugen, daß eine behutsam gelenkte Wandlung zum evangelischen Glauben der erfolgreichere Weg sei. Vorerst sollten Meßgottesdienste – ohne Opfergebete – neben evangelischen Abendmahlsfeiern stattfinden, Ohrenbeichte und Privatmessen sollten abgeschafft und die frommen Bilder verwahrt, aber nicht zerstört werden. Luther wußte, was seine Zuhörer in der Kirche dachten: Jetzt predigt er Mäßigung und Nachsicht, aber er selbst hat den Papst und die alte Kirche nicht geschont. Ist er auf der Wartburg wieder ein demütiger Mönch geworden?

Luther nahm die heimlichen Gedanken auf und antwortete den Zweiflern und Verwirrten: »Summa summarum: predigen will ichs, sagen will ichs, schreiben will ichs. Aber zwingen, dringen mit der Gewalt will ich niemand, denn der Glaube will willig, ungenötigt angezogen werden. Nehmt ein Exempel von mir. Ich bin dem Ablaß und allen Papisten entgegen gewesen, aber mit keiner Gewalt, ich hab allein Gottes Wort getrieben, gepredigt und geschrieben, sonst hab ich nichts getan. Das hat, wenn ich geschlafen hab, wenn ich wittenbergisch Bier mit meinem Philippo und Amsdorff getrunken hab, also viel getan, daß das Papsttum also schwach worden ist, daß ihm noch nie kein Fürst noch Kaiser so viel abgebrochen hat. Ich hab nichts getan, das Wort hat es alles gehandelt und ausgericht. Wenn ich hätt wollen mit Ungemach fahren, ich wollt das deutsche Land in ein groß Blutvergießen gebracht haben, ja ich wollt wohl zu Worms ein Spiel angerichtet haben, daß der Kaiser nicht sicher wäre gewesen. Aber was wäre es? Ein Narrenspiel wär es gewesen.«[141]

Luther hätte womöglich in Verbindung mit den aufständischen Bauern, deren Flugblätter mit dem kämpferischen Bundschuhzeichen in Worms aufgetaucht waren, und mit den Reichsrittern Ulrich von Hutten und Franz von Sickingen, die ebenfalls die Macht der Landes- und Kirchenfürsten brechen wollten – allerdings mit dem Ziel eines starken deutschen Kaisers – gewaltige Erhebungen bewirken können. Daß Friedrich der Weise ihn schützte, war ein glücklicher Umstand, aber er hielt Gewalt zur Verbreitung des Glaubens grundsätzlich für ein untaugliches, da unchristliches Mittel. Was seine Worte erreichen konnten, bewiesen das anhaltende politische Tauziehen um die Durchsetzung des »Wormser Edikts« und, nach Beendigung der Invokavit-Predigten, die wiedergewonnene Ruhe in der Wittenberger Bevölkerung.

Die »Zwickauer Propheten« verloren ihre Anhängerschaft und zogen bald weiter. Karlstadt, der von dem sanften Luther enttäuscht war, gab seinen Posten als Universitätsprofessor und als Archidiakon der kurfürstlichen Stiftskirche auf und ging aufs Land, um dort, wie von Gott gewollt, im Schweiße seines Angesichts auf dem Acker zu arbeiten. Er ließ sich von den Bauern mit »Bruder Andreas« anreden und fragte sie nach ihrem Bibelverständnis. 1523 nahm er wieder eine Pfarrstelle an, stritt mit Luther über das Abendmahl, wurde schließlich aus Kursachsen vertrieben, floh nach Holstein, nach Friesland und in die Schweiz, wo er 1541 in seinen alten Würden als Pfarrer und Professor starb, was Luther mit der Bemerkung quittierte, daß ihn wohl der Teufel geholt habe.

Bevor Luther 1523 seine Vorlesungen wiederaufnahm, bereitete er den Druck der Invokavit-Predigten vor, arbeitete an der Übersetzung des Alten Testaments und entwarf eine evangelische Gottesdienstordnung. Den Kurfürsten hatte er noch einmal und so bestimmt wie in seinem Brief aus Borna beruhigen können: Seine Rückkehr nach Wittenberg bedeute keine Mißachtung kaiserlicher oder kurfürstlicher Macht. »Denn wiewohl nicht allzeit der menschlichen Obrigkeit zu gehorchen ist, nämlich wenn sie etwas wider Gottes Gebot vornimmt, so ist sie doch nimmer zu verachten, sondern zu ehren.«[142] Schließlich sei er nur zu Hilfe geeilt, um eine noch größere Empörung in der Gemeinde zu verhindern.

Wie schnell aus Empörung Aufruhr werden konnte, wußten die deutschen Fürsten und Landadligen am besten. Seit der stürmischen frühkapitalistischen Entwicklung zu Beginn des 16. Jahrhunderts, die zu Lasten der Handwerkerschicht einen Aufstieg des Bürgertums mit sich brachte, kam es auch in den Städten immer häufiger zu Gewalttaten. Den Anlaß bildeten meist steuerliche Härten und das zunehmende Bewußtsein der Rechtlosigkeit. Unter dem Einfluß der zahlreichen Bauernerhebungen, die seit Jahrzehnten überall im Reich stattfanden, bildete sich ein Heer von Unzufriedenen, das unüberhörbar soziale Gerechtigkeit oder, mit der Parole der ersten Bundschuhbewegung von 1439, »Gottes Gerechtigkeit« forderte.

Luther kannte die Ursachen dieser Spannungen wie jeder seiner Zeitgenossen, und er war durchaus nicht zimperlich, wenn er den adligen Herren ihre Schwächen und Fehler vorwarf, wie in seiner 1523 erschienenen Schrift »Von weltlicher Obrigkeit«. Ihre Besitzgier und das harte Verteidigen ihrer Privilegien machten sie selbst verantwortlich für die Empörung im Volk. Anstatt für gerechte Ordnung zu sorgen, bereicherten sie sich nur. »Die aber der Revolution wehren sollten, schüren sie eher«[143], schrieb er und mißbilligte mit diesem Satz nicht nur die obrigkeitlichen Verwalter, sondern auch die aufständischen Verletzer der Ordnung.

Wie hart das Los der Bauern war, wußte Luther von seinem Vater und seinen Verwandten in Möhra, aber seit seinem Studium in Erfurt kam er nur noch selten mit Menschen aus dieser Schicht zusammen. Im Juni 1522, drei Jahre vor dem Bauernkrieg in Thüringen, erweckte die Strafsache eines Mannes, der in herrschaftlichen Gewässern geangelt hatte, seine Anteilnahme. Mit dem ganzen Gewicht seiner Persönlichkeit verwandte er sich bei Spalatin für ihn, indem er einen von christlicher Nächstenliebe diktierten Brief schrieb, der für keine Veröffentlichung bestimmt war und ihm kaum nützen konnte.

»Es hat sich ein armer Fischermann vergriffen, und einmal nur meinem gnädigen Herrn zu nahe gefischet, hab ich aus Fürbitt gegen den Schösser [beim Gerichtsamtmann Schösser] für ihn gebeten; so hör ich nu, er hab ihn von sich an meinen gnädigen Herrn geweiset. Bitt ich nu, Ihr wollet in meinem Namen meinen gnädigen Herrn für ihn bitten, daß die Strafe gewandelt werde. Denn ich höre zehen silbern Schock von ihm fodern. Nicht will ich ihn ungestraft haben, auf daß ein Exempel der Furcht und Regiment bleibe, sondern daß es ein Strafe sei, die ihm sein Nahrung nicht verdrücke. Ich wollt ihn in Kerker etliche Tage werfen, oder Wasser und Brot lassen fressen acht Tage, damit man sehe, daß nur Besserung und nicht Verderbung gesucht würde. Und das dünkt mich auch eine rechte Strafe sein für die Armen; die Reichen soll man im Beutel räufen. Hoffe, Ihr werdet dies ausrichten.«[144]

Heiterkeit und Zuversicht, die Luther nach seiner langen Einsamkeit auf der Wartburg im Wiederaufleben bei seiner Gemeinde und seinen Freunden erfüllten, wichen schon bald Zorn und Ernüchterung. Die »Schwärmer«, die keine Ruhe gaben und Sekten wie die »Wiedertäufer« gründeten, gefährdeten die Reformation von innen. Die für den Papst votierenden Landesherren und die Rebellen, die sich auf die »Freiheit eines Christenmenschen« beriefen, um die soziale Ordnung umzustürzen, gefährdeten die Reformation von außen. In einem Brief an einen Ungenannten, in dem Luther sich gegen den Vorwurf verteidigte, er habe auf die gegen ihn gerichtete Schrift Heinrichs VIII., »Erweis der Siebenzahl der Sakramente«, dem englischen König zu hart geantwortet, ließ er seinem Abscheu gegenüber den Heuchlern und Opportunisten freien Lauf.

»Denn wer mein Lehre mit rechtem Herzen fähet [willfährt], würde sich an meinem Schelten nicht ärgern. Darum, mein lieber Freund, laßt Euchs nicht wundern, daß sich viel an meinem Schreiben ärgern. Es soll also sein, und muß also sein, daß gar wenig am Evangelio bleiben. Und ist das Evangelium keinem Menschen feinder, denn den falschen Herzen, die sich seine Freunde stellen, und darnach, wenns ein wenig sauer siehet, abfallen. Wie wollten die ihr Leben dabei setzen, wenn es die Stund oder Verfolgung erfordert? Summa, warum ich so hart bin, soll zu seiner Zeit wohl klar werden. Wer nicht will gläuben, daß es aus gutem Herzen und wohlgetan ist, der mags lassen, er wirds doch wohl bekennen müssen dermaleins. Es hat mich wohl auch mein gnädigster Herr schriftlich, und viel andere Freunde dergleichen, ermahnet: aber mein Antwort ist allzeit, daß ichs nicht lassen will, noch soll. Mein Handel ist nicht ein Mittelhandel, der etwas weichen oder nachgeben, oder sich unterlassen soll, wie ich Narr bisher getan habe.«[145]

Luther stand nicht mehr in alleiniger Verantwortung vor Cajetan, vor Eck, vor dem Kaiser. Die Fronten hatten sich vervielfacht, und sie liefen durch sein eigenes Lager und durch das Reich. Das politische Schicksal der Reformation nahm er nur am Rande wahr, denn der Aufbau der neuen Kirche und die Vereinheitlichung evangelischen Glaubenslebens, worin er bis zu seinem Tod die wichtigsten Aufgaben sah, nahmen seine Kräfte völlig in Anspruch. Während zu Beginn des Jahres 1523 die Durchsetzung des »Wormser Edikts« auf dem Reichstag von Nürnberg – im Namen Hadrians VI. erfolgte hier das Schuldbekenntnis des Papstes und der Kurie zu den kirchlichen Mißständen – verhandelt und wieder aufgeschoben wurde, gab Luther seine Anweisungen »Von der Ordnung des Gottesdienstes in der Gemeinde« heraus und entwarf eine »Formula missae«, in der späteren deutschen Übersetzung »Eine Weise, christliche Messe zu halten und zum Tisch Gottes zu gehen«.

Die entscheidende Neuerung in dieser evangelischen Messe, einer abgewandelten römischen Messe, war die Austeilung des Abendmahls in beiderlei Gestalt, also Brot und Wein, an alle Teilnehmer. Viele Reformierte scheuten sich, dieser Neuerung zuzustimmen, die das Zentrum des christlichen Gottesdienstes betraf und womöglich den Unwillen des altgläubigen Kurfürsten erregen würde. Luther wollte auf diese Übervorsichtigen keine Rücksicht mehr nehmen. Außerdem wußte er längst von Spalatin, daß Friedrich dem Weisen aus dem »Wormser Edikt« vorerst keine Schwierigkeiten erwachsen würden. Er war es leid zu warten, zu diskutieren, nachzugeben. Er bestimmte, beging ungeniert die Fehler des Vorwärtsdrängenden und Entscheidungsstarken, und er besaß das Selbstvertrauen, eigene Irrtümer als Mißverständnisse anderer darzustellen. Da er sich von Gott geleitet glaubte, wie er immer wieder bekundete, mußte aus seiner Sicht alles, was er unternahm, auch zu Gott führen.

Spalatin bekam den schärferen Ton, der keinen Widerspruch duldete, als erster zu spüren, denn er ließ sich nicht so leicht dirigieren wie der nachgiebigere und sentimentalere Melanchthon. Das Schreiben, das er am 14. Januar 1523 bezüglich des Abendmahls von Luther erhielt, mag ihm wie eine Ordre seines Kurfürsten vorgekommen sein: »Das Abendmahl ist meines Erachtens in Zukunft unter beiderlei Gestalt auszuteilen und zu empfangen. Auf die Schwachen haben wir bisher genug Rücksicht genommen. Auch ist die Sache schon allenthalben ausposaunt und bekanntgeworden, und man hat sich nachgerade daran gewöhnt, auch Schlimmeres sich gefallen zu lassen. Es ist an der Zeit, dem Evangelium Raum zu schaffen, und es ist jetzt eigentlich nicht mehr Schwäche, sondern Hartnäckigkeit, wenn sich jemand durch die Ausübung einer so bekannten Einrichtung vor den Kopf gestoßen fühlt. Wir wollen folglich darin von unserer Freiheit Gebrauch machen.«[146]

Zu Luthers erweitertem Freundeskreis gehörten seit 1522 der Jurist und Theologe Justus Jonas, der ihn von Erfurt nach Worms und zurück bis in die Nähe der Wartburg begleitet hatte und anschließend einem Ruf der Wittenberger Universität gefolgt war, Johann Bugenhagen aus Pommern, seit 1521 Hauptprediger an der Stadtkirche, und Lucas Cranach, Hofmaler, Händler, Apotheker und Bürgermeister in einer Person, in dessen Haus Luther seine Frau, Katharina von Bora, kennenlernte. Diese neuen Freunde mußten schon bald den Verlust von Nikolaus von Amsdorf, der 1524 nach Magdeburg ging, und Georg Spalatin ersetzen, der 1525 eine Pfarrstelle in Altenburg annahm.

Ein freundschaftliches Verhältnis verband Luther seit 1523 außerdem mit Johann Walther, dem Musikmeister des sächsischen Kurfürsten, der die ersten für die neue Gottesdienstordnung benötigten Lieder komponierte. Die von Luther verfaßten Texte waren nicht mehr in lateinischer, sondern in deutscher Sprache geschrieben, und man konnte sie ausnahmslos ohne instrumentale Begleitung singen. Im Vorwort dieses 1524 veröffentlichten Wittenberger Gesangbuchs ließ sich wieder einmal der sanfte Luther, der die Zerstörung des Kirchenschmucks abgelehnt hatte, vernehmen: »Auch daß ich nicht der Meinung bin, daß durchs Evangelion sollten alle Künste zu Boden geschlagen werden und vergehen, wie etliche Abergeistlichen« – er dachte wohl an Karlstadt – »vorgeben, sondern ich wollt alle Künste, sonderlich die Musika, gerne sehen im Dienst des, der sie geben und geschaffen hat.«[147]

Das erste Lied des Gesangbuchs war den beiden am 1. Juli 1523 in Brüssel als Ketzer verbrannten jungen Augustinern Johann Esch und Heinrich Voes gewidmet: »Ein neu Lied von den zweyen Märterern Christi, zu Brüssel von den Sophisten zu Löwen verbrannt.« Luther, dem die freie Prosa mehr lag als die ans Versmaß gebundene Lyrik – »Mir ist es nicht gegeben, es so auszuführen, wie ich gern möchte«[148], bekannte er Spalatin –, hatte die Nachricht von der Verbrennung der beiden Niederländer mit Erschütterung aufgenommen. Er tröstete ihre reformierten Gesinnungsfreunde in seinem »Sendbrief an die Christen im Niederland« und gedachte ihrer in zwölf Liedstrophen, von denen die beiden ersten lauten:

»Ein neues Lieder wir heben an,
Des walt Gott, unser Herre,

Zu singen, was Gott hat getan
Zu seinem Lob und Ehre.
Zu Brüssel in dem Niederland
Wohl durch zween junge Knaben
Hat er sein Wundermacht bekannt,
Die er mit seinen Gaben
So reichlich hat gezieret.

Der Erst recht wohl Johannes heißt,
So reich an Gottes Hulden,
Sein Bruder Heinrich nach dem Geist,
Ein rechter Christ ohn Schulden.
Von dieser Welt geschieden sind,
Sie han die Kron erworben,
Recht wie die frummen Gotteskind
Für sein Wort sind gestorben,
Sein Märtrer sind sie worden.«[149]

Nach dem Tod Hadrians VI. am 14. September 1523 wurde Giulio de Medici am 19. November zum Papst gewählt. Clemens VII. war ein echter Medici, dem Florenz und die Kunst mehr am Herzen lagen als die politischen und geistlichen Angelegenheiten des Kirchenstaats. Während er sich seiner Geburtsstadt Florenz, Künstlern wie Cellini, Raffael und Michelangelo und dem politischen Theoretiker Machiavelli widmete, kämpften Karl V. und Franz I. ungehindert um die Vormachtstellung in Italien. Clemens VII. wechselte mehrmals die Seite, ein Spielball zwischen dem Kaiser und dem französischen König. Der Reformation kam nicht nur der in Italien stattfindende Machtkampf zugute, sondern auch die Weigerung des neuen Papstes, ein allgemeines Konzil einzuberufen, dem sich inzwischen auch Karl V. geneigt zeigte. So einigte man sich im Juni 1526 auf dem Ersten Reichstag zu Speyer auf den Kompromiß, die Durchsetzung des »Wormser Edikts« ein weiteres Mal zu suspendieren, mit dem Zusatz, bis zur Abhaltung eines Konzils die Reichsstände handeln zu lassen »wie ein jeder solches gegen Gott und kaiserliche Majestät hoffe und vertraue zu verantworten«.

Zwischen Frühjahr und Sommer 1524 entstanden in Südwestdeutschland neue Bauernunruhen, die sich bis zum Frühjahr 1525 mit allen Folgen entfesselter Knechtschaft über weite Teile Deutschlands ausbreiteten und schließlich in mörderischen Gemetzeln von den verbündeten Fürsten beendet wurden. Die gleichen politischen Umstände, die das Erstarken der Reformation begünstigten, förderten auch die massenhafte Erhebung der Bauern: Der Kaiser hielt sich mit seinem Heer in Italien auf, und das Reichsregiment war nach dem Nürnberger Reichstag im Sommer 1524 aufgelöst worden.

Luther, der mit der Herstellung und Durchsetzung der neuen Kirchenordnung noch eine Mammutarbeit zu leisten hatte, geriet durch die Bauernbewegung. in zusätzliche Schwierigkeiten. Die Aufständischen beriefen sich auf das Evangelium, wie er es gelehrt hatte, und verfaßten im März 1525 ein Manifest, die »Zwölf Artikel aller Bauernschaft«, in dem Luther namentlich erwähnt und zu einer Stellungnahme aufgefordert wurde. Seine Antwort, »Ermahnung zum Frieden auf die zwölf Artikel der Bauernschaft in Schwaben«, schrieb er zwischen dem 16. und 20. April, als das Ausmaß des Aufruhrs in Wittenberg noch nicht bekannt war. Er warnte darin sowohl die Bauern wie die Fürsten vor Gewalttätigkeiten, denn diese würden nur dazu führen, daß das weltliche Regiment und das Wort Gottes untergingen. Den Bauern hielt er vor, daß sie nicht aus Christus, sondern aus, ihrer Natur handelten und keiner ihrer Artikel das Evangelium lehre, »sondern alles dahin gerichtet [ist], daß Ihr Euer Land und Gut frei habt«.[150]

Luther entwarf die Antwort an die schwäbische Bauernschaft während einer Reise nach Mansfeld, wo er mit Melanchthon auf Wunsch des Grafen Albrecht eine evangelische Schule einrichtete. Auf der Hinfahrt war er in den beginnenden Bauernkrieg geraten und hatte durch mehrere Predigten versucht, die aufgebrachten Männer zur Umkehr zu bewegen. Auf der Rückfahrt übernachtete er in Seeburg bei Eisleben. Mit dem Manuskript der »Ermahnung« in der Tasche, schrieb er von dort einen langen Brief an den mansfeldischen Rat Johann Rühel, in dem er die Aufständischen mit harten und brutalen Tönen verurteilte. Die ausgewogenere »Ermahnung« erschien am 9. Mai, der redigierte Text seines aggressiven Briefs an Rühel am 30. Mai unter dem Titel »Wider die räuberischen und möderischen Rotten der Bauern«.

In extrem unterschiedlicher Sprache verdeutlichte Luther seine Grundeinstellung: »Ich halte und wills allezeit halten mit dem Teil, der Aufruhr leidet ... und will wider sein dem Teil, der Aufruhr macht«, was ihm den Ruf einbrachte, den Bauern in den Rücken gefallen zu sein und die Partei der Fürsten ergriffen zu haben. Luther reagierte auf die Vorwürfe mit zwei Verteidigungsschriften. Am 15. Juni verschaffte er sich in seinem Ärger über die unfruchtbaren und zeitraubenden Auseinandersetzungen Luft, indem er an Rühel schrieb: »Welch ein

Zetergeschrei, lieben Herren, hab ich angericht mit dem Büchlein wider die Bauren! Da ist alles vergessen, was Gott der Welt durch mich getan hat. Nun sind Herrn, Pfaffen, Bauern, alles wider mich, und dräuen mir den Tod.«[151] Zwei Monate später schrieb er über Thomas Müntzer, der sich den Aufständischen angeschlossen hatte und am 27. Mai 1525 enthauptet worden war: »Müntzer und die Bauern haben bei uns das Evangelium so sehr zu Grunde gerichtet und den Mut der Papisten so sehr gestärkt, daß wir wieder ganz von vorn mit dem Aufbau beginnen müssen.«[152]

Mit dem etwas dramatischen Hinweis, daß man ganz von vorn anfangen müsse, meinte Luther konkret die Kirchen- und Schulvisitation, also die Einrichtung evangelischer Schulen und Pfarreien, die Ausbildung und Besoldung der Pastoren und den Kostenausgleich. Dieses für die Sicherung der Zukunft so wichtige Fundament ließ sich nicht von heute auf morgen legen. Erst 1530, nach sechs Jahren intensiver Verhandlungen, einigte man sich schließlich auf die »Kursächsische Kirchen- und Schulvisitation«. Der Landesherr, der den altkirchlichen Besitz kassiert hatte und die Steuern einnahm, kam für die Finanzierung auf und gestand zu, daß die Visitatoren aus der Geistlichkeit gewählt wurden. Die Evangelischen, die noch nicht über eigene Mittel verfügten, akzeptierten den Landesherrn vorläufig als kirchliches Oberhaupt, in der Hoffnung, daß sich die Gemeinden eines Tages selbst tragen und gleichberechtigt zusammenschließen würden. Die landesherrliche Kirche blieb jedoch durch alle Zeiten bestehen, und Luthers ursprüngliche Idee der selbständig über sich bestimmenden Gemeinden verflüchtigte sich in den Bereich der Utopie.

Luther nahm Kompromisse, zu denen er in der Praxis gezwungen wurde, nicht tragisch. Er haßte Dogmen, seit er sie als Fesseln seines eigenen Glaubens erfahren hatte, und er hütete sich davor, seinen Lehren durch Systematisierung den Anschein von Gesetzen zu geben. Es war ihm nicht leichtgefallen, von seiner Idealvorstellung einer freien Gemeinde abzurücken, aber angesichts der die Reformation bedrohenden Gefahren hielt er die landesherrliche Betreuung nicht nur aus finanziellen Gründen für notwendig. Wenn es darum ging, seinen Glauben vor inneren oder äußeren Feinden zu schützen, wurde Luther, der Revolutionär des Glaubens, zum Pragmatiker und Taktiker, der das Mögliche und das Machbare realistisch einzuschätzen wußte. Seine gleich stark entwickelten geistigen und sinnlichen Kräfte befähigten ihn zu Großzügigkeit und Hingabe nicht nur in kirchlichen Angelegenheiten, sondern auch, wie seine zahlreichen Briefe bezeugen, in menschlichen Beziehungen. Er mußte mit seinen Energien, die über Jahrzehnte unablässig aus ihm heraussprudelten und ein kaum überschaubares Werk schufen, nicht haushalten wie Melanchthon, dessen sehr viel zartere Konstitution und geistige Unbeweglichkeit ihn schwanken ließen zwischen Verherrlichung und Ordnungsliebe, der die Lutheraner das einengende Lehrbuch »Loci communes« verdanken.

Sobald jedoch der innere Bezirk seines Glaubens berührt wurde, kannte Luther keinen Kompromiß mehr und keine Nachsicht. Seine Gnadenlehre, die dem Gläubigen Freiheit in Gott verspricht, und seine Rechtfertigungslehre, die dem Gläubigen lebenslangen Gehorsam gegen das Evangelium und die Zehn Gebote abverlangt, verteidigte er bis zur physischen Selbstaufgabe. In Worms versagte ihm aus Furcht vor der ihn umgebenden geballten Macht fast die Stimme, aber er nahm seinen Glauben nicht zurück. Während der Bauernaufstände hätte er sich zum geistigen Führer des Rebellenheers aufschwingen können, statt dessen predigte er von der Liebe zum Nächsten und lenkte den Zorn derjenigen auf sich, für die er gerade Schulen und soziale Einrichtungen, wie den Hilfsfonds des »Gemeinen Kastens«, aufzubauen versuchte.

1524, nach Erasmus' Angriff mit dem Traktat »Über den freien Willen«, trennte Luther sich endgültig vom Humanismus. Er antwortete Erasmus mit der Gegenschrift »Der unfreie Wille«. Für ihn ist der Mensch niemals in sich selbst definierbar, wie Erasmus es sieht. In bezug auf Gott ist der Wille des Menschen gebunden, nur in bezug auf die Welt hat er seine Entscheidungsfreiheit. Der Glaube ist nicht, wie für Erasmus, eine moralische Fähigkeit, denn wäre es so, würde das Geschenk des Glaubens durch Gottes Gnade zu einer Leistung des freien Willens verkommen. Der Mensch lebt zwischen der vom Teufel beherrschten Welt und dem Gottesreich. Wie Luther plastisch formulierte: Der Mensch ist ein Reittier, das entweder von Gott oder vom Teufel geritten wird. Erasmus reagierte sofort mit einem weiteren Traktat, aber für Luther war dieser Disput endgültig beendet. Der Humanismus blieb auf die Gegenwart und die Zukunft, das Evangelium auf die Ewigkeit ausgerichtet.

Das Jahr 1525 brachte für Luther nicht nur die fatale Verwicklung mit den Bauernaufständen, sondern auch zwei Ereignisse, die sein persönliches Leben berührten: Am 5. Mai starb Friedrich der Weise, und am 13. Juni zog Katharina von Bora als Gemahlin des Reformators in das seit zwei Jahren von den Mönchen verlassene Augustinerkloster in

Wittenberg ein. Friedrich verdiente sich seinen Beinamen »der Weise« bis über den Tod hinaus. Er vermachte seinem Bibelprofessor das von der Landesregierung eingezogene Augustinerkloster nebst Garten, Nebengebäuden und Braurecht, und er hatte seinem Bruder Johann, der ihm als Kurfürst nachfolgte und später den Beinamen »der Beständige« erhielt, darin bestärkt, sich der Reformation zuzuwenden. Er selbst bekannte sich noch kurz vor seinem Ende zum neuen Glauben. In einem Brief an Johann Rühel in Mansfeld berichtete Luther am 23. Mai, was man über die letzten Stunden Friedrichs des Weisen erzählte:

»Mein gnädigster Herr, der Kurfürst, ist des Tages, da ich von Euch scheidet [Luther war am 5. Mai aus Mansfeld abgereist], zwischen fünfen und sechsen, fast um die Zeit, da Osterhüsen verderbet ward, [Graf Albrecht von Mansfeld zerstörte im Kampf gegen aufständische Bauern den Ort Osterhausen], mit sanftem Mut, frischer Vernunft und Verstand verschieden, hat das Sakrament beider Gestalt genommen, und keine Ölung. Ist auch ohne Messen und Vigilien von uns, und doch fein herrlich bestattet ... Vom Aufruhr hat er noch nicht viel gewußt, hat aber seinem Bruder geschrieben, er solle ja zuvor alle Wege mit der Güte suchen, ehe ers ließ zur Schlacht kommen; ist also christlich und seliglich gestorben.«[153]

Als Luther von Mansfeld nach Wittenberg zurückkam, war der Leichnam Friedrichs – er war in seinem Lochauer Schloß, heute Annaburg, gestorben – gerade überführt worden. So konnte Luther noch an der Beisetzung in der Schloßkirche teilnehmen. Er hielt am 10. Mai, nachdem Melanchthon eine lateinische Rede vorgetragen hatte, eine Predigt »über die Leiche des Kurfürsten« und sprach am 11. Mai abermals »christlich, tröstliche« Worte, während der Leichnam »gleich unter dem hohen Altar unter den Stufen« ins Grab gesenkt wurde. Am 15. Mai schrieb er an den Herzog Johann Friedrich, den Sohn des neuen Kurfürsten, dessen Mitwirken bei der evangelischen Schulreform er erhoffte, einen Kondolenzbrief.

»Ich sollte Eure Fürstliche Gnaden wohl trösten in dieser Zeit, da uns der allmächtige Gott so angreift, wie das Sprichwort lautet: ›Ein Unglück kommt selten allein‹, daß wir nicht allein den Frieden und die Ruhe im Land verloren, sondern auch unseres Oberhaupts, dessen wir jetzt höchstens bedürften, beraubt sind. So wunderlich ist Gott in seinen Werken, daß er zugleich Unglück zuschickt und daneben hinwegzuckt, daran wir uns halten und stärken sollten, auf daß wir auch mit Christo ganz verlassen singen, ja heulen im Psalter: ›Ich bin elend und einsam‹. Nun wir müssen uns drein schicken.«[154] Der Herzog, über dessen 1532 beginnendes kurfürstliches Regiment als Johann Friedrich der Großmütige Luther sagte, »Wir sitzen unter seinem Schutz hier wie in einem Rosengarten«, mußte 1547 – nach der Niederlage des Schmalkaldischen Bundes der protestantischen Fürsten in der Schlacht bei Mühlenberg – die sächsische Kurwürde an den Albertiner Moritz von Sachsen abgeben. So triumphierte das »Schwein von Dresden« doch noch aus dem Grab über seinen Vetter Friedrich.

Einen Monat nach der Beisetzung in der Schloßkirche heiratete Luther seine Käthe, die er wegen ihres energischen Charakters manchmal gern mit »Herr Käthe« anredete. Katharina von Bora stammte aus dem albertinischen Sachsen, wo sie 1499 in einem kleinen Ort – mehrere Städte streiten sich um diese Ehre – geboren wurde. Mit sechzehn Jahren kam sie, wohl auf Wunsch ihrer wenig begüterten Eltern, in das in Nimbschen bei Grimma im ernestinischen Sachsen gelegene Zisterzienserkloster »Marienthron«. Von dort floh sie im April 1523 mit acht anderen Nonnen nach Wittenberg, wo sich Luther um das weitere Schicksal dieser neun »Abtrünnigen« kümmerte. Die älteste von ihnen, Magdalena von Staupitz, war eine Schwester von Johann von Staupitz. Auf Luthers Fürsprache hin erhielt sie 1529 von den Visitatoren in Grimma »zu Ehren und Dank ihrem Bruder Dr. Johann Staupitz« ein Haus. Als die kurfürstlichen Steuerbeamten es ihr zwei Jahre später wieder wegnehmen wollten, verwandte sich Luther abermals erfolgreich für sie. 1548 starb Magdalena in hohem Alter als verheiratete Bürgerin von Grimma, wo sie eine evangelische Mädchenschule eingerichtet hatte.

Lucas Cranach und seine Frau Barbara nahmen Katharina von Bora bei sich auf. In dem großen cranachschen Haus am Marktplatz begegnete sie im Oktober 1523 dem dänischen König Christian II., der wegen seiner expansiven Politik von Gustav Wasa aus Skandinavien vertrieben worden war und sich erfolglos bei seinen Schwägern Friedrich dem Weisen und Karl V. um Unterstützung seiner Rückeroberungspläne bemühte. (Ein Nachfolger Christians, Christian III., führte 1536 die Reformation in Dänemark durch und säkularisierte das Kirchengut.) Christian II. blieb vom 10. bis 16. Oktober 1523 in Cranachs Haus, wo er sich porträtieren ließ und wohl auch gelegentlich ein Wort mit Katharina von Bora wechselte. Bei seinem Abschied schenkte er ihr einen goldenen Ring.

Die einzige Möglichkeit, die Frauen damals hatten, einen sicheren sozialen Status zu erlangen, war die Heirat. Entlaufene Nonnen, die zu ehelichen das geistliche und weltliche Recht unter Todesstrafe verbot, konnten in jenen frühen zwanziger Jahren nur dort auf einen Freier hoffen, wo die Reformation von der Obrigkeit geduldet wurde, also 1523 in Kursachsen und Königsberg, 1524 auch in Estland, Livland und den freien Reichsstädten Nürnberg und Straßburg. Katharina entschied sich daher, in Wittenberg zu bleiben und nicht zu ihrer Mutter, die in Herzog Georgs Sachsen lebte, zurückzukehren. Sie hatte trotz ihrer vierundzwanzig Jahre – eine Braut von vierzehn Jahren war damals nichts Ungewöhnliches – als Frau noch Chancen, denn was ihr an Schönheit fehlte, ersetzte sie durch im Kloster gewonnene Bildung, natürliche Klugheit und Geschick im Wirtschaften, das sie sich innerhalb weniger Monate in dem betriebsamen cranachschen Haushalt erworben hatte.

Mit Luther verband sie Liebe nicht auf den ersten, sondern, genaugenommen, auf den dritten Blick. Durch Melanchthon war sie in eine Kreis junger Männer eingeführt worden – man nannte sie dort wegen ihrer Tugendhaftigkeit Katharina von Siena –, zu dem zeitweise auch der Nürnberger Patriziersohn Hieronymus Baumgärtner gehörte. Sie verliebte sich leidenschaftlich in ihn, aber der Angebetete schien nicht die gleichen Empfindungen zu hegen, denn im Sommer 1523 ging er nach Nürnberg zurück, ohne sein Versprechen, bald wiederzukommen, einzuhalten. Als Katharina monatelang gewartet hatte und endlich begriff, daß sie sitzengelassen worden war, erkrankte sie aus Kummer und verwand auch nach ihrer Genesung die Enttäuschung nur schwer.

Etwa ein Jahr später, im Oktober 1524, hielt der sehr viel ältere Kaspar Glatz, Rektor der Wittenberger Universität und Doktor der Theologie, um ihre Hand an. Luther unterstützte seinen Kollegen bei der Werbung, aber diesmal war es Katharina, die sich weigerte, den »alten Geizhals«, als der Glatz verschrien war, zu heiraten. In ihrer selbstbewußten und entschlossenen Art – immerhin gehörte sie ihrer Geburt nach zum Landadel – ging sie zu Nikolaus von Amsdorf, der gerade seine Abreise nach Magdeburg vorbereitete, und bat ihn, auf Luther einzuwirken, daß er sie nicht gegen ihren Willen mit Glatz vermähle. Frei und offen erklärte sie, daß sie dann lieber ihn, Amsdorf, oder auch Luther zum Ehemann nehmen wolle. Luther, der im Herbst 1524 seine Ordenstracht gegen zivile Kleidung vertauscht hatte und sich seitdem mit dem Plan trug, seine eigene Forderung, daß Geistliche heiraten sollten, in die Tat umzusetzen, ergriff die Gelegenheit und ging auf das indirekte Angebot des Fräulein von Bora ein.

In der hölzernen und weihevollen Sprache, die viele der von eifrigen Jüngern wiedergegebenen Tischreden des Reformators kennzeichnet, wurden später folgende Worte Luthers zitiert: »Wenn ich vor vierzehn Jahren hätte heiraten wollen, so hätte ich Ave von Schönfeld [eine der anderen aus Nimbschen geflohenen Nonnen], die nun die Frau des Basilius Axt [Leibarzt des Herzogs in Preußen] ist, genommen. Meine Käthe hatte ich damals nicht lieb; denn ich hatte sie im Verdacht, sie sei hochmütig [was sie auch ist]. Aber Gott hat es so gewollt, daß ich mich ihrer erbarmte, als sie übriggeblieben war. Und durch Gottes Gnade ist mir diese Ehe herrlich geglückt. Ich habe ein treues Weib, nach dem Spruche Salomos ›Ihres Mannes Herz darf sich auf sie verlassen‹. Sie verderbt mirs nicht. Ach, lieber Herrgott, die Ehe ist nicht natürlicher oder körperlicher Art, sondern vielmehr eine Gabe von Gott, das süßeste, ja das keuscheste Leben über allen Zölibat hinaus. Wenns auch [aber] übel gerät, so ists die Hölle. Wiewohl sie [die Frauen] gemeiniglich alle die Kunst können, daß sie mit Weinen, Lügen und Einreden die Männer gefangen nehmen und könnens fein verdrehen. Jedoch wenn diese drei Stücke in einer Ehe Bestand haben: Treue, Nachkommenschaft, Sakrament, dann ist sie ein großer Segen.«[155] Seine programmatische Eheführung machte Luther wohl nicht zum idealen Gatten, aber auch Katharina von Bora folgte bei ihrer Entscheidung für den berühmten Wittenberger planender Vernunft. Nach einiger Zeit der Gewöhnung herrschte zwischen ihnen, die beide von starker Willenskraft waren, eine Art herbstlich milder Zuneigung.

Am 13. Juni 1525 fand die Trauung in der Stadtkirche statt – Trauzeugen waren Lucas und Barbara Cranach –, und am 27. Juni gab es im Lutherhaus, wie das ehemalige Augustinerkloster jetzt genannt wurde, einen »Festschmaus«, für den der Wittenberger Rat zwanzig Gulden gestiftet hatte. Von Kurfürst Johann kamen hundert Gulden für die Gründung des Hausstands.

Am 21. Juni schrieb Luther an den Ratsherrn Leonhard Koppe, der den neun Nonnen zur Flucht verholfen hatte, nach Torgau: »Es hat mich Gott gefangen plützlich und unvorsehens mit dem Bande der heiligen Ehe, daß ich dasselbige muß bestätigen mit einer Collation [Gastmahl] auf den Dienstag. Daß nu mein Vater und Mutter und alle guten Freunde desto fröhlicher sein, läßt Euch mein Herr Caterin [Käthe] und ich gar freundlich bitten, daß Ihr uns zum guten Trunk ein Faß des besten torgischen Biers, so Ihr bekommen mügt, wollet anher auf mein Kost und aufs allerfodderlichste [schnellste] hieher führen lassen. Ich will Fuhrlohn und alles redlich geben. Ich wollte wohl Fuhre geschickt haben, wußte aber nicht, ob ichs treffen wurde, denn es muß ausrugig [abgelagert] und kühle werden, daß es wohl schmecke, und setze die

Straf darauf, wo es nicht gut ist, daß Ihrs allein sollt aussaufen. Zudem bitt ich, daß Ihr zusampt Euer Audi [Auguste] nicht wollet außenbieiben und fröhlich erscheinen.«[156] Melanchthon nahm nicht am Fest teil. Er mußte erst mit der Vorstellung fertig werden, daß er seinen Luther jetzt nicht mehr für sich allein hatte.

Am 7. Juni 1526 gebar Katharina das erste von insgesamt sechs Kindern, den Sohn Johannes. Er machte später die Karriere, die sich Hans Luther für seinen Martin gewünscht hatte. Nach einem Jurastudium erklomm er die Beamtenleiter bis zur Stufe eines fürstlichen Kanzleirats. Die 1527 geborene Elisabeth starb bereits nach acht Monaten und die 1529 geborene Magdalene, Luthers so sehr geliebtes Lenchen, in ihrem dreizehnten Lebensjahr.

1531 kam Martin zur Welt, 1533 Paul und 1534 Margarethe. Die Glaubensmaxime, daß die Liebe zu Gott unteilbar sei, machte Luther erst als Vater zu schaffen. Nach dem Tod seiner ersten Tochter schrieb er am 5. August 1528 in einem kurzen Brief: »Mein Töchterchen Elisabeth ist mir gestorben; mein Herz ist davon krank und fast weibisch, so bewegt mich der Jammer um sie. Das hätte ich vorher nie geglaubt, daß eines Vaters Herz so weich werden kann gegen seine Kinder. Betet für mich zum Herrn und lebt in ihm wohl.«[157]

Diplomatie ohne Kompromisse: Das Marburger Gespräch mit Zwingli 1529 und der Augsburger Reichstag 1530

Was gab es für Luther Ende der zwanziger Jahre noch zu tun? Wogegen konnte er noch rebellieren? Die Reformation hatte das Reich infiziert und breitete sich stetig von einem deutschen Kleinstaat zum nächsten aus. Dem Papst blieb in absehbarer Zeit weder die Einberufung eines allgemeinen Konzils noch eine innerkatholische Kirchenreform erspart – eine Glaubensverständigung interessierte beide konfessionelle Seiten schon längst nicht mehr. Der Kaiser kam über keinen Reichstag hinweg, ohne sich mit religiösen Kontroversen befassen zu müssen. Die Ausarbeitung der evangelischen Schul- und Kirchenordnung lag in den kompetenten Händen von Philipp Melanchthon und Johann Bugenhagen. Nikolaus von Amsdorf verteidigte die neue Lehre in Magdeburg von der Kanzel, Georg Spalatin tat dasselbe in Altenburg, Mönche und Nonnen verließen die Klöster und heirateten, und in der Wittenberger Stadtkirche nahm die Gemeinde das Abendmahl in beiderlei Gestalt.

Luther reist viel im kursächsischen Gebiet, um zu kontrollieren, zu raten, zu trösten. Er beantwortete briefliche Anfragen von Fürsten, Räten und Geistlichen, er las an der Universität über den Galaterbrief und die Bücher Moses, er predigte, veröffentlichte Gelegenheitsschriften und erfüllte seine Pflichten als Ehemann und Vater. Wieder beschlich ihn, wie auf der Wartburg, das Gefühl, nicht mehr wirklich gebraucht zu werden, und trotz seiner zahlreichen Beschäftigungen fehlte ihm der persönlich ausgetragene Kampf mit einem Johannes Eck, einem Andreas Karlstadt oder einem herzhaften theologischen Bauernführer wie Thomas Müntzer. Auch zum Klagen hatte er niemanden. Johann von Staupitz war 1524 in seinem Benediktinerkloster in Salzburg gestorben, und seine alten Freunde Johannes Lang, Wenzeslaus Link, Amsdorf und Spalatin wohnten nicht mehr in Wittenberg. Bugenhagen und Jonas waren tüchtig, aber zu eng in ihrer Phantasie, und Melanchthon war phantasievoll, aber zu eng im Geist. Und Käthe? Sie verstand viel vom Haus, aber wenig von der Welt.

Im Sommer 1527 litt Luther so sehr an Depressionen, daß er dachte, er müsse sterben. Bugenhagen, der um acht Uhr morgens durch einen Diener gerufen worden war, berichtete von der »Anfechtung« des Reformators: »Von der Anfechtung, die er am Morgen ausgestanden hatte, sagte er selbst, sie sei viel schwerer gewesen, wie die darauf folgende körperliche Erkrankung, die er doch nicht zögerte als einen Faustschlag Satans zu deuten … und er glaubte auch, daß schon vorhanden sei an ihn der Ruf unseres Herrn Jesu Christi. Nach der Beichte … sagte er: Wegen meines äußeren Verhaltens glaubt man von mir, daß ich auf lauter Rosen wandle, aber Gott kennt mein Leben. Ich habe oft versucht, der Welt mit ernster Miene und dem Schein der Heiligkeit zu dienen, aber Gott hat es mir nicht gegeben. Die Welt hat nichts, was sie mir mit Wahrheit vorwerfen kann, und doch nimmt sie an mir Anstoß … Ich will ihn [Gott] bitten, daß ich mit meinen Fehlern niemand zum Anstoß gereiche.«[158]

Da Bugenhagen predigen mußte, überließ er die weitere Betreuung Justus Jonas. Luther schien einer Ohnmacht nahe zu sein: »Plötzlich sagte er: O Herr Doktor Jona, mir wird übel! Wasser her oder was Ihr habt, oder ich vergehe! Ich [Jonas] ergriff ein Krüglein, das gerade zur Hand war, und, bestürzt und zitternd goß ich ihm das kalte Wasser ins Gesicht und über den Rücken, den ich ihm bloß machte … Dann ruhte er auf dem Ruhebett, in steiler Lage, klagte, daß seine Kräfte ihn verließen, und raffte sich wieder zum Gebet zusammen: Herr, mein allmächtiger Gott, wie gern hätte ich mein Blut vergossen für dein Wort, du weißt es, aber vielleicht bin ich es nicht wert.«[159]

Der Anfall ging vorüber. Luther verarbeitete diese neue Erfahrung in der Schrift »Ob man vor dem Sterben fliehen möge«, aber Gott ließ es weiterhin nicht zu, daß er für das Evangelium sein Blut vergoß. Diesen Wunsch, öffentlich für das Wort zu sterben, äußerte Luther immer wieder einmal in seinen Briefen. Er fürchtete sich vor dem Verlöschen in alltäglicher Mühsal, in einer kleinen Residenzstadt zwischen seinen braven sächsischen Anhängern. Lieber würde er durch sein Martyrium dem Papst einen letzten Schlag versetzen, als ein so unbedeutendes Ende zu nehmen, das in Rom nur ein erleichtertes Amen zur Folge hätte. »Herr«, stöhnte er, »wenn du mich im Bette sterben lassen willst, so geschehe dein Wille. Lieber hätte ich mein Blut vergossen.« Und er tröstete sich: »Aber freilich auch Johannes der Evangelist, ist so gestorben nach deinem Willen.«[160]

Trotz des umfangreichen Arbeitsprogramms empfand Luther einen bedrückenden Leerlauf in seinem Leben. Von 1517 bis 1525, von den Ablaßthesen bis zu den Bauernaufständen hatte er unter Hochdruck gestanden, auch auf der Wartburg, wo ihn der Teufel verfolgte und er das Meer der biblischen Sprache bezwang. Jetzt vergingen die Jahre, nur mit Pflichten ausgefüllt, die ebensogut andere übernehmen konnten. Luther ließ sich daher nicht lange bitten, als Philipp von Hessen, der sich 1524 der Reformation angeschlossen hatte, ihn 1529 zu einem Gespräch mit Zwingli nach Marburg einlud, um vielleicht doch noch eine Einigung in der Abendmahlsfrage zu erreichen.

Huldrych (Ulrich) Zwinglis Weg als Reformator war dem Luthers sehr ähnlich verlaufen. Er griff 1521 öffentlich seinen Freund und Gönner Kardinal Schiner wegen dessen Söldnerwerbung an und bereitete nach diesem äußeren Bruch die Reformation in Zürich durch Predigten vor. Bereits 1522 verheiratete er sich, schaffte 1525 die Messe ab und feierte das Abendmahl in beiderlei Gestalt. Es folgten Auseinandersetzungen mit den »Schwärmern« und Wiedertäufern und eine Disputation in Baden, an der der erprobte Johannes Eck teilnahm. 1528 gelang es Zwingli, die Reformation in Bern und 1529 in Basel einzuführen. Drei Monate vor seinem Marburger Treffen mit Luther kam es zu verschärften Spannungen mit den katholischen Kantonen. Zwei Jahre nach dem Marburger Gespräch brach im Kanton Zürich ein Krieg zwischen den Reformierten und den Katholiken aus, in dem Zwingli während der Schlacht bei Kappel am 11. Oktober 1531 fiel. Sein Leichnam wurde vom Henker gevierteilt und verbrannt.

Luther beobachtete die in Zürich begonnene Reformation anfangs mit Wohlwollen, aber als er in der Abendmahlslehre einen für ihn gravierenden Unterschied feststellte, griff er Zwingli genauso an wie jeden, der seine Glaubensüberzeugungen nicht teilte. Für ihn waren Brot und Wein der Leib und das Blut Christi, für die Reformierten der Schweiz hatten sie nur eine symbolische Bedeutung. 1528 erschien Luthers Schrift »Vom Abendmahl Christi. Bekenntnis«. Darin versicherte er, daß beim Abendmahl »wahrhaftig der Leib und das Blut im Brot und Wein werde mit dem Mund gegessen und getrunken, obgleich die Priester, die es reichen, oder diejenigen, die es empfangen, dies nicht glaubten oder sonst mißbrauchten. Denn es steht nicht auf Menschen Glauben oder Unglauben, sondern auf Gottes Wort und Ordnung. Es wäre denn, daß sie zuvor Gottes Wort und Ordnung ändern und anders denken, wie die jetzigen Sakramentsfeinde tun, welche sicherlich nur Brot und Wein haben; denn sie haben auch die Worte und die eingesetzte Ordnung Gottes nicht, sondern haben dieselben nach ihrem eigenen Dünkel verkehrt und verändert.«[161]

Als Luther 1527 von Zwingli, der zu diesem Zeitpunkt mit Karlstadt in der Auffassung des Abendmahls übereinstimmte, einen Brief und einen theologischen Bekenntnistext erhielt, reagierte er völlig übertrieben auf diesen »Genossen Karlstadts«, der nichts gewußt hätte, »wo der Luther nicht zuvor hätte geschrieben«. Widerspruch reizte ihn immer häufiger zu Wutausbrüchen: »Zwingli hat mir einen eigenhändigen Brief voller frevelhafter Hoffart übersandt«, teilte er seinem ehemaligen Ordensbruder Michael Stiefel mit. »Da ist kein Verbrechen und keine Grausamkeit, deren er mich nicht schuldig spräche. So könnten mich selbst die Papisten, meine Feinde, zerfleischen wie diese Freunde, die ohne uns und vor uns nichts waren und kaum zu mucken wagten, jetzt aber auch durch unsern Sieg übermütig geworden sind und ihren Angriff gegen uns kehren. Das heißt bei den Menschen dankbar sein, und das heißt bei ihnen Dank verdienen; kurz, jetzt erst verstehe ich den Sinn der Worte: die Welt liegt im argen, und Satan ist der Fürst dieser Welt. Bis jetzt meinte ich, das wären bloße Worte, aber jetzt sehe ich, daß es Wahrheit ist und daß der Teufel wirklich in der Welt regiert.«[162]

Philipp von Hessen, der sich von der Vereinigung der deutschen und schweizerischen Reformierten eine politische Aufwertung der Protestanten versprach – während des Zweiten Reichstags zu Speyer hatten die evangelischen Stände am 19. April 1529 dagegen »protestiert«, daß die auf dem 1. Reichstag zu Speyer 1526 beschlossene einstweilige Suspendierung des »Wormser Edikts« annulliert werden sollte –, lud Zwingli und Luther für den 30. September 1529 auf sein Marburger Schloß ein. Luther lehnte zunächst ab, ließ sich aber durch das schmeichlerische Werben des aalglatten Landgrafen umstimmen.

Zwingli erschien mit dem Baseler Theologen Johannes Oecolampadius, dem Straßburger Martin Bucer, dessen Freund Caspar Hedio und Heinrich Bullinger, dem hochbegabten und bis heute verehrten Nachfolger Zwinglis in Zürich. Im Gefolge Luthers befanden sich sein Sekretär Veit Dietrich, die Nürnberger Andreas Osiander und Lazarus Spengler und Philipp Melanchthon, der Luther nicht nur durch sein Interesse für Karlstadt und die »Zwickauer Propheten« in Harnisch gebracht hatte, sondern auch durch seine bei der Vorbereitung auf Marburg gemachte Bemerkung, er finde sich in der Sakramentslehre nicht mehr zurecht. Insgesamt versammelten sich sechzig namhafte Männer der reformatorischen Bewegung im Marburger Schloß.

Luther ließ jeden reden, was er wollte, und schrieb mit Kreide auf die samtene Tischdecke die Worte: Dies ist mein Leib. Als der Landgraf merkte, daß die Parteien sich in der Abendmahlsfrage nicht einen Schritt näherkamen, bat er Luther inständig, doch wenigstens einen Abschlußbericht über das Gespräch zu verfassen, damit man in der Öffentlichkeit, vor allem der katholischen, nicht über eine Spaltung der

Reformation frohlocke. Luther ließ sich erweichen und schrieb die nichtssagenden, aber in verbindlichem Stil gehaltenen fünfzehn »Marburger Artikel« nieder, deren letzter die Abendmahlsdifferenz berührte: »Wiewohl wir uns in der Frage, ob der wahre Leib und das Blut Christi leiblich in Brot und Wein sei, derzeit nicht verglichen haben, so soll doch ein Teil gegen den anderen christliche Liebe, sofern jedes Gewissen immer mehr leiden kann, erzeigen und beide Teile Gott den Allmächtigen fleißig bitten, daß er uns durch seinen Geist in dem rechten Verstand bestätigen wolle. Amen.«[163] Der häufige Umgang mit dem kurfürstlichen Hof zeigte seine Früchte.

Den knurrigen Luther hört man aus dem Bericht Heinrich Bullingers über die Marburger Sitzung heraus, der an Philipp von Hessens Vorschlag, sie möchten sich als »Brüder anerkennen und halten«, anknüpfte: »Zwingli sagte darauf, es wären keine Leute auf Erden, mit denen er lieber wollte eins sein, denn mit den Wittenbergern, und wollte auch gern Luther und die Seinen als Brüder erkennen. Derselben Meinung waren auch Oecolampadius, Bucer und Hedio. Aber Luther wollte sie hinwiederum keineswegs für Brüder erkennen, und sprach, es nähme ihn Wunder, daß sie ihn, dessen Lehre vom Sakrament sie für falsch hielten, als Bruder erkennen wollten; sie müßten selbst wohl nicht viel von ihren Lehren halten.«[164]

Luthers Wut auf Zwingli war aber halbwegs besänftigt, nicht zuletzt, weil die Schweizer »demütig Frieden begehrten«. An seinen ehemaligen Schüler Johann Agricola schrieb er, daß der Landgraf sie »prächtig empfangen und herrlich bewirtet« habe. »Darauf haben wir zwei Tage verhandelt. Ich habe sowohl Ökolampad wie Zwingli erwidert und ihnen die Stelle entgegengehalten: Dies ist mein Leib. Sämtliche Entwürfe habe ich widerlegt. Tage zuvor hatten wir uns auch schon vertraulich besprochen: ich mit Ökolampadius, Philippus mit Zwingli ... Summa, die Leute sind zum Disputieren ungeschickt und ohne Erfahrung. Obwohl sie fühlten, daß ihre Gründe nichts bewiesen, so wollten sie doch in dem einen Stück von der Gegenwart des Leibes Christi nicht nachgeben, und zwar, wie wir meinen, mehr aus Furcht und Scham als aus bösem Willen.«[165]

Fast zehn Jahre später würdigte Luther in einem Brief an Heinrich Bullinger in Zürich den ersten Reformator der Schweiz mit den ehrlichen Worten, die er für seine Freunde und Mitstreiter immer wieder fand: »Ich will ganz offen sein: Seitdem ich Zwingli zu Marburg gesehen und gehört hatte, habe ich ihn für einen wackern Mann gehalten, und ebenso Ökolampad. So hat denn ihre Irrlehre auch mich beinahe das Leben gekostet, weil ich glauben mußte, er war fremd oder vielmehr: er war fremd geblieben der Überzeugung, die wir ebensogut für wahrhaftig ansehen wie Ihr die Eure. Es liegt mir fern, Zwingli seinen Ruhm zu mißgönnen, ihm, dessen Tod mir so großen Schmerz bereitet hat; aber die Lauterkeit der Lehre darf um keinen Menschen willen feil sein.«[116]

Etwa zur gleichen Zeit, als die Reformationshäupter aus Zürich und Wittenberg an den samtgedeckten Tischen im Marburger Schloß saßen und nicht weniger heftig miteinander stritten als früher mit den Katholiken, belagerte der mächtige Osmanensultan Süleyman II., der Große, die Stadt Wien. Die Türken, die Luther in seinen Schriften ebenso als Metapher für das Böse benutzte wie den Teufel, die »Papisten« und, als alles nichts half, auch die Juden, schoben seit der Eroberung von Konstantinopel im Jahr 1453 ihre westliche Grenze immer weiter nach Mitteleuropa vor. Unter Süleyman II., der fast fünfzig Jahre lang regierte, nahm das Osmanische Reich einen bedrohlichen Umfang an. In dieser Situation wirkte es sich besonders ungünstig aus, daß die Rivalitätskämpfe zwischen Kaiser, Papst und Fürsten Europa lähmten. Nur Franz I. gelang es, den Eroberungsplänen des Sultans durch eine Verständigungspolitik entgegenzuwirken, allerdings zu Lasten der Habsburger, die der eine aus Frankreich, der andere vom Balkan verdrängt sehen wollte.

Der Augsburger Reichstag, der ein halbes Jahr nach dem Marburger Gespräch begann, gestaltete sich für die Reformation zum wichtigsten Ereignis seit dem Wormser Reichstag von 1521, auf dem Luther seinen neuen Glauben für unwiderruflich erklärt hatte. Karl V. kam als Sieger über Clemens VII. und Franz I. aus Italien nach Deutschland, um diesmal wieder persönlich nach dem Rechten zu sehen. Er war mehr als ungehalten darüber, daß die Reformation noch immer auf der Tagesordnung stand, aber er machte gute Miene zum bösen Spiel und versicherte den Reichsständen in seiner Einladung, daß er beschlossen habe, »die kirchliche Zwietracht hinzulegen, vergangene Irrsal unserem Heiland zu ergeben und ferner eines jeden Gutdünken, Opinion und Meinung in Liebe und Gütigkeit zu hören und zu erwägen, zu einer christlichen Wahrheit zu bringen und zu vergleichen, und alles, was von beiden Teilen nicht recht ausgelegt oder gehandelt ist abzutun.«[167]

Kurfürst Johann von Sachsen führte die größte Gruppe der evangelischen Parteigänger an, die dem 1526 in Torgau geschlossenen Schutz- und Trutzbündnis angehörten: die Herzöge Philipp von Braunschweig-Grubenhagen, Otto, Ernst und Franz von Braunschweig-Lüneburg, Albrecht von Preußen und Heinrich von Mecklenburg, Fürst Wolf von Anhalt, die Grafen Gebhard und Albrecht von Mansfeld, Landgraf Philipp von Hessen und die Stadt Magdeburg. Dazu kamen in Eigenverantwortung die Vertreter der reformierten Städte Straßburg, Konstanz, Lindau und Memmingen und Huldrych Zwingli aus Zürich. Dagegen stand das Dessauer Bündnis der Katholiken mit Herzog Georg von Sachsen, Erzbischof Albrecht von Mainz, Herzog Heinrich von Wolfenbüttel und Kurfürst Joachim I. von Brandenburg.

Kurfürst Johann hatte bereits vor seiner Abreise die Theologen seiner Universität gebeten, ein Schriftstück auszuarbeiten, das alle Punkte anführen sollte, in denen die evangelische von der katholischen Meinung abwich. Luther schlug als Autor Philipp Melanchthon vor, dessen »Loci communes« er trotz gelegentlicher persönlicher Animositäten uneingeschränkt bewunderte und jedem als Grundlage seiner Lehren empfahl. Er selber behielt sich die Korrekturen vor. Anfang April brach der kurfürstliche Hof von Wittenberg auf, begleitet von Luther, Melanchthon, der noch an Formulierungen herumtüftelte, Jonas, Bugenhagen und dem eigens aus Altenburg herbeigerufenen Spalatin. Als der Troß in Coburg angelangt war, kamen dem Kurfürsten Bedenken, ob es dem Verhandlungsklima in der Reichsversammlung förderlich sei, den Ketzer von Worms unter die Augen des Kaisers zu führen, und ob dessen Sicherheit wirklich gewährleistet sei. Er wählte die Vorsicht und ließ Luther mitteilen, er möge auf der Veste Coburg Quartier beziehen und dort bis zur Rückkehr des Hofes wohnen bleiben.

Luther, der sich danach gesehnt hatte, noch einmal vor der ganzen Welt aufzutreten, war anfangs sehr enttäuscht, aber im Lauf der Monate – der Reichstag endete erst im November – gefiel ihm sein hoch gelegener Beobachtungssitz immer besser. Gastgeber auf der Burg war Arnold von Falckenstein, dessen Bruder dem sächsischen Kurfürsten als Hofmarschall diente. Wie Hans von Berlepsch auf der Wartburg, verlangte auch Falckenstein, daß Luther aus Sicherheitsgründen seinen Aufenthaltsort keinem Uneingeweihten verraten dürfe, was diesen wieder zu den kuriosesten Ortsangaben reizte: »Gruboc« oder »Gruboco« (Anagramme für Coburg) oder, wie neun Jahre zuvor, »aus der Einöde«, »aus den Wüsten« und, etwas aktualisiert, »aus dem Reichstag der Dohlen«.

Da bekanntgeworden war, daß sich die Ankunft des Kaisers erheblich verzögern würde, nutzte Luther die Wartezeit und schrieb in wenigen Tagen die »Vermahnung an die Geistlichen, versammelt auf dem Reichstag zu Augsburg«. Diese an seine Widersacher gerichtete »Vermahnung« wurde umgehend gedruckt und noch im Mai in einer Auflage von fünfhundert Exemplaren in Augsburg verkauft – zur Empörung der Stadträte, die jede unnötige Unruhe vermeiden wollten, und zum Entsetzen Melanchthons, der sich um gute Kontakte zu den Gegnern bemühte.

Luther begann diesen an seine besten Kampfschriften heranreichenden Text, in dem sich übertriebene Demut, Spott, Sarkasmus und Drohungen abwechselten, mit den Worten: »Wiewohl mir, liebe Herren, nicht gebührt, auf diesem Reichstag persönlich zu erscheinen – und selbst wenn ich erscheinen müßte oder sollte, wäre es unnütz, weil mir an solcher Pracht und solchen Geschäften nichts liegt –, so habe ich mir doch vorgenommen, über meine geistliche Gegenwärtigkeit auch schriftlich und mit dieser meiner stummen und schwachen Botschaft unter Euch zu sein. Und das deshalb, weil mich mein Gewissen treibt, Euch allesamt freundlich und herzlich zu bitten, zu flehen und zu ermahnen, daß Ihr diesen Reichstag nicht versäumet und auch nicht vergeblich mißbraucht.«[168]

Nach der Beteuerung, »daß unter den aufgezählten Stücken [der katholischen Bräuche und Riten] etliche sind, die nicht zu verwerfen sind«, fuhr er fort: »Aber daß wir alten Narren in Bischofshüten und geistlichem Gepränge hinterhergehen und Ernst daraus machen, ja nicht allein Ernst, sondern Artikel des Glaubens, daß es Sünde sein muß und die Gewissen martert, wer solch Kinderspiel nicht anbetet, das ist der Teufel selbst.«

Und er endete mit der Drohung: »Summa, wir und Ihr wissen, daß Ihr ohne Gottes Wort lebt, wir aber Gottes Wort haben. Darum ist unser höchstes Begehr und demütigste Bitte, Ihr wollet Gott die Ehre geben, Euch erkennen, büßen und bessern. Wo nicht, so nehmet mich hin: Lebe ich, so bin ich Eure Pestilenz. Sterbe ich, so bin ich Euer Tod. Denn Gott hat mich an Euch gehetzt, ich muß [wie Hosea sagt], Euch ein Bär und Löwe sein im Wege Assur. Ihr sollt doch vor meinem Namen keine Ruhe haben, bis daß Ihr Euch bessert oder zugrunde geht.«[169] Eine ausgestreckte Hand, die nur fordert, eine Diplomatie ohne Kompromisse. Melanchthon müssen die Haare zu Berge gestanden haben.

Am 15. Juni zog endlich auch der Kaiser mit seinem Gefolge in Augsburg ein und eröffnete am 19. Juni mit fast einmonatiger Verspätung den Reichstag. Am 25. Juni traten die kursächsischen Kanzler Gregor Brück und Christian Beyer mit Melanchthons Zusammenfassung der evangelischen Lehre – der »Apologia« (Verteidigung), die man später »Confessio Augustana« (Augsburgische Konfession) nannte – vor den

Kaiser und die Ständeversammlung im bischöflichen Schloß. Als Karl V. verlangte, den Text lateinisch zu verlesen, wies ihn Kurfürst Johann darauf hin, daß man sich auf deutschem Boden befinde. Da der Kaiser bereits der Forderung nachgegeben hatte, die »Apologia« nicht nur schriftlich einzureichen, sondern der Versammlung vorzutragen, stimmte er um des reichstäglichen Friedens willen auch dieser Anmaßung zu und bewilligte die Verlesung in Deutsch. Damit fand das erste öffentliche Bekenntnis zum evangelischen Glauben durch Ständevertreter statt.

Luther hatte noch wenige Tage zuvor, nachdem Melanchthon ihm den Text vorgelegt hatte, etwas zurückhaltend geschrieben: »die [Apologia] gefällt mir fast wohl, und ich weiß nichts daran zu bessern noch zu ändern. Es würde sich auch nicht schicken, weil ich so sanft und leise nicht treten kann.« Nach der Verlesung aber rief er aus: »Die Feinde haben mächtig geschafft, daß es der Kaiser nicht entgegennähme. Nun ist es aber doch auf sein Geheiß verlesen worden vor dem ganzen Reich, vor Fürsten und Ständen. Wie freue ich mich, daß ich diese Stunde erlebt habe, da Christus öffentlich verkündet wurde von solchen Männern in solcher Versammlung durch ein so herrliches Bekenntnis.«[170]

Karl V. ließ sofort eine Gegendarstellung, eine Confutatio (Widerlegung), anfertigen, und zwar durch Johannes Eck, was Luther zu der trockenen Bemerkung veranlaßte: »Eck begehrt, sehe ich, den Lorbeer zu Augsburg wie einst zu Leipzig. Amen, spricht Christus.«[171] Melanchthon versuchte währenddessen, noch einige Verbindlichkeiten in die »Apologia« einzufügen, um schwankenden katholischen Fürsten den Seitenwechsel zu ermöglichen und Philipp von Hessen zu beruhigen, dem einige Formulierungen zu hart erschienen. Luther bezeichnete diese abgeschwächte »Apologia« als eine »Leisetreterin« und schrieb über seinen nachgiebigen Philippus: »Er ist zu lind und läßt sich einnehmen, denn er möchte gern aus Liebe allen dienen. So werden die Papisten aufgeblasen. Kämen sie mir so, ich wollte sie anders stöbern. Zu den Klötzen muß man eine grobe Axt nehmen. Philipp läßt sich fressen, ich aber fresse alles und verschone niemand.«[172]

Am 3. August wurde die Confutatio vor dem Reichstag verlesen, gefolgt von Vermittlungsbemühungen zwischen Melanchthon (zeitweise gemeinsam mit Justus Jonas) und aufgeschlossenen katholischen Fürsten und Theologen. Am 22. September – Philipp von Hessen hatte Augsburg bereits am 6. August in pessimistischer Stimmung verlassen, und Kurfürst Johann befand sich seit dem 14. September bei Luther auf der Veste Coburg – erklärte Karl V. in einem knappen Reichstagsabschied, daß das evangelische Bekenntnis durch die Confutatio widerlegt worden sei. Das »Wormser Edikt« war damit erneut bestätigt, und den evangelischen Fürsten, die bei Unterstützung Luthers und seiner Anhänger ebenfalls unter die Reichsacht fielen, wurde der Kampf angesagt. Sie nahmen den Fehdehandschuh auf, als sie die ihnen vom Kaiser bis zum 15. April 1531 eingeräumte letzte Besinnungsfrist ablehnten und gleichzeitig ihre Zustimmung zum Reichstagsabschied verweigerten.

Zwei Tage vorher, am 20. September, hatte Luther, der sich über einen möglichen Ausgleich keine Illusionen machte und die sich vollziehende Reichsspaltung realistisch einschätzte, an Justus Jonas geschrieben: »Fast berste ich vor Zorn und Entrüstung. Meine Bitte ist: brecht die Unterhandlung mit ihnen ab und kehrt zurück. Sie haben unsere Konfession, und sie haben das Evangelium. Wollen sie es zulassen, mögen sie es tun; wollen sie es nicht, mögen sie hingehen, wo sie hingehören. Wird ein Krieg draus, so werde er draus; wir haben gnug gebeten und getan. Der Herr hat sie zum Opfer bereit, um ihnen zu bezahlen nach ihren Werken. Befreien aber wird er uns, sein Volk, und säßen wir in dem Feuerofen zu Babylon.«[173] Am 4. Oktober reiste Kurfürst Johann mit seinem Hof und seinen Theologen nach Wittenberg zurück.

Hofhaltung in Wittenberg

(1531–1545)

Luthers Lebenskreis und auch sein Horizont verengten sich. Während des Augsburger Reichstags war sein neuer Glaube noch einmal in aller Öffentlichkeit verhandelt worden, nicht aber, wie auf den anderen Reichstagen seit 1521, das »Wormser Edikt«, bei dem es im Grunde von Anfang an nicht um ihn, den einzelnen Abtrünnigen, sondern um religionspolitische Auseinandersetzungen im Interesse der Macht ging. Er hatte zwar nicht persönlich an den Verhandlungen teilgenommen, und die »Apologia« war unter der Feder Melanchthons eher zu einer Entschuldigung als zu einem Bekenntnis geraten, aber seine Botschaft von der Gottesgnade, die in den Augen vieler nur Zwietracht, Auflösung und Aufruhr brachte, vermochten weder der Kaiser noch die katholischen Fürsten und Geistlichen zu überhören.

Vielleicht hatte sich Melanchthon daher um einen versöhnlichen Akzent bemüht. Zu einer Botschaft der Liebe und Gnade paßte schlecht ein auftrumpfender Ton. Andererseits, wer verstand seine Botschaft, wer wollte sie verstehen? Doch nur die wenigen wahrhaft Gläubigen. Sie nahmen das Geschenk der Gottesgnade an, auch ohne sich von der alten Kirche abzuwenden. Wie zum Beispiel Charitas Pirckheimer, Schwester des humanistisch gebildeten Nürnberger Ratsherrn Willibald Pirckheimer und Äbtissin der Klarissen in Nürnberg, die gleich zu Beginn der Reformation schrieb: »Wir haben das alt und neu Testament ebenso wohl herinnen als ihr draußen, lesen es Tag und Nacht, im Chor, bei Tisch, lateinisch und deutsch, in der Gemeinde und eine jegliche besonders, wie sie will ...«[174] Melanchthon, der überzeugt war, daß Charitas und ihre Nonnen nicht auf die Werke, sondern auf die Gnade vertrauten, meinte, »dann möchten sie ebensowohl im Kloster selig werden wie in der Welt«.

In seiner »Vermahnung«, die er im Mai 1530 für die aus dem ganzen Reich in Augsburg versammelten Theologen und Geistlichen schrieb, gab Luther auf dieses ihn seit seiner Korrespondenz mit Leo X. und Erzbischof Albrecht quälende Mißverständnis, er wolle nicht zum Evangelium führen, sondern die Kirche vernichten, eine bitterernste Antwort: »Gebt uns das Evangelium frei zu lehren und laßt uns dem armen Volk, das fromm zu sein begehrt, dienen. Verfolgt und wehret doch dem nicht, das Ihr nicht könnt und doch schuldig seid und andere für Euch tun wollen! So wollen wir über das nichts von Euch begehren noch Sold von Euch nehmen, sondern, wo uns Gott ernährt, gewarten, auf daß Ihr also beide, der Arbeit und Lohn, der Mühe und Kost überhoben seid. Nicht, daß wir so große Lust hätten, zu predigen: denn für mich zu reden, wollt ich keine liebere Botschaft hören denn die, so mich vom Predigtamt absetzt. Ich bin's wohl so müde der großen Undankbarkeit halben, die mir der Teufel und die Welt zumessen. Aber die armen Seelen wollen nicht; so ist auch ein Mann, der heißt Jesus Christus, der spricht Nein dazu, dem folge ich billig, da er wohl mehr um mich verdient hat. So wißt Ihr, gottlob, nun selbst alle, daß die lutherischen Prediger fromm sind und Euch keinen Schaden tun, sondern Euch nützlicher sind als alle Eure und des Papstes Gelehrten. Und frömmere Ketzer habt Ihr nie gehabt, Ihr werdet sie auch nicht frömmer kriegen: bittet Gott, daß sie Euch mögen bleiben!«[175]

Luther bildete sich nicht mehr ein, daß seine Gnadenbotschaft, wie er gehofft, ja geglaubt hatte, die Herzen der Christen wie ein Lauffeuer erfassen würde. Nur im Schutz Friedrichs des Weisen hatte sie gezündet, und so ging es weiter: Die kleinen Fürsten, die sich gegen die Übermacht des Papstes und des Kaisers wehrten, sahen in dem neuen Glauben ein willkommenes Mittel, um starken Widerstand zu schüren. Die großen Fürsten in Spanien, Frankreich und England scherten sich ebensowenig um den Glauben. Sie hielten an der alten – oder wie die englischen Könige ab 1534 an einer ähnlich zentralistischen – Kirche nur fest, damit ihr Land nicht auseinanderbrach und in der Bedeutungslosigkeit deutscher Kleinstaaterei versank. Der Teufel mochte sie alle holen, die kleinen und die großen Herren.

Luther zog sich in sich selbst zurück. Nicht in ständiger Verbitterung, aber in der nüchternen Erkenntnis, daß er nicht mehr Initiator, sondern nur noch Verwalter seines Glaubens war. Auf diese Einschränkung, zu der die durch Kirchenbann und Reichsacht eng gesteckten geographischen Grenzen noch hinzukamen, reagierte er gelegentlich in blindwütigen Pamphleten gegen den Papst, reformerische Abweichler, Türken und Juden, in denen er altbekannte Argumente aufbauschte und nicht selten seinen früheren Schriften widersprach. Seine Aufgaben als Ratgeber in Kirchenangelegenheiten, als Prediger, Seelsorger und Lehrer erfüllt er jedoch klaglos und gewissenhaft, wie in den Jahren, als er unter Johann von Staupitz Distriktvikar gewesen war.

Daß der Humanismus immer mehr Menschen erreichte und sittlich formte, daß die Juden nur ihrem eigenen Glauben leben und nicht das Christentum unterminieren wollten und daß die Türken keine Teufel, sondern politisch expansive Zeitgenossen waren, interessierte ihn nicht. Die Welt, die ihn als jungen Reformator umgeben und in der er gekämpft hatte, wandelte sich für ihn nicht mehr. Seine reale Welt bestand nur noch aus Kursachsen, Wittenberg und vor allem aus seinem Haus, dem ehemaligen Augustinerkloster, in dem er seinen Weg als Glaubensrevolutionär begonnen hatte und jetzt als Glaubensverwalter – oder als »evangelischer Papst«, wie Freunde ihn scherzhaft nannten – beenden würde.

Im »Lutherhaus« ging es sehr viel lebhafter zu als zur Zeit der Augustiner Ordensbrüder. Zum engsten Kreis der Familie kamen mehrere arme Verwandte, die man mildtätig aufgenommen hatte, Kostgänger, die an der Universität studierten oder lehrten und, ab 1527, ein immer zahlreicheres Gesinde. Außerdem mußten fast täglich Gäste aus Wittenberg und durchreisende Fremde, die den Reformator kennenlernen wollten, empfangen werden.

Nicht selten klagte Käthe darüber, daß ihr Mann keinen Fremden abwies und notleidende Freunde finanziell unterstützte, denn schon die laufenden Ausgaben verschlangen den größten Teil des Haushaltsbudgets. Um 1530 betrug Luthers Gehalt als Professor hundert Gulden, um 1540 vierhundert Gulden. Ab 1536 schickte der Kurfürst regelmäßig Korn und Malz, Holz und Heu in einem Jahreswert von nochmals hundert Gulden. Trotzdem hätte diese Summe nicht ausgereicht, wenn Käthe nicht einen Garten und Vieh (Pferde, Kühe, Schweine und Geflügel) zur Verfügung gehabt und später bei Zölsdorf, südöstlich von Wittenberg, ein Stück Land zum Bewirtschaften erworben hätte. Außerdem verstand sie sich auf das Bierbrauen und Mosten. Ins Gewicht fielen ferner Silbergegenstände, die als Huldigungsgeschenke für den Reformator gedacht waren, kostenloser Wein aus den Kellereien des Kurfürsten und des Stadtrats, der zwischen 1535 und 1540 außerdem großzügig Kalk, Backsteine und Dachziegel für Um- und Neubauten lieferte. König Christian III. von Dänemark, der 1536 sein Land reformiert hatte, spendete jährlich fünfzig Taler, erst in Naturalien, die aus Butter und Heringen bestanden, und ab 1544 in bar.

Obwohl man meist nicht ohne Schulden ins neue Jahr ging, lehnte Luther eine Honorierung seiner Bücher – 1534 erschien die erste Gesamtausgabe seiner Bibelübersetzung – weiterhin ab, und er weigerte sich, Kollegiengelder anzunehmen, die ihm Studenten zur Einrichtung zusätzlicher Kurse angeboten hatten. Die Vorlesungen begannen Luther ohnehin im Lauf der dreißiger Jahre zu ermüden, und als seine Gesundheit ihm immer mehr zu schaffen machte – zur chronisch schlechten Verdauung kamen Nieren- und Blasenleiden, Gicht und Herzbeschwerden (Angina pectoris) hinzu –, zog er sich ganz aus dem Universitätsbetrieb zurück, bei Weiterzahlung des kurfürstlichen Gehalts.

Das Zentrum von Luthers gesellschaftlichem Leben bildete die abendliche Tafelrunde, die den Speiseraum, je nach Alter und Temperament der Gäste, mal in ein Gasthaus und mal in einen Audienzsaal verwandelte. Beschäftigten Luther Krankheiten oder Sorgen, wie das 1531 von den evangelischen Ständen gegründete schmalkaldische Schutzbündnis oder die Doppelehe des Landgrafen Philipp von Hessen, die er zum Entsetzen der frommen Protestanten 1541 billigte, verfiel er auch schon mal in Schweigen. In der Regel verliefen die Abendgesellschaften jedoch lebendiger. »Ob aber wohl unser Doktor oftmals schwere und tiefe Gedanken mit sich an den Tisch nahm, auch bisweilen die ganze Mahlzeit sein alt Klostersilentium hielt, daß kein Wort am Tisch fiel, doch ließ er sich zu gelegener Zeit sehr lustig hören, wie wir denn seine Reden ›condimenta mensae‹ [Tischwürze] pflegten zu nennen, die uns lieber waren, denn alle Würze und köstliche Speisen.«[176]

Die Tischgäste schwiegen meist respektvoll und warteten, bis sie gefragt wurden. »Wenn er uns wollte Reden abgewinnen, pflegte er einen Anwurf zu tun: Was höret man Neues? Die erste Vermahnung ließen wir vorübergehen. Wenn er wieder anhielt: Ihr Prälaten, was Neues im Lande? Da fingen die Alten am Tische an zu reden. Doktor Wolf Severus, so der römischen königlichen Majestät Präzeptor gewesen, saß oben an, der bracht was auf die Bahn, wenn niemand Fremdes vorhanden, als ein gewanderter Hofmann.«[177]

Hatte sich die Tafelrunde belebt, mischten sich Nachrichten mit theologischer Fachsimpelei und bunten Erzählungen. »Wenns Gedöber, doch mit gebührlicher Zucht und Ehrerbietigkeit anging, schossen andere bisweilen ihren Teil auch zu, bis man den Doktor anbrachte [zum Reden brachte], oftmals legte man gute Fragen ein aus der Schrift, die löset er fein rund und kurz auf, und da einer einmal Part hielt, konnt ers auch leiden und mit geschickter Antwort widerlegen. Oftmals kamen ehrliche Leut von der Universität, auch von fremden Orten an den Tisch; da fielen sehr schöne Reden und Historien.«[178]

Anlaß zu einer hübschen Geschichte bot einmal Luthers kleiner Hund: »Auf eine Zeit, als sein Hündlein vor dem Tisch bettelt, fragte einer, ob auch nach der Urstand [Auferstehung] in der neuen Welt unvernünftige Tierlein sein würden? ›In alle Wege‹, sagt D. Luther, ›denn der neue Himmel und Erde wird nicht öde oder wüste sein, sondern voller schöner Kreaturen; ein jegliches Hündlein wird sein gülden Halsband haben von edlem Gestein und an jedem Härlein ein Perlein. Denn der jetzigen Welt Pracht und Schmuck wird desmals nur unvernünftigen Tierlein sein; die seligen Menschen werden mit wesentlicher und vollkommener Weisheit, Gerechtigkeit, Klarheit und Herrlichkeit des Herrn Christi geschmückt sein, welche noch zur Zeit kein Auge nie gesehen, kein Ohr gehört, kein Herz gedacht hat.«[179]

Seltener waren die Gäste, die nicht vor Respekt verstummten und mit naivem Gemüt Erbauliches notierten, etwa ab 1531 die Sekretäre und Assistenten, die sich in Luthers »Kanzlei« ablösten. Einen größeren Mitarbeiterstab wollte er vermeiden, damit niemand behaupten konnte, der »evangelische Papst« habe jetzt auch eine Kurie. »Wenn große Juristen und Hofleute und seine guten und vertrauten Freunde um ihn waren und diskurrierten und redeten von großer Potentaten Höfe und Diener, ließ er sich als ein erfahrener Mann hören.«[180]

Wegen seiner Leibesbeschwerden mußte Luther mit dem Essen vorsichtig sein, aber auf sein abendliches Bier, besonders im Kreis seiner Tischgenossen, wollte er nicht verzichten. »Ob er aber wohl einen ziemlichen Leib hatte, aß und trank er wenig und selten was sonders, ließ sich an gemeiner Speise genügen; auf den Abend, wenn er nicht wohl schlafen konnte, mußte er ein Schlaftrünklein tun, wie er sich deswegen oft entschuldigt. ›Ihr jungen Gesellen, unserm Kurfürsten und mir altem Mann müßt ihr ein reicheres Trünklein zu tun halten, wir müssen unser Polster und Kissen im Kännlein suchen.‹«[181] Geselligkeit, zu der durchaus eine Kanne Bier oder Wein gehörte, hielt Luther zeit seines Lebens für die beste Medizin gegen böse Gedanken und Taten: »Er ... bracht seinem Gast einen guten Freudentrunk. ›Ich soll und muß heut fröhlich sein, denn ich hab böse Zeiten gehört; darwider dient nichts besser denn ein stark Vaterunser und ein guter Mut; das verdrießt den melancholischen Teufel, daß man noch will fröhlich sein.‹«[182]

Käthe hatte alle Hände voll zu tun, um neben der täglichen Hausarbeit, bei der sie mehrere Mägde befehligte, auch die Tafelrunde ihres Doktors zufriedenzustellen. Engpässe gab es eher bei den Gästezimmern. Im Jahr 1537 sagte sich die alte Kurfürstin Elisabeth von Brandenburg, die Witwe Joachims I., an. Sie blieb mehrere Wochen, denn sie wurde krank und mußte gepflegt werden. Da sie mehrere Räume beanspruchte, gab es bald keinen Platz mehr für auswärtige Besucher. In dieser Bedrängnis erhielt Luther die Nachricht, daß die Fürstin Margarethe von Anhalt, die Tochter der Kurfürstin, ihre Mutter besuchen wolle und binnen kurzem mit Gefolge eintreffen werde. Luther mußte seine ganze rhetorische Kunst aufbieten, um abzusagen, denn er hätte die Fürstin nur noch in einem Stall unterbringen können.[183]

Von Ausnahmen wie der Kurfürstin, der formale Ehrerbietung zustand, abgesehen, umgaben Luther ausgediente Hofchargen, widerspruchslose Kollegen, devote Studenten und bewundernd lauschende Durchreisende. Er war die Sonne der Reformation hinter den Wolken blinder Ergebenheit. Aber was konnte er gegen diese Huldigungen, die ihm seine zunehmende innere Vereinsamung mitunter unerträglich ins Bewußtsein riefen, tun? Er hatte zweimal vor dem Kaiser gestanden, den päpstlichen Legaten Cajetan überlistet, den alten sächsischen Kurfürsten Friedrich den Weisen für sich gewonnen, die Welt in Aufregung versetzt und sogar den Teufel geärgert. Und er war, zum Zeichen seines hohen Ranges, im Besitz eines Handstempels mit eigenem Siegel, der Lutherrose, einem Geschenk des Kurprinzen Johann Friedrich. Und nicht zuletzt hatte die Frau Reformatorin ihn zum Geburtstag mit einem steinernen Ehrentor überrascht – man nannte es gerührt das »Katharinenportal« –, das dem Eingang zum Klostergebäude eine patrizierhafte Note verlieh.

Wie sollte er den Leuten übelnehmen, daß sie fasziniert waren von dem leibhaftigen Wunder der Vereinigung: Demut des Gläubigen, Überlegenheit des Bibelwissenschaftlers, Stolz des Bürgers und Hoheit des Religionsfürsten? Die Sonne der öffentlichen Beachtung, in deren Schein er so lange gelebt hatte, verführte seine Umgebung dazu, ihn nur noch in strahlendem Glanz zu sehen. Mitunter ekelte es ihn vor dieser Verzerrung seines eigentlichen Wesens, zu dem nicht einmal Melanchthon vordrang. An den Mansfelder Kanzler Kaspar Müller schrieb er am 19. Januar 1536: »Ich wollt Euch wohl viel schreiben Euer Begierd nach; so bin ich auch krank am Husten und Schnupfen; aber die größest Krankheit hebt sich an mit mir, daß mir die Sonne so lange geschienen hat, welche Plage Ihr wohl wisset, daß sie gemein ist, und fast viel dran sterben. Denn die Leute werden zuletzt blind vor solchem Schein; etzliche werden grau, schwarz und runzelicht davon. Wiewohl es der lieben Sonnen Schuld nicht ist, daß der Kot von ihrem Schein hart, und das Wachs weich wird.«[184]

Seit Luthers Eltern tot waren (der Vater starb 1530, die Mutter 1531) und auch Melanchthon geheiratet hatte – seine Frau hielt ihn in übertriebener Eifersucht möglichst vom »Lutherhaus« fern –, wandte sich Luther immer vertraulicher seiner Frau zu. Am 16. Juli 1540 schrieb er von unterwegs aus Eisenach: »Meiner gnädigen Jungfer Katherin Lutherin von Bora und Zülsdorf zu Wittenberg, meinem Liebchen.

Gnade und Frieden! Meine liebe Jungfer und Frau Käthe! Euer Gnaden sollen wissen, daß wir hier – Gott Lob – frisch und gesund sind, fressen wie die Böhmen – doch nicht zu sehr – saufen wie die Deutschen – doch nicht zu viel – sind aber fröhlich, denn unser gnädiger Herr von Magdeburg, Bischof Amstorff [Nikolaus von Amsdorf war der erste evangelische Bischof], ist unser Tischgenosse.«[185]

Während die große Politik der Reformation erneut Schonfrist gewährte – Karl V., der zur Verteidigung gegen das unruhige osmanische Heer auch die Unterstützung der evangelischen Fürsten brauchte, hatte die Durchsetzung des »Wormser Edikts« doch noch einmal aufgeschoben –, widmete sich Luther dem ersten deutschen Kirchenbau, der seiner Forderung, die Priesterkirche in eine Predigerkirche umzuwandeln, entsprechen sollte. Der seit 1532 regierende Kurfürst Johann Friedrich I., der Großmütige, hatte sein Einverständnis erklärt und sogar sein Schloß in Torgau zur Verwirklichung dieses Plans angeboten. Unter der Leitung des Baumeisters Nickel Gromann wurde die Schloßkapelle abgerissen und durch eine evangelische Kirche ersetzt. Das Innere des neuen Gotteshauses war betont schlicht. Chor und Altar verloren ihre beherrschende Stellung, und die Kanzel wurde zum wesentlichen Bestandteil. Gromann hatte auf den antiken Hallenbau zurückgegriffen, denn bei den Predigten kam es auf eine gute Akustik an, die die gotische Architektur – Luther erinnerte sich mit Unbehagen an die hohen Dome in Ulm und Köln, die er in früheren Jahren besucht hatte – vermissen ließ.

Am 5. Oktober 1544 fand die Einweihung in Anwesenheit des Kurfürsten statt. Luther hielt eine lange Predigt, in der er mehrfach über die Gleichheit der Menschen vor Gott sprach, eine Lehre des Evangeliums, die weder von der alten Kirche noch von den weltlichen Herrschern genügend beachtet werde. Der sozialen Männerhierarchie stellte er die soziale Frauenhierarchie gegenüber: »Und ob gleich einer an höherm Ort und Stand gesetzt ist, so sind sie doch vor ihm [Gott] alle gleich seine lieben Gäste, so sich seines Worts und Befehls halten, daß hie eine jegliche Dienstmagd den Ruhm hat, den die herrlichste Kaiserin oder Königin hat; denn sie kann sagen: Ich glaube eben an denselbigen Gott und bin in seinem Namen getauft, rufe meinen Herrn Christum an; bin ich nicht eine edle Frau oder reiche Bürgerin, was schadet mir das? Habe ich doch vor Gott ebensoviel als sie! Und so ich gläubig und demütig bin, lasse mir an meinem geringen Stand genügen, so weiß ich, daß mich Gott ansiehet, und kann wohl die große Kaiserin lassen sitzen.«[186]

Am 5. Dezember 1544 schrieb Luther an Jakob Probst, Pfarrer in Bremen, den er seit über zehn Jahren kannte und schätzte: »Ach, ich bin träge, müde, kalt – ich bin ein Greis und zu nichts mehr nütze. Ich habe meinen Lauf vollendet; so bleibt noch daß mich der Herr versammelt zu meinen Vätern und der Verwesung und den Würmern ihr Teil wird. Ich habe mich satt gelebt, wenn man hienieden von einem Leben reden darf. Ihr aber betet für mich, daß die Stunde meines Hingangs Gott angenehm und mir heilsam sei.«[187]

In Eisleben geboren, in Eisleben gestorben

(1546)

Der Winter 1545/46 brachte mehr Regen als Schnee. Luther hatte sich seit Jahren immer wieder schnell Erkältungen zugezogen, und auch in diesen naßkalten Monaten blieb er nicht davon verschont. Seine Brustschmerzen machten sich ebenfalls wieder stärker bemerkbar, und zu allem Überdruß litt er an einer offenen Beinwunde. Niemand hätte es ihm übelgenommen, wenn er auswärtigen Verpflichtungen, die immer auf seinem Arbeitsprogramm standen, nicht nachgekommen wäre. Am wenigsten der ihm seit vielen Jahren freundschaftlich verbundene Graf Albrecht von Mansfeld, der ihn gebeten hatte, in einer seit langem schwelenden Erbschaftsauseinandersetzung als Schiedsrichter aufzutreten. Aber gerade den Grafen Albrecht, den er aus sentimentaler Anhänglichkeit an seinen Geburtsort Eisleben als seinen einzigen und wirklichen Landesherrn ansah, wollte er nicht warten lassen. Außerdem hatte er bereits im Oktober und Dezember 1545 zwei Schlichtungsversuche unternommen, so daß es auch ihn drängte, diese Angelegenheit endlich zum Abschluß zu bringen.

Am 23. Januar 1546 machte er sich mit eigenem Pferd und Wagen auf den Weg. Er liebte dieses Gefährt, denn es ermöglichte ihm, noch etwas von der Welt zu sehen, auch wenn es nur die kursächsische Welt war. Wittenberg langweilte ihn, er mochte es nicht mehr, und er hätte lieber in einer Kate in Grimma oder Altenburg als in dem Augustiner Klosterschloß gewohnt, wo ihn immer nur dieselben in Ehrfurcht erstarrten Gesichter umgaben. In seiner Melancholie würde ihn noch der Teufel besuchen, sein alter Wartburger Freund. Aber das Reisen scheuchte alle Dämonen davon. Als Begleiter saßen mit ihm auf dem Wagen seine drei Söhne – Johannes war jetzt zwanzig, Martin fünfzehn und Paul dreizehn Jahre alt –, ihr Hauslehrer Rudtfeld und Johannes Goldschmidt oder Aurifaber, den Luther seit zwei Jahren als Sekretär beschäftigte und der mit großem Eifer die Aufzeichnungen sammelte, die sich abendliche Tischgäste von der Unterhaltung machten.

Aus Halle, wo sintflutartige Regenfälle die Reisenden festhielten, bekam Käthe von ihrem Mann einen Brief, dem sie entnehmen konnte, daß sich ihre Herren trotz des schlechten Wetters in bester Stimmung befanden. »Wir sind heute um acht Uhr aus Halle gefahren, aber nicht gen Eisleben kommen, sondern um neuen wieder gen Halle eingezogen. Denn es begegnet' uns eine große Wiedertäuferin mit Wasserwogen und großen Eisschollen und dräuet' uns mit der Wiedertaufe und hat das Land bedeckt. So konnten wir auch nicht zurück für die Mulde zu Bitterfeld und müssen allhie zu Halle zwischen den Wassern gefangen liegen, nicht daß uns darnach dürstet' zu trinken. Wir nehmen dafür gut Torgisch Bier und guten rheinischen Wein, damit laben und trösten wir uns dieweil, ob die Saale wollte heute auszürnen. Denn weil die Leute und Fährmeister selbs kleinmütig waren, haben wir uns nicht wollen ins Wasser geben und Gott versuchen; denn der Teufel ist uns gram und wohnet im Wasser.«[188]

Erst drei Tage später konnten sie weiterreisen, zusammen mit Justus Jonas, der sich ihnen in eigenen Amtsangelegenheiten angeschlossen hatte. An der Grenze zum mansfeldischen Gebiet wurden sie am 28. Januar von einer gräflichen Reiterschwadron empfangen und nach Eisleben geleitet. Albrecht und seine streitbaren Familienmitglieder waren bereits versammelt, so daß Luther gleich in den nächsten Tagen, trotz einer fiebrigen Erkältung, die er sich unterwegs geholt hatte, gütlich mit ihnen reden konnte. Jonas, Aurifaber, Rudtfeld und die drei jungen – sie wollten ihren Onkel Jakob Luther besuchen – fuhren inzwischen nach Mansfeld weiter, wo sie etwa zwei Wochen blieben.

Am 14. Februar schrieb Luther erleichtert an seine Frau: »Wir hoffen diese Woche wieder heim zu kommen, ob Gott will. Gott hat groß Gnad hier erzeigt, denn die Herrn durch ihre Räte fast alles verglichen haben, bis auf zween Artikel oder drei, unter welchen ist, daß die zween Brüder Graf Gebhard und Graf Albrecht wiederum Brüder werden, welchs ich heute soll fürnehmen. Ich will sie zu mir zu Gast bitten, daß sie auch miteinander reden; denn sie bis dahin stummgewest, und mit Schriften sich hart verbittert haben. Sonst sind die jungen Herren [die Söhne der Grafen] fröhlich, fahren zusammen mit den Narrenglöcklin auf Schlitten, und die Fräulein auch, und bringen einander Mummenschanz und sind guter Ding, auch Graf Gebhards Sohn. Also muß man greifen, daß Gott ist exauditor precum [Erhörer unserer Bitten]. Ich schicke Dir Forellen, so mir die Gräfin Albrechts geschenkt hat: die ist von Herzen froh über die Einigkeit. Deine Sohnchen sind noch zu Mansfeld. Jakob Luther will sie wohl versorgen.«[189]

Zwei oder drei Tage, nachdem Luther diesen Brief geschrieben hatte, kamen seine beiden jüngeren Söhne Martin und Paul mit Rudtfeld, Aurifaber, Jonas und dem Hofprediger Michael Cölius nach Eisleben zurück. Sie erschraken über seinen geschwächten Zustand. In der Nacht zum 18. Februar standen sie mit zwei Ärzten, der Gräfin Albrecht und Dienerschaft am Bett des Reformators und bangten um sein Leben. Der später von Aurifaber veröffentlichte Bericht über Luthers letzte Stunden enthielt die Aussagen aller anwesenden Zeugen. Sie alle hatten aus dem Mund des Glaubensrevolutionärs vernommen, daß er auch im Tode dem Evangelium, so wie er es gelehrt hatte, treu geblieben war.

»Indem versucht der Magister noch eine sehr tröstliche Arznei, die er zur Not allzeit in seinen Taschen hatte, des der Doktor ein Löffel voll einnahm. Aber er sprach abermals: Ich fahr dahin! Meinen Geist werd ich aufgeben! Sprach derhalb dreimal sehr eilend aufeinander: Pater, in manus tuas commendo spiritum meum! Redemisti me, deus veritas! [Vater, in deine Hände befehle ich meinen Geist! Errette mich, wahrer Gott!] Als er nu seinen Geist in die Hände Gottes, des himmlischen Vaters befohlen hatte, fing er an, still zu sein. Man rüttelt aber, rieb, kühlt und rief ihme; aber er tat die Augen zu, antwort nicht. Da streich Graf Albrechts Gemahl und die Ärzte ihm den Puls mit allerlei Stärkwassern, welche ihm die Doktorin geschickt und er selbst pflegte zu gebrauchen. Indem er aber so still ward, rief ihm Doktor Jonas und Magister Cölius stark ein: Reverende pater! [Ehrwürdiger Vater!] Wollet Ihr auf Christum und die Lehre, wie Ihr die gepredigt, beständig sterben? Sprach er, daß man es deutlich hören kunnt: »Ja!«[190]

Luther starb am 18. Februar 1546 zwischen zwei und drei Uhr morgens. Am 22. Februar wurde er in Wittenberg in der Schloßkirche beigesetzt.

Anhang

Anmerkungen

1 Luthers Briefe, Hg. Reinhard Buchwald. Stuttgart 1956, S. 257
2 Luthers Briefe, S. 262/3
3 Martin Luther: Tischreden. Hg. Kurt Aland, neu bearbeitet von Ehrenfried Klotz. Stuttgart 1993, S. 301
4 Luther im Gespräch. Hg. Reinhard Buchwald. Frankfurt/M. 1983, S. 54
5 Hanns Lilje: Luther. Reinbek 1965, *S.* 67
6 Martin Luther: Ausgewählte Werke, Bd. 1. Hg. H.H. Borcherdt und Georg Merz. München 1951, S. 21
7 Ausgewählte Werke, Bd. 1, S. 26/7
8 Johannes Paul II.: Ut unum sint. Über den Einsatz für die Ökumene. Pressemitteilungen der Deutschen Bischofskonferenz. Bonn 1995, S. 5
9 Bericht der Berliner Zeitung »Der Tagesspiegel« vom 7.7.1995
10 Bericht der »Süddeutschen Zeitung« vom 6.6.1995
11 Karl Ploetz: Auszug aus der Geschichte. Würzburg 1960, S. 444
12 Die Reise des Kardinals Luigi d'Aragona. In: Brennpunkte der Reformation. Hg. Hans J. Hillerbrand. Göttingen 1967, S. 26–28
13 Luther im Gespräch, S. 315
14 Luther im Gespräch, S. 85
15 Luther im Gespräch, S. 332
16 Luther im Gespräch, S. 64
17 Luther im Gespräch, S. 215
18 Luthers Briefe, S. 40/1
19 Luthers Briefe, S. 41
20 Luthers Briefe, S. 42
21 Luthers Briefe, S. 44
22 Luthers Briefe, S. 224
23 Luther im Gespräch, S. 95
24 Luthers Briefe, S. 8

25 J.C. Hermann Weißenborn (Hg.): Acten der Erfurter Universität. Geschichtsquellen der Provinz Sachsen, Bd. 8, Teil 2. Halle 1881, S. 79
26 Luthers Briefe, S. 8
27 Luther im Gespräch, S. 286
28 Luthers Briefe, S. 133
29 Luther im Gespräch, S. 66
30 Luther im Gespräch, S. 114
31 Luther im Gespräch, S. 64
32 Luther im Gespräch, S. 294
34 Luthers Briefe, S. 8
35 Luther im Gespräch, S. 376
36 Luther im Gespräch, S. 66
37 Luther im Gespräch, S. 82
38 Luther im Gespräch, S. 79
39 Luther im Gespräch, S. 115
40 Martin Brecht: Martin Luther, Bd. 1. Stuttgart 1981, S. 106
41 Hans j. Hillerbrand (Hg.): Brennpunkte der Reformation. Göttingen 1967, S. 33
42 Hillerbrand, S. 33/4
43 Luther im Gespräch, S. 268
44 Hillerbrand, S. 34
45 Martin Luther, dargestellt von seinen Freunden und Zeitgenossen Johannes Mathesius, Philipp Melanchthon, Lucas Cranach d. Ä., Hans Sachs u.a. Berlin 1933, S. 82
46 Hillerbrand, S. 38
47 Hillerbrand, S. 35
48 Luther im Gespräch, S. 170/1
49 Luther im Gespräch, S. 367
50 Luther im Gespräch, S. 356
51 Luther im Gespräch, S. 122/3
52 Luther im Gespräch, S. 229
53 Luther im Gespräch, S. 351
54 Luthers Briefe, S. 17
55 Luther im Gespräch, S. 298
56 Luthers Briefe, S. 14
57 Luthers Briefe, S. 18
58 Luthers Briefe, S. 15/6
59 Luthers Briefe, S. 11/2
60 Ausgewählte Werke, Bd. 1, S. 31

61 Martin Luther: Die reformatorischen Grundschriften. Hg. Horst Beintker. München 1983, Bd. 1, S. 9
62 Luthers Briefe, S. 35
63 Luthers Briefe, S. 24–26
64 Ausgewählte Werke, Bd. 1, S. 31
65 Ausgewählte Werke, Bd. 1, S. 470
66 Luthers Briefe, S. 36/7
67 Brecht, S. 206
68 Luthers Briefe, S. 44/5
69 Luthers Briefe, S. 36/7
70 Luthers Briefe, S. 48–51
71 Hillerbrand, S. 63
72 Brecht, S. 234
73 Luthers Briefe, S. 52/3
74 Ausgewählte Werke, Bd. 1, S. 78
75 Ausgewählte Werke, Bd. 1, S. 80/1
76 Brecht, S. 247
77 Luther im Gespräch, S. 382
78 Luther im Gespräch, S. 380
79 Luthers Briefe, S. 61/2
80 Luthers Briefe, S. 65
81 Luthers Briefe, S. 66
82 Luthers Briefe, S. 70/1
83 Hellmut Diwald: Luther. Bergisch-Gladbach 1982, S. 150
84 Luthers Briefe, S. 71/2
85 Ausgewählte Werke, Bd. 1, S. 356
86 Diwald, S. 140
87 Ausgewählte Werke, Bd. 1, S. 99
88 Ausgewählte Werke, Bd. 1, S. 102
89 Hillerbrand, S. 75
90 Luthers Briefe, S. 81
91 Luther im Gespräch, S. 225
92 Ausgewählte Werke, Bd. 2, S. 386
93 Ausgewählte Werke, Bd. 2, S. 97
94 Diwald, S. 162/3
95 Ausgewählte Werke, Bd. 2, S. 414
96 Ausgewählte Werke, Bd. 2, S. 291
97 Ausgewählte Werke, Bd. 2, S. 298
98 Luthers Briefe, S. 102
99 Hillerbrand, S. 102

100 Diwald, S. 185
101 Diwald, S. 185
102 Luthers Briefe, S. 101
103 Luthers Briefe, S. 102/3
104 Luthers Briefe, S. 103
105 Luthers Briefe, S. 106
106 Luthers Briefe, S. 108/9
107 Ausgewählte Werke, Bd. 1, S. 427
108 Luthers Briefe, S. 109
109 Brecht, S. 431
100 Brecht, S. 433
111 Hillerbrand, S. 94
112 Brecht, S. 438/9
113 Hillerbrand, S. 95
114 Luthers Briefe, S. 110
115 Briefe von der Wartburg. Hg. Herbert von Hintzenstern. Eisenach 1984, S. 12
116 Hillerbrand, S. 97/8
117 Hillerbrand, S. 100
118 Hillerbrand, S. 101/2
119 Luthers Briefe, S. 120/1
120 Luthers Briefe, S. 120
121 Briefe von der Wartburg, S. 30
122 Briefe von der Wartburg, S. 29
123 Briefe von der Wartburg, S. 38
124 Briefe von der Wartburg, S. 74/5
125 Briefe von der Wartburg, S. 85
126 Luther im Gespräch, S. 375/6
127 Briefe von der Wartburg, S. 98
128 Briefe von der Wartburg, S. 99
129 Briefe von der Wartburg, S. 85/6
130 Briefe von der Wartburg, S. 100/1
131 Breife von der Wartburg, S. 39/40
132 Briefe von der Wartburg, S. 164
133 Briefe von der Wartburg, S. 116
134 Briefe von der Wartburg, S. 117/8
135 Briefe von der Wartburg, S. 122
136 Briefe von der Wartburg, S. 125
137 Heinrich Bornkamm (Hg.): Luthers Vorreden zur Bibel. Frankfurt/M. 1983, S. 61/2

138 Martin Luther, dargestellt von seinen Freunden und Zeitgenossen, S. 93–97
139 Briefe von der Wartburg, S. 153
140 Ausgewählte Werke, Bd. 4, S. 33
141 Ausgewählte Werke, Bd. 4, S. 39
142 Ausgewählte Werke, Bd. 4, S. 330
143 Ausgewählte Werke, Bd. 4, S. 331
144 Luthers Briefe, S. 146
145 Luthers Briefe, S. 149
146 Luthers Briefe, S. 152
147 Ausgewählte Werke, Bd. 3, S. 322
148 Luthers Briefe, S. 157
149 Ausgewählte Werke, Bd. 3, S. 325
150 Luthers Briefe, S. 117
151 Luthers Briefe, S. 171
152 Luthers Briefe, S. 173
153 Luthers Briefe, S. 169
154 Reimar Zeller: Luther, wie ihn keiner kennt. Freiburg 1982, S. 181
155 Luther im Gespräch, S. 209/10
156 Luthers Briefe, S. 172
157 Luthers Briefe, S. 188/9
158 Tischreden, S. 392/3
159 Tischreden, S. 394
160 Tischreden, S. 396
161 Diwald, S. 329/30
162 Luthers Briefe, S. 183/4
163 Diwald, S. 331
164 Diwald, S. 331
165 Luthers Briefe, S. 193
166 Luthers Briefe, S. 237/8
167 Diwald, S. 335
168 Diwald, S. 336
169 Diwald, S. 337
170 Diwald, S. 339/40
171 Luthers Briefe, S. 213
172 Diwald, S. 338
173 Luthers Briefe, S. 215/6
174 Heinz Zahrnt: Martin Luther in seiner Zeit für unsere Zeit. München 1983, S. 163

175 Diwald, S. 337
176 Luther im Gespräch, S. 25
177 Luther im Gespräch, S. 25
178 Luther im Gespräch, S. 25
179 Martin Luther, dargestellt von seinen Freunden und Zeitgenossen, S. 233
180 Martin Luther, dargestellt von seinen Freunden und Zeitgenossen, S. 236
181 Martin Luther, dargestellt von seinen Freunden und Zeitgenossen, S. 241
182 Martin Luther, dargestellt von seinen Freunden und Zeitgenossen, S. 241
183 Ernst Kroker: Katharina von Bora. Berlin o. J., S. 214
184 Luthers Briefe, S. 232
185 Luther, wie ihn keiner kennt. Lutherbriefe aus dem Alltag, neu entdeckt von Reimar Zeller. Freiburg 1982, S. 157
186 Ausgewählte Werke, Bd. 6, S. 413
187 Luthers Briefe, S. 261
188 Luthers Briefe, S. 264
189 Luthers Briefe, S. 267
190 Luther im Gespräch, S. 411

Zeittafel

1483	Geburt Martin Luthers am 10. November in Eisleben
1484–1496	Jugend und erste Schuljahre in Mansfeld
1497	Schulbesuch in Magdeburg. Einfluß der »Brüder vom gemeinsamen Leben«
1498–1501	Schulbesuch in Eisenach. Erste gesellschaftliche Kontakte
1501	Beginn des Universitätsstudiums in Erfurt. Magisterexamen. Kurz nach Beginn des Jurastudiums Eintritt in das Erfurter Kloster der Augustiner
1507	Priesterweihe und Beginn des Theologiestudiums. Fortwährende innere Glaubenskämpfe
1508	Generalvikar Johann von Staupitz protegiert Luther und beruft ihn für ein Jahr an die Wittenberger Universität
1509	Erstes Examen in Theologie und Rückversetzung nach Erfurt
1510	Reise nach Rom in Ordensangelegenheiten
1511	Ernennung zum Subprior des Augustinerklosters in Wittenberg und Übernahme des theologischen Lehrstuhls von Staupitz
1512	Promotion zum Doktor der Theologie bei Andreas Karlstadt. Auf Anordnung des sächsischen Kurfürsten Friedrich der Weise, der die Examensgebühr bezahlt hat, Übernahme der Bibelprofessur auf Lebenszeit
1513/14	Vorlesungen über biblische Bücher. Entscheidende Glaubenserkenntnisse bei der Vertiefung in den Römerbrief
1515	Ernennung zum Distriktvikar der Augustiner
1516	Vorlesungen
1517	Luther fordert seine Kollegen zu einer Disputation über 95 Thesen auf, die er über Sinn und Mißbrauch des Ablasses aufgestellt hat
1518	Disputation auf dem Augustiner-Konvent in Heidelberg. Rom verwirft Luthers Ablaßthesen als ketzerisch. Verhör durch den päpstlichen Legaten, Kardinal Cajetan, am 7. August in Augsburg. Verweigerung des Widerrufs und Forderung eines allgemeinen Konzils. Friedrich der Weise lehnt gegenüber Leo X. die Auslieferung Luthers und die

Ausweisung aus Kursachsen ab. Beginn der Freundschaft mit Philipp Melanchthon

1519 Wahl Karls V zum Kaiser. 27. Juni bis 16. Juli Disputation zwischen Johannes Eck und Luther in Leipzig. Luther bestreitet die Unfehlbarkeit des Papstes und erklärt, daß auch ein Konzil irren könne

1520 Unterzeichnung der Bannandrohungsbulle am 15. Juni. Luther veröffentlicht seine reformatorischen Grundschriften. Am 10. Oktober erhält er die Bannandrohungsbulle, die er am 10. Dezember vor dem Elstertor in Wittenberg verbrennt

1521 Der Kirchenbann tritt am 3. Januar in Kraft. Am 17. und 18. April Verhör auf dem Wormser Reichstag vor Karl V. Friedrich der Weise läßt Luther zum Schutz auf die Wartburg bringen

1522 Luther übersetzt von Dezember 1521 bis Anfang März 1522 das Neue Testament. Am 8. Mai unterschreibt Karl V. das Wormser Edikt, das über Luther und seine Anhänger die Reichsacht verhängt. Luther predigt nach seiner Rückkehr von der Wartburg in der Wittenberger Stadtkirche gegen radikale Reformer (Bilderstürmer) wie Andreas Karlstadt, Thomas Müntzer und die »Zwickauer Propheten«

1523 Wiederaufnahme der Vorlesungen. Ausarbeitung einer evangelischen Gottesdienstordnung

1524 Luther legt die Mönchskutte ab. Beginn der Bauernaufstände in Südwestdeutschland

1525 Der Bauernkrieg veranlaßt Luther zu mißverständlichen Schriften über den doppelten Gehorsam gegen Gott und Obrigkeit. Am 13. Juni Eheschließung mit Katharina von Bora. Luther löst sich endgültig von den Humanisten. Auf den Traktat von Erasmus von Rotterdam »Über den freien Willen« antwortet er mit der Gegenschrift »Der unfreie Wille«

1526–1530 Erarbeitung der »Kursächsischen Kirchen- und Schulvisitation«, die die Grundlage für die landesherrliche Kirche bildet. 1529 Gespräch mit Zwingli über das Abendmahl in Marburg. 1530 Beobachtung des Augsburger Reichstags von der Veste Coburg aus. Die evangelischen Stände legen ein erstes öffentliches Bekenntnis ihres Glaubens ab

1531–1545	Luther verteidigt die Reformation bis zur physischen Erschöpfung
1546	Während der Schlichtung eines Erbschaftsstreits der Mansfelder Grafen stirbt Luther am 18. Februar in Eisleben

Bibliographie

Luthers Werke

Luther, Martin: Ausgewählte Werke, Bd. 1–6. Hg. H.H. Borcherdt und Georg Merz. München 1948–1958

Luther, Martin: Die reformatorischen Schriften, Bd. 1–4. Hg. Horst Beintker. München 1983

Luther, Martin: Tischreden. Hg. Kurt Aland. Suttgart 1993

Luther, Martin: Vom ehelichen Leben. Hg. Dagmar C.G. Lorenz. Stuttgart 1994

Luther, Martin: Vorreden zur Bibel. Hg. Heinrich Bornkamm. Frankfurt/M. 1983

Luthers Briefe. Hg. Reinhard Buchwald. Stuttgart 1956

Luther, wie ihn keiner kennt. Lutherbriefe aus dem Alltag, neu entdeckt von Reimar Zeller. Freiburg 1982

Luther im Gespräch. Hg. Reinhard Buchwald. Frankfurt/M. 1983

Über Luther und seine Zeit

Aland, Kurt: Die Reformation. Gütersloh 1980

Beutel, Albrecht: Martin Luther. München 1991

Beuys, Barbara: Und wenn die Welt voll Teufel wär. Reinbek 1982

Blaschke, Karlheinz: Sachsen im Zeitalter der Reformation. Gütersloh 1970

Blaschke, Karlheinz: Wittenberg – die Lutherstadt. Berlin 1983

Brecht, Martin: Martin Luther. Sein Weg zur Reformation 1483–1521. Stuttgart 1981

Diwald, Hellmut: Luther. Eine Biographie. Bergisch-Gladbach 1982

Diwald, Hellmut: Anspruch auf Mündigkeit. Propyläen Geschichte Europas Band I. Berlin 1982

Fitzer, Gottfried: Was Luther wirklich sagte. Wien 1968

Gesta Romanorum. Das älteste Märchen- und Legendenbuch des christlichen Mittelalters, ausgewählt und eingeleitet von Hermann Hesse. Frankfurt/M. 1978

Hillerbrand, Hans (Hg.): Brennpunkte der Reformation. Göttingen 1967

Hubatsch, Walther: Albrecht von Preußen. Leer 1967

Junghans, Helmar: Wittenberg als Lutherstadt. Göttingen 1979

Kampmann, Wanda: Deutsche und Juden. Frankfurt/M. 1979

Kantzenbach, Friedrich Wilhelm: Martin Luther. Der bürgerliche Reformator. Göttingen 1972

Kroker, Ernst: Katharina von Bora. Berlin o. J.

Lilje, Hanns: Martin Luther. Reinbek 1994

Lutherzeit, Köpfe der (Ausstellungskatalog). Hg. Werner Hofmann. München 1983

Martin Luther, dargestellt von seinen Freunden und Zeitgenossen Johannes Mathesius, Philipp Melanchthon, Lucas Cranach d. Ä., Hans Sachs u.a. Hg. Martin Hürlimann. Berlin 1933

Martin Luther, Stätten seines Lebens und Wirkens. Hg. Institut für Denkmalpflege der DDR. Berlin 1983

Martin Luther. Aus rechter Muttersprache. Insel-Almanach auf das Jahr 1983. Hg. Walter Sparn. Frankfurt/M. 1983

Martin Luther. Zum Wandel des Luther-Bildes in der Geschichtsschreibung und im Film. Hg. Johannes Horstmann. Katholische Akademie Schwerte 1983

Martin Luther. Briefe von der Wartburg. Hg. Herbert von Hintzenstern. Eisenach 1984

Martin Luther (Ausstellungskatalog). Hg. Hans Joachim Beeskow u.a. Wittenberg 1984

Martin Luther und die Reformation in Ostdeutschland und Südosteuropa. Hg. Ulrich Hutter. Sigmaringen 1991

Manns, Peter: Martin Luther. Freiburg 1982

Moeller, Bernd: Deutschland im Zeitalter der Reformation. Göttingen 1988

Oberman, Heiko A.: Luther. Mensch zwischen Gott und Teufel. Berlin 1982

Ritter, Gerhard: Die Neugestaltung Europas im 16. Jahrhundert. Berlin 1950

Ritter, Gerhard: Die Weltwirkung der Reformation. München 1959

Vogler, Günter: Die Gewalt soll gegeben werden dem gemeinen Volk. Der deutsche Bauernkrieg 1525. Berlin 1983

Zahrnt, Heinz: Martin Luther in seiner Zeit für unsere Zeit. München 1983

Zitelmann, Arnulf: Widerrufen kann ich nicht. Die Lebensgeschichte des Martin Luther. Weinheim 1994

Personenregister